T0124890

WARTBURG-JAHRBUCH 2009

WARTBURG-JAHRBUCH 2009

Herausgegeben von der
Wartburg-Stiftung
in Zusammenarbeit mit dem
Wissenschaftlichen Beirat

SCHNELL UND STEINER
Regensburg 2011

Bilbliografische Information der Deutschen Bibliothek
Die Deutsche Bibliothek verzeichnet diese Publikation in der Deutschen Nationalbibliografie; detaillierte bibliografische Daten sind im Internet über http://dnb.ddb.de abrufbar

ISBN 978-3-7954-2482-4

INHALT

Vorwort

Konnten in den Vorjahren, Bezug nehmend auf das 800. Geburts-Jubiläum der heiligen Elisabeth (2007) sowie auf das 1907 im Berliner Verlag Max Baumgärtel erschienene Wartburgwerk (2008), zwei opulente Themenbände vorgelegt werden, so widmet sich das Wartburg-Jahrbuch 2009 wieder unterschiedlichen Problemstellungen, wobei thematischer Schwerpunkt das Mittelalter ist. Ein Beitrag zum Aufstand der Thüringer im Jahre 1123 stellt den erfolgreichen Widerstand gegen den Mainzer Erzbischof dar und interpretiert das Ereignis als Vorentscheidung zur Vergabe der Landgrafschaft an die Ludowinger. Die Motive Hermanns I. und seiner Gemahlin Sophie zur Gründung des Eisenacher Katharinenklosters und seine Verbindung zur Wartburg erörtert ein Aufsatz, der auf einer Magisterarbeit basiert, und eine weitere Abhandlung hinterfragt Herkunft und Rotfärbung der am Palas verbauten Werksteine.

Im Jahresüberblick nehmen die Bauarbeiten 2009 bzw. deren Begleitmaßnahmen sowie technisch-konzeptionelle Vorbereitungen geplanter Projekte einen breiten Raum ein. Reflektiert wird zudem die erste Sonderausstellung im Rahmen der Lutherdekade, die auf erfreulich positive Resonanz stieß.

AUFSÄTZE UND MISZELLEN

Die Erhebung der Thüringer von 1123 gegen Erzbischof Adalbert I. von Mainz

Hilmar Schwarz

1. Einleitung und Quellen

Eine gemeinschaftliche Aktion der Thüringer im Jahre 1123 gegen den Mainzer Erzbischof Adalbert I. (1109–1137) wird als Bauernaufstand registriert, seitdem 1955 Göldner darüber explizit und mit entsprechender Titelzeile einen kleinen Beitrag veröffentlichte[1]. Die Vorgänge von 1123 werden zwar in weiteren Schriften behandelt[2], doch kein anderer erzielte dieselbe Aufmerksamkeit; Göldner wird von der Literatur in entsprechenden Anmerkungen angegeben[3]. Nach über einem halben Jahrhundert soll dem Geschehen eine erneute Untersuchung gewidmet sein.

Der Bericht über das Aufbegehren der Thüringer ist annähernd gleichlautend in der Neuen Erfurter Peterschronik und in den Pegauer Annalen überliefert. Beide sollen in dieser Passage auf ein von 1112/13 bis 1149 reichendes, wahrscheinlich von einem Mönch aus dem Kloster Reinhardsbrunn verfasstes und nicht mehr selbständig erhaltenes Thüringer Annalenwerk zurückgehen[4].

1 Kurt Göldner: Der Thüringer Bauernaufstand vom Jahre 1123. In: Aus der Vergangenheit der Stadt Erfurt. Bd. 1. Erfurt 1955, S. 76–81.

2 Johann Friedrich Böhmer und Cornelius Will (Bearb. u. Hrsg.): Regesten zur Geschichte der Mainzer Erzbischöfe von Bonifatius bis Heinrich II. 742?–1288. Bd. 1. Innsbruck 1877. Neudruck Aalen 1966, S. 271f., Nr. 139; Wilhelm Giesebrecht: Geschichte der deutschen Kaiserzeit. 3. Bd. 3. Abt. Heinrich V. – Quellen und Beweise. Braunschweig 1868, S. 938f.; Meyer von Knonau, Jahrbücher 7, 1909/1965 (wie Anm. 5) S. 253; Knochenhauer, Landgrafenhaus 1871/1969 (wie Anm. 5) S. 84f.; Heinrich Felix Schmidt: Der Gegenstand des Zehntstreits zwischen Mainz und den Thüringern im 11. Jahrhundert. In: Zeitschrift der Savigny-Stiftung für Rechtsgeschichte. Germanistische Abteilung. 43(1922), S. 267–300, hierzu S. 288, Anm. 1; Stephanie Haarländer: Die Mainzer Kirche in der Stauferzeit (1122–1249). In: Friedhelm Jürgensmeier (Hrsg.): Handbuch der Mainzer Kirchengeschichte. 1. Christliche Antike und Mittelalter. T. 1. (Beiträge zur Mainzer Kirchengeschichte. 6). Würzburg 2000, S. 290–331, hierzu S. 306f.; Holder-Egger, Studien V, 1896 (wie Anm. 4) S. 690; Hagedorn, Tretenburg 1925 (wie Anm. 71) S. 357; Werner, Landesbewußtsein 1992 (wie Anm. 4) S. 104; Becker von Soden, Eichsfeld 1994 (wie Anm. 31) S. 6f.; Warsitzka, Landgrafen 2004 (wie Anm. 3) S. 51f.

Zum Jahr 1123 berichtet die Neue Erfurter Peterschronik (Cronica S. Petri Erfordensis moderna, s. Anhang 1) neben anderen Ereignissen über den Widerstand von Einwohnern der Mark Duderstadt gegen Forderungen des Mainzer Bischofs Adalbert nach dem Fruchtzehnt und gegen das überharte Vorgehen der bischöflichen Ritter, die einige Aufständische töteten, andere niederhieben oder gefangen nahmen. Dadurch befürchteten die Völker der Thüringer ein ähnliches Schicksal, trafen aus allen Landesgebieten auf der Treteburg zusammen und rückten unter Führung des Grafen Heinrich mit 20.000 Mann gegen Erfurt vor, wo sich der (Erz-)Bischof derzeit aufhielt. Sie hätten ihr Vorhaben, in die Stadt einzudringen, auch verwirklicht, wenn der mit besonderer Begabung ausgestattete (Erz-)Bischof sie nicht mit klugem Ratschluss zur Umkehr bewegt hätte[5].

Diese Schilderung der Erfurter Peterschronik geben die Pegauer Annalen (s. Anhang 2) fast übereinstimmend wieder[6], wobei die Nennung der Thüringer (Thuringi) statt der Völker der Thüringer (populi Turingorum) und das Verschweigen der Führung durch den Grafen Heinrich die wesentlichsten Abweichungen sind. Bei dem Grafen handelt es sich zweifellos um den Ludo-

3 Angegeben bei: Werner Mägdefrau: Der Thüringer Städtebund im Mittelalter. Weimar 1977, S. 20; Werner Mägdefrau und Erika Langer: Die Entfaltung der Stadt von der Mitte des 11. bis zum Ende des 15. Jahrhunderts. In: Willibald Gutsche (Hrsg.): Geschichte der Stadt Erfurt. Weimar 1986, S. 53–102, hierzu S. 56; Wilfried Warsitzka: Die Thüringer Landgrafen. Jena 2004, S. 354, V. Kap., Anm. 1.

4 Oswald Holder-Egger: Studien zu Thüringischen Geschichtsquellen. V. In: Neues Archiv der Gesellschaft für ältere Deutsche Geschichtskunde. 21(1896), S. 685–735, hierzu S. 687, 725f. und 730; Hans Patze: Landesgeschichtsschreibung in Thüringen. In: Jahrbuch für die Geschichte Mittel- und Ostdeutschlands. 16/17(1968), S. 95–168, hierzu S. 111, 114; unter der Bezeichnung «Annales Erphesfurtenses Lothariani» bei: Wilhelm Wattenbach und Franz-Josef Schmale: Deutschlands Geschichtsquellen im Mittelalter. Vom Tode Kaiser Heinrichs V. bis Ende des Interregnum. 1. Bd. Darmstadt 1976, S. 9–12; Matthias Werner: Die Anfänge eines Landesbewußtseins in Thüringen. In: Michael Gockel (Hrsg.): Aspekte thüringisch-hessischer Geschichte. Marburg 1992, S. 81–137, hierzu S. 104, Anm. 134; vgl. Stefan Pätzold: Die frühen Wettiner. Adelsfamilie und Hausüberlieferung bis 1221 (Geschichte und Politik in Sachsen. 6). Weimar/Wien 1997, S. 249, Anm. 175.

5 Cronica S. Petri Erfordensis moderna a. 1072–1335. In: Oswald Holder-Egger (Ed.): Monumenta Erphesfurtensia. Saec. XII. XIII. XIV. (Monumenta Germaniae Historica. Scriptores rerum Germanicarum in usum scholarum. [42]). Hannover/Leipzig 1899, S. 117–369, hierzu S. 164, Zeile 8–19 (Anhang 1); deutsche Übersetzung bei Georg Grandaur (Übers.): Chronik von Sanct Peter zu Erfurt 1100–1215 (Die Geschichtschreiber der deutschen Vorzeit in deutscher Bearbeitung. [52]. 12. Jh. Bd. 4). Leipzig 1881, S. 10; Göldner, Bauernaufstand 1955 (wie Anm. 1) S. 80; nahezu wörtliche Wiedergabe bei: Gerold Meyer von Knonau: Jahrbücher des Deutschen Reiches unter Heinrich IV. und Heinrich V. 7. Bd. Leipzig 1909, Neudruck Berlin 1965, S. 253; Theodor Knochenhauer: Geschichte Thüringens zur Zeit des ersten Landgrafenhauses (1039–1247). Gotha 1871, Neudruck Aalen 1969, S. 84f.

winger Heinrich Raspe I. (†1130), Sohn Ludwigs des Springers und Bruder des späteren Landgrafen Ludwig I., worüber sich die Fachliteratur einig ist. Zur Auseinandersetzung zwischen ihm und dem Mainzer Erzbischof berichten die Großen Erfurter Annalen von St. Peter (Annales S. Petri Erphesfurtenses maiores, siehe Anhang 3) unter dem Jahr 1122, dass er wegen der Erhebung der Zehnten und wegen der Beraubung («propter spoliationem») des St.-Peters-Klosters mit einem Heer in den Krieg gegen Adalbert gezogen sei[7]. Die Bezeichnung «Heinrich Graf von Thüringen» («Heinricus comes de Thuringia») bestätigt hier die Identifikation mit dem Ludowinger. Ob sich diese Nachricht auf den Aufstand von 1123 bezog, wird allerdings unterschiedlich gesehen. Werner ließ die Frage nach einem tatsächlichen Kriegszug Heinrichs im Jahre 1122 offen[8]. Holder-Egger vermutete hingegen eine ungenaue Übernahme der Passage zum Aufstand von 1123 aus der Vorlage, nämlich genau jenem Thüringer Annalenwerk, aus dem auch die genannten Erfurter und Pegauer Annalen schöpften[9].

Die Älteren Annalen von St. Peter (Annales S. Petri Erphesfurtenses antiqui), die bis 1163 reichen und das älteste überlieferte Erfurter Geschichtswerk darstellen[10], berichten zu 1123 vom Heer Heinrich Raspes und der Stoßrichtung gegen den Erzbischof wegen der Fruchtzehnten, aber nicht ausdrücklich vom Aufstand der Thüringer[11].

---

6 Annales Pegavienses et Bosovienses. In: Georg Heinrich Pertz (Ed.): Monumenta Germaniae Historica. Scriptores. 16. Hannover 1859, S. 232–270, hierzu S. 254, Zeile 29–36; siehe Anhang 2.

7 Annales S. Petri Erphesfurtenses maiores. In: Oswald Holder-Egger (Ed.): Monumenta Erphesfurtensia. Saec. XII. XIII. XIV. (Monumenta Germaniae Historica. Scriptores rerum Germanicarum in usum scholarum. [42]). Hannover/Leipzig 1899, S. 45–67, S. 51, Zeile 36f. und S. 53, Zeile 1f.; Böhmer/Will, Mainzer Regesten 1, 1877/1966 (wie Anm. 2) Nr. 139.

8 Matthias Werner: Die Gründungstradition des Erfurter Petersklosters (Vorträge und Forschungen. Sonderband. 12). Sigmaringen 1973, S. 85; vgl. Werner, Landesbewußtsein 1992 (wie Anm. 4) S. 104.

9 Holder-Egger, Studien V, 1896 (wie Anm. 4) S. 689f., bes. S. 690, Anm. 1.

10 Patze, Landesgeschichtsschreibung 1968 (wie Anm. 4) S. 98.

11 Annales S. Petri Erphesfurtenses antiqui. In: Oswald Holder-Egger (Ed.): Monumenta Erphesfurtensia. Saec. XII. XIII. XIV. (Monumenta Germaniae Historica. Scriptores rerum Germanicarum in usum scholarum. [42]). Hannover/Leipzig 1899, S. 3–22, hierzu S. 16, Zeile 16–18; der Wortlaut entspricht von «Heinricus» bis «decimarum» den Großen Erfurter Annalen – vgl. Anhang 3.

2. Ablauf und Geschehnisse des Jahres 1123 in und um Thüringen

Die Ereignisse um die Treteburg und den Feldzug gegen Erfurt stehen nicht isoliert, sondern müssen in ihre Zeit eingeordnet werden. Um den zeitlichen und thematischen Rahmen nicht weit zu ziehen, sollen sie unter Beachtung der Ludowinger sowie ihrem Verhältnis zum Mainzer Erzbischof in das politische Geschehen des Jahres 1123 eingefügt werden.

Der Annalista Saxo berichtet zum Jahr 1123, dass gleich nach Weihnachten[12] – der Jahresanfang fiel offenbar auf den 25. Dezember[13] – Männer des Bischofs Reinhard von Halberstadt (1106–1123) die Heimburg am Nordrand des Harzes wieder aufbauten. Der sächsische Herzog Lothar von Supplinburg, der spätere König Lothar III., gegen dessen Interessen die Aktion gerichtet war, brach sofort von der nahen Burg Blankenburg mit Truppen auf und belagerte die Heimburg. Unverzüglich fanden nun einige sächsische und thüringische Fürsten zusammen und zogen mit dem Halberstädter Bischof gegen Herzog Lothar. Zu den Gegnern des Herzogs gehörte der hier als «Ludwig Graf von Thüringen» bezeichnete spätere Landgraf Ludwig I. (†1140). Als die beiden militärischen Aufgebote einander gegenüberstanden und ein verlustreicher Kampf drohte, konnte der Mainzer Erzbischof Adalbert, der dem Herzog zu Hilfe gekommen war, durch seinen Rat die umstrittene Burg in die Gewalt Lothars bringen, der sie niederbrennen ließ. In dieser Auseinandersetzung standen sich der Erzbischof und die Ludowinger in feindlichen Lagern gegenüber.

Der Erzbischof Adalbert wandte sich im Jahre 1123 besonders Thüringen zu, um seinen Einfluss auszubauen. Nach der Klärung der Reichsangelegenheiten im Wormser Konkordat vom September 1122 hatte er offenbar die Hände für territoriale Interessen frei. Zudem starben in diesem Jahr einige geistliche und weltliche Regenten im mitteldeutschen Raum, etwa Ludwig der Springer, so dass Vieles einer Neuregelung bedurfte.

Ludwig der Springer war der Überlieferung nach 1041 geboren und – selbst wenn sein Leben später begann[14] – derjenige Ludowinger, der durch Eroberung und Heirat seiner Familie den maßgeblichen Einfluss in Thüringen verschafft

12 Georg Waitz (Ed.): Annalista Saxo. In: Georg Heinrich Pertz (Hrsg.): Monumenta Germaniae Historica. Scriptores. 6. Hannover 1844, S. 542, 777, hierzu S. 759, 13–21; Paul Scheffer-Boichorst (Hrsg.): Annales Patherbrunnenses. Eine verlorene Quellenschrift des zwölften Jahrhunderts aus Bruchstücken wiederhergestellt. Innsbruck 1870, S. 142; vgl. Meyer von Knonau, Jahrbücher 7, 1909/1965 (wie Anm. 5) S. 248.

13 Hermann Grotefend: Taschenbuch der Zeitrechnung des deutschen Mittelalters und der Neuzeit. Hannover [5]1922, S. 12.

hatte. So gründete er die Wartburg, die Neuenburg und das Hauskloster Reinhardsbrunn, wo er seine letzte Lebenszeit verbrachte. Nach übereinstimmender Überlieferung starb er im Jahre 1123[15]. Als Todestag wurde der 6.[16] oder 8.[17] Mai benannt. Die Ereignisse in der Mark Duderstadt und dann um die Treteburg und Erfurt spielten sich folglich nach der ersten Maihälfte 1123 ab.

In den Blickpunkt des erzbischöflichen Handelns gerieten 1123 besonders das Stift Ettersburg und die Kirche St. Marien in Erfurt. Am 9. März 1123 übergab Adalbert in Erfurt dem Grafen Wichmann von Querfurt-Seeburg[18] das Stift Ettersburg[19], nachdem er dessen Kanoniker wegen unrühmlichen Lebenswandels entfernt hatte. Am 18. Juni bestätigte er Wichmann – der mit Kunigunde (†1118) eine Tochter Ludwigs des Springers zur Frau hatte – einen

14 Abweichend zur Lebensdauer Ludwig des Springers: Josef Heinzelmann: Ludwig von Arnstein und seine Verwandtschaft. In: Genealogisches Jahrbuch. 33/34(1993/1994), S. 261–301, hierzu S. 284; Josef Heinzelmann: Nachträge zu Ludwig von Arnstein und seine Verwandtschaft. Zugleich ein Beitrag: Die frühen Ludowinger (Grafen in Thüringen). In: Genealogisches Jahrbuch. 36(1996), S. 67–73, hierzu S. 69f. und 73; vgl. Wartburg-Jahrbuch 1996. 5(1997), S. 267–271.

15 Zum Tod Ludwig des Springers 1123: Waitz, Annalista Saxo 1844 (wie Anm. 12) S. 759, 35; Pertz, Annales Pegavienses 1888/1994 (wie Anm. 6) S. 254, Zeile 25; Holder-Egger, Cronica S. Petri moderna 1899 (wie Anm. 5) S. 163, Zeile 31f.; Richard Ahlfeld (Hrsg.): Die Gosecker Chronik. (Chronicon Gozecense). (1041–1135). In: Jahrbuch für die Geschichte Mittel- und Ostdeutschlands. 16/17(1968), S. 1–49, hierzu lib. II, c. 14, S. 38; Annales Palidinenses auctore Theodoro monacho ab O. c. – 1182 et 1390. In: Georg Heinrich Pertz (Ed.): Monumenta Germaniae Historica. Scriptores. 16. Hannover 1859, S. 48–98, hierzu S. 77, Zeile 38f.; vgl. Knochenhauer, Landgrafenhaus 1871/1969 (wie Anm. 5) S. 78; Meyer von Knonau, Jahrbücher 7, 1909/1965 (wie Anm. 5) S. 252, Anm. 37; Wilhelm Kaestner: Ludwig II., der Springer, Graf von Thüringen (–1123). Borna/Leipzig 1914, S. 40, Anm. 131.

16 Oswald Holder-Egger (Ed.): Cronica Reinhardsbrunnensis. In: Monumenta Germaniae Historica. Scriptores. 30. T. 1. Hannover 1896, S. 490–656, hierzu S. 531, 8f.

17 Johann Friedrich Boehmer (Hrsg.): Martyrium Arnoldi, Archiepiscopi Moguntini und andere Geschichtsquellen Deutschlands im zwölften Jahrhundert (Johann Friedrich Boehmer [Hrsg.]: Fontes rerum Germanicarum. Bd. 3.). Stuttgart 1853, S. 141.

18 Zu Graf Wichmann: Const. Elle: Die alte Herrschaft (Grafschaft) Berka a. d. Ilm. Ein Beitrag zur Kunde thüringischen Altertums. 1. T. In: Zeitschrift des Vereins für Thüringische Geschichte und Altertumskunde. 27. NF. 19(1909), S. 65–122, hier S. 77–94; Friedrich Schmidt: Das Kloster Kaltenborn. In: Mitteilungen des Vereins für Geschichte und Naturwissenschaft in Sangerhausen und Umgegend. 10(1914), S. 1–139, hier S. 1–9; Friedrich Henning: Graf Wichmann von Thüringen. Der Gründer des Augustinerstifts Kaltenborn. Halle-Wittenberg, Universität, Dissertation, 1943 [maschinenschriftlich]; Karlotto Bogumil: Das Bistum Halberstadt im 12. Jahrhundert. Köln/Wien 1972, S. 117–123.

19 Erfurt, 9. 3. 1123: Böhmer/Will, Mainzer Regesten 1, 1877/1966 (wie Anm. 2) Nr. 123; Otto Dobenecker (Hrsg.): Regesta diplomatica necnon epistolaria historiae Thuringiae. Bd. 1 (ca. 500–1152). Jena 1896, Nr. 1172; Manfred Stimming (Bearb.): Mainzer Urkundenbuch. 1. Bd. Die Urkunden bis zum Tode Erzbischofs Adalberts I. (1137). Darmstadt 1932, [Unveränderter Nachdruck 1972], Nr. 505.

Kirchen- und Gütertausch, nachdem jener die Erfurter Marienkirche reichlich ausgestattet hatte[20]. Am 24. Juni beglaubigte er die Übergabe eines Hofes an das Kloster Bursfelde, einer Benediktinerabtei an der Weser bei Hannoversch Münden[21]. Im Jahre 1123 dekretierte Adalbert die Verlegung des Benediktiner-Nonnenklosters vom Erfurter Severiberg zum Cyriaksberg[22].

Die Großen Erfurter Annalen von St. Peter berichten, dass Heinrich Raspe sein Heer nicht nur wegen des Zehnten gegen Erzbischof Adalbert führte, sondern auch «wegen der Beraubung des Klosters des hl. Petrus»[23]. Die entsprechenden Bemerkungen in verschiedener Literatur, Heinrich sei tatsächlich gegen den Erzbischof nach Erfurt gezogen, um das Kloster gegen dessen Übergriffe zu verteidigen[24], gehen offenbar einzig auf jene Quelle zurück. Schließlich lässt keine andere chronikalische oder urkundliche zeitgenössische Nachricht auf eine Beziehung oder gar Hilfestellung Heinrichs für jenes Kloster schließen.

Einen realen Hintergrund besitzt hingegen die Mitteilung über Spannungen zwischen dem Mainzer Erzbischof und dem Erfurter Kloster. Erzbischof Adalbert ersetzte 1116 den widerspenstigen Abt Burchard (1101–1116) durch seinen Günstling Ripertus (1116–1123)[25]. Bereits 1112 hatte der Metropolit offenbar im Streit dem Kloster Güter entzogen. Wahrscheinlich brachten

---

20 Erfurt, 18. 6. 1123: Böhmer/Will, Mainzer Regesten 1, 1877/1966 (wie Anm. 2) Nr. 131; Dobenecker, Regesta 1, 1896 (wie Anm. 19) Nr. 1175; Stimming, Mainzer UB 1, 1932/1972 (wie Anm. 19) Nr. 508.

21 Erfurt, 24. 6. 1123: Böhmer/Will, Mainzer Regesten 1, 1877/1966 (wie Anm. 2) Nr. 132; Dobenecker, Regesta 1, 1896 (wie Anm. 19) Nr. 1176; Stimming, Mainzer UB 1, 1932/1972 (wie Anm. 19) Nr. 509 – Fälschung nach echter Vorlage.

22 Erfurt, 1123: Franz Xaver Wegele: Chronicon Ecclesiasticum Nicolai de Siegen (Thüringische Geschichtsquellen. 2). Jena 1855, S. 293, Zeile 34 – S. 294, Zeile 8; Böhmer/Will, Mainzer Regesten 1, 1877/1966 (wie Anm. 2) Nr. 134; Dobenecker, Regesta 1, 1896 (wie Anm. 19) Nr. 1182.

23 Holder-Egger, Annales S. Petri maiores 1899 (wie Anm. 7) S. 53, Zeile 1f.: «propter spoliationem monsterii sancti Petri».

24 Giesebrecht, Kaiserzeit 3,3 1868 (wie Anm. 2) S. 939; Meyer von Knonau, Jahrbücher 7, 1909/1965 (wie Anm. 5) S. 253; Werner, Gründungstradition 1973 (wie Anm. 8) S. 85 hält dies allerdings für «zweifellos übertrieben».

25 Holder-Egger, Annales S. Petri maiores 1899 (wie Anm. 7) S. 161, Zeile 22–24; Rudolf Böckner: Das Peterkloster zu Erfurt. In: Mitteilungen des Vereins für Geschichte und Altertumskunde von Erfurt. 10(1881), S. 1–118 und 11(1883), S. 57–185, hierzu 1881 S. 40; Karl Heinrich Schmitt: Erzbischof Adalbert I. von Mainz als Territorialfürst (Arbeiten zur deutschen Rechts- und Verfassungsgeschichte. 2). Berlin 1920, S. 19f., Anm. 3; Werner, Gründungstradition 1973 (wie Anm. 8) S. 82, 85; Matthias Werner: Gab es ein klösterliches Leben auf dem Erfurter Petersberg schon im Frühmittelalter? In: 700 Jahre Erfurter Peterskloster. Geschichte und Kunst auf dem Erfurter Pe-tersberg 1103–1803 (Jahrbuch der Stiftung Thüringer Schlösser und Gärten. 7. 2003). Rudolstadt/Regensburg 2004, S. 44–53, hierzu S. 50.

Angehörige des Petersklosters beim Abfassen ihrer chronikalischen Überlieferungen eigene Belange in Verbindung zu Heinrich Raspe und den Aufstand ein. Und noch ein weiterer Umstand könnte zur Verknüpfung der Erhebung von 1123 mit den Belangen des Klosters geführt haben. Am 11. Februar 1123 verstarb nämlich im Lorscher Exil der von Adalbert seines Amtes enthobene Abt Burchard; erst danach konnte Ripertus endlich zum Abt von St. Peter geweiht werden[26].

Vor dem Tode Ludwigs des Springers gab es offenbar kein tieferes Zerwürfnis zwischen dem Mainzer Erzbischof und den Ludowingern. An einem der möglichen Todestage Ludwigs, dem 8. Mai 1123, befanden sich beide Parteien noch einvernehmlich bei Kaiser Heinrich V. in Neuhausen bei Worms[27]. Zu diesem Datum stellte der Kaiser eine Urkunde für das Kloster Kaufungen aus, in der Erzbischof Adalbert von Mainz an der Spitze der Zeugen vor seinem Amtskollegen Friedrich von Köln, weiteren Bischöfen und Herzögen aufgeführt ist, wie auch die Ludowingerbrüder Ludwig und Heinrich Raspe verzeichnet sind.

Die Chroniken berichten unter dem Jahr 1123 von den Ereignissen in der Mark Duderstadt, vom Treffen auf der Treteburg und vom Kriegszug auf Erfurt, ohne sie auf Monat und Tag zu datieren. Durch das Todesdatum Ludwigs des Springers, aber auch durch weitere Angaben lassen sie sich zeitlich eingrenzen. Die Chroniken nennen zur Treteburg zwar nur Heinrich Raspe, doch da sich die Thüringer insgesamt bedroht fühlten und daher zu einer Art Volksversammlung zusammentrafen, dürften auch Angehörige anderer Grafen- und Adelsgeschlechter teilgenommen haben. Nach einer zwar gefälschten, aber in Zeugenliste und Datum zutreffenden Urkunde weilten am 24. Juni 1123 die thüringischen Grafen Sizzo von Schwarzburg und Ludwig von Lohra beim Erzbischof in Erfurt[28]. Am 7. Juli hatte Ludwig, der spätere Landgraf, noch keine Probleme, mit dem Erzbischof zusammenzutreffen[29].

26 Böckner, Peterkloster 1881 (wie Anm. 25) S. 40f.

27 Zu Neuhausen am 8. 5. 1123: Abdruck der Urkunde bei Karl Friedrich Stumpf-Brentano: Acta imperii inde ab Heinrico I. ad Heinricum VI usque adhuc inedita (Die Reichskanzler vornehmlich des X., XI. und XII. Jahrhunderts. Bd. 3). Innsbruck 1865–1881, Nr. 93; Harry (hier: Henricus) Bresslau (Ed.): Diplomata centum. In usum scholarum diplomaticarum. Berlin 1872, Nr. 40, S. 55–57; Regest bei Böhmer/Will, Mainzer Regesten 1, 1877/1966 (wie Anm. 2) Nr. 127; Dobenecker, Regesta 1, 1896 (wie Anm. 19) Nr. 1174; vgl. Knochenhauer, Landgrafenhaus 1871/1969 (wie Anm. 5) S. 86, Anm. 2; Meyer von Knonau, Jahrbücher 7, 1909/1965 (wie Anm. 5) S. 245.

28 Zum 24. 6. 1123: Böhmer/Will, Mainzer Regesten 1, 1877/1966 (wie Anm. 2) Nr. 132; Dobenecker, Regesta 1, 1896 (wie Anm. 19) Nr. 1176; Stimming, Mainzer UB 1, 1932/1972 (wie Anm. 19) Nr. 509.

29 Zum 7. 7. 1123: Böhmer/Will, Mainzer Regesten 1, 1877/1966 (wie Anm. 2) Nr. 133; Dobenecker, Regesta 1, 1896 (wie Anm. 19) Nr. 1177; Stimming, Mainzer UB 1, 1932/1972 (wie Anm. 19) Nr. 510.

Der Erzbischof vermochte sogar, am 12. Juli 1123 eine Urkunde auf der Rusteburg bei Heiligenstadt im Eichsfeld auszustellen[30], wohin er durch das Thüringer Land ziehen musste, das sich offenbar selbst noch nicht im Aufstand befand. Die Burg Rusteburg[31], heute Ruine, lag ca. 10 km westlich von Heiligenstadt bei der Gemeinde Marth im nordwestlichen Eichsfeld. Vielleicht beteiligte sich der Erzbischof selbst an der Niederschlagung der Erhebung in der nicht weit entfernten Mark Duderstadt[32]. Die hier erstmals erwähnte Burg wurde zum Hauptort des Mainzer Verwaltungsbezirks Eichsfeld/Hessen.

Allerdings trafen Erzbischof und Ludowinger nicht ganz so oft zusammen, wie Knochenhauer meinte[33]. Er hatte Ludwig d. J. in einer Urkunde Adalberts vom 9. März 1123 für die Kirche zu Ettersburg als Vogt vermutet, doch handelt es sich hier mit Sicherheit um eine andere Person, nämlich Ludwig von Ettersburg. Dieser steht in den Zeugenreihen unter den Mainzer Ministerialen und erscheint zusammen mit den Ludowingern am 18. Juni 1123[34], 7. Juli 1128[35] und 15. August 1145[36]. Zutreffend ist die Aussage, dass die Ludowinger Ludwig und Heinrich bereits 1124 wieder bei Erzbischof Adalbert in Erfurt weilten[37] und folglich das Zerwürfnis nicht lange anhielt.

Die Erhebung in der Mark Duderstadt und dann in Thüringen brach nach Mitte Juli 1123 aus, wahrscheinlich im August. Die Chronisten schreiben ausdrücklich von den Fruchtzehnten (decimas frugum), den die Mannen des Erzbischofs in der Mark Duderstadt eintreiben wollten. Damit sind die Zehnten der Feldfrüchte gemeint[38], vor allem von Getreide. Der August war der Erntemonat des Getreides, und die Eintreibung der Zehnten vom Getreide

30 Zum 12. 7. 1123: Böhmer/Will, Mainzer Regesten 1, 1877/1966 (wie Anm. 2) Nr. 135; Dobenecker, Regesta 1, 1896 (wie Anm. 19) Nr. 1178; Stimming, Mainzer UB 1, 1932/1972 (wie Anm. 19) Nr. 511.

31 Zu Rusteburg, insbes. 1123, siehe Hans Becker von Soden: Die mainzische Regierung des Eichsfeldes von den Anfängen bis 1812. Ein Beitrag zur Rechts- und Verwaltungsgeschichte des Eichsfeldes. In: Eichsfeld-Jahrbuch. 2(1994), 5–73, hierzu S. 5–8; Thomas Bienert: Mittelalterliche Burgen in Thüringen. 430 Burgen, Burgruinen und Burgstätten. Gudensberg-Gleichen 2000, S. 41f. mit weiterer Literatur.

32 Becker von Soden, Eichsfeld 1994 (wie Anm. 31) S. 63, Anm. 19.

33 Knochenhauer, Landgrafenhaus 1871/1969 (wie Anm. 5) S. 86, Anm. 1.

34 Dobenecker, Regesta 1, 1896 (wie Anm. 19) Nr. 1175 Erfurt vom 18.6.1123; Böhmer/Will, Mainzer Regesten 1, 1877/1966 (wie Anm. 2) Nr. 131; Stimming, Mainzer UB 1, 1932/1972 (wie Anm. 19) Nr. 508.

35 Dobenecker, Regesta 1, 1896 (wie Anm. 19) Nr. 1218 vom 7. 7. 1128; Böhmer/Will, Mainzer Regesten 1, 1877/1966 (wie Anm. 2) Nr. 133; Stimming, Mainzer UB 1, 1932/1972 (wie Anm. 19) Nr. 551 (Fälschung!).

36 Dobenecker, Regesta 1, 1896 (wie Anm. 19) Nr. 1533 vom 15. 8. 1145.

37 Dobenecker, Regesta 1, 1896 (wie Anm. 19) Nr. 1188 Erfurt von 1124, unter den Zeugen Ludwig und Heinrich Grafen in Thüringen; Stimming, Mainzer UB 1, 1932/1972 (wie Anm. 19) Nr. 527.

wurde in dem Moment besonders aktuell, wenn die Garben für die Abgabe noch auf dem Feld ausgesondert wurden[39].

3. Der Kampf um die Mark Meissen 1123

In der zweiten Jahreshälfte von 1123 beherrschte ein weiteres Problem den mitteldeutschen Raum, nämlich der Kampf um die Mark Meißen nach dem Tode des Markgrafen Heinrich II. d. J. von Eilenburg, des Wettiners aus der Linie Dedos I.[40]:

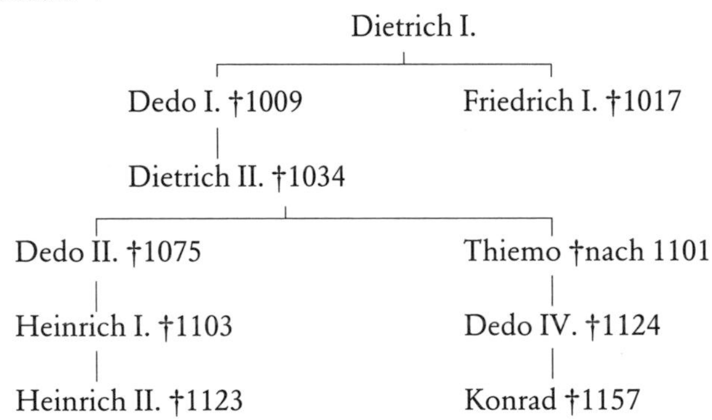

Da Heinrich ohne Nachkommen starb, musste die Herrschaft über die Mark Meißen neu geregelt werden. Kaiser Heinrich V. zog sie als Reichslehen ein und vergab sie an zwei Personen: Die Mark Meißen an Wiprecht von Groitzsch d. Ä. und die Mark Lausitz – ob bereits vorher bestehend oder gerade erst geschaffen, soll offen bleiben – an Hermann von Winzenburg. Die Nachricht von der Erhebung Hermanns von Winzenburg zum Markgrafen im Jahre 1123 übermitteln die Pegauer Annalen[41] und die Erfurter Petersannalen[42], sie müsste demnach auf die Reinhardsbrunner Annalen zurückgehen[43]. Der genannten Notiz wird von kompetenten Autoren jedoch der Wahrheitsgehalt abgesprochen und als Irrtum der Chronisten interpretiert[44].

---

38 Meyer von Knonau, Jahrbücher 7, 1909/1965 (wie Anm. 5) S. 253.

39 Ulrich Bentzien: Arbeit und Arbeitsgerät der Bauern zur Zeit des deutschen Bauernkriegs. In: Hermann Strobach (Hrsg.): Der arm man 1525. Volkskundliche Studien (Veröffentlichungen zur Volkskunde und Kulturgeschichte. 59). Berlin 1975, S. 22–51, hierzu S. 42.

40 Vgl. die Stammtafeln bei: Otto Posse (Hrsg.): Die Wettiner. Genealogie des Gesamthauses Wettin ernestinischer und albertinischer Linie. Leipzig/Berlin 1897, Taf. 1; Pätzold, Wettiner 1997 (wie Anm. 4) Taf. 1 nach S. 427; Detlev Schwennicke: Europäische Stammtafeln. Stammtafeln zur Geschichte der europäischen Staaten. NF. Bd. 1.1. Marburg 1998, Taf. 150.

41 Pertz, Annales Pegavienses 1888/1994 (wie Anm. 6) S. 254, Zeile 27 und S. 256, Zeile 14f.

42 Holder-Egger, Annales S. Petri maiores 1899 (wie Anm. 7) S. 164, Zeile 3f.

43 Vgl. Anm. 4 und 9.

Lothar von Sachsen beanspruchte über seine Rechte als sächsischer Herzog hinaus die Kontrolle über das Markenland und fühlte sich darin wohl durch die Ansprüche seiner Gattin Richenza bestätigt, die eine Schwester des Verstorbenen war[45]. Der Herzog vergab seinerseits an den Wettiner Konrad die Mark Meißen und an den Askanier Albrecht von Ballenstädt – später als Albrecht der Bär bekannt geworden – die Mark Lausitz. Die Entscheidung fiel nicht vor Gericht, sondern auf militärischem Wege, wenngleich regelrechte Kampfhandlungen vergleichweise gering blieben.

Wiprecht wurde in Worms vom Kaiser belehnt[46] und zog mit Erzbischof Adalbert in die Mark Meißen. Sein eigenes territoriales Zentrum lag um die Burg Groitzsch und das Hauskloster Pegau im Pleißenland südlich von Leipzig. Wiprecht und der Mainzer Erzbischof rückten bis zu einer Burg Gvodec[47] und zur Mulde[48] vor. Zu seiner Unterstützung zogen von Süden Herzog Wladislaw I. von Böhmen (†um 1125) und Markgraf Otto II. von Mähren (†1126) heran, die vom Kaiser zu Hilfe gerufen worden waren. Herzog Lothar war inzwischen mit einem sächsischen Heeresaufgebot in die Mark eingedrungen und stand zwischen beiden gegnerischen Truppen an der Mulde einerseits und an Elbe südwestlich von Meißen andererseits[49]. Ihm gelang, die Vereinigung der Feinde zu verhindern, indem er zunächst Wladislaw und Otto von der Falschheit des Mainzer Erzbischofs überzeugte und zum Rückzug bewog. Dann konnte er sich militärisch mit allen Kräften gegen Norden wenden.

---

44 Wilhelm Bernhardi: Lothar von Supplinburg (Jahrbücher der deutschen Geschichte. [15]). Leipzig 1879, S. 835; Otto Posse: Die Markgrafen von Meissen und das Haus Wettin bis zu Konrad dem Grossen. Leipzig 1881, S. 265–269, Anm. 172 und S. 283f., Anm. 229; Hans Patze: Die Entstehung der Landesherrschaft in Thüringen. Teil 1. (Mitteldeutsche Forschungen. 22). Köln/Graz 1962, S. 591f.; Pätzold, Wettiner 1997 (wie Anm. 4) S. 249–251.

45 Richenza und Heinrich II. hatten mit Gertrud von Braunschweig (†1117) dieselbe Mutter; zu den abgeleiteten Ansprüchen von Herzog Lothar: Meyer von Knonau, Jahrbücher 7, 1909/1965 (wie Anm. 5) S. 254.

46 Meyer von Knonau, Jahrbücher 7, 1909/1965 (wie Anm. 5) S. 254; Johann Friedrich Böhmer: Regesta Imperii. 4. Ältere Staufer. 1. Abt. Die Regesten des Kaiserreiches unter Lothar III. und Konrad III. 1. Teil. Lothar III. 1125 (1075) – 1137/Neubearb. von Wolfgang Petke. Köln/Weimar/Wien 1994, Nr. 78, S. 43.

47 Die Burg Gvodec wurde mit einer wüsten Befestigung bei Constappel in der heutigen Gemeinde Klipphausen identifiziert, zwischen Dresden und Meißen im rechtsseitigen Elbegebiet, vgl. Böhmer/Petke, Regesta imperii IV 1 1, 1994 (wie Anm. 46) Nr. 79.

48 Zur Mulde: Waitz, Annalista Saxo 1844 (wie Anm. 12) S. 760, Zeile 13; Bertold Bretholz: Die Chronik der Böhmen des Cosmas von Prag (Monumenta Germaniae Historica. Scriptores rerum Germanicarum. N.S. 2). Berlin 1923, S. 226, Zeile 2f.; Böhmer/Petke, Regesta imperii IV 1 1, 1994 (wie Anm. 46) Nr. 79, S. 44.

49 Böhmer/Petke, Regesta imperii IV 1 1, 1994 (wie Anm. 46) Nr. 79, S. 44.

Zum offenen Kampf kam es bei der Burg Libusa[50], die der kaiserliche Burggraf Heinrich Haupt[51] von Meißen verteidigte, doch mit der Geiselstellung seines Sohnes letztlich Lothar als Sieger anerkennen musste. Damit war der Weg für die Amtsübergabe der Markgrafschaft Meißen an Konrad und der Markgrafschaft Lausitz an Albrecht frei.

Belehnung mit und Kampf um die Mark Meißen liegen zeitlich sicher nach dem Aufstand der Thüringer, nach Cosmas von Prag «im sich neigenden Jahr» («eodem vergente anno»). Die Kämpfe in der Mark Meißen lassen sich nach dem 28. September 1123 einordnen, denn an diesem Tag hatte Herzog Lothar einem Gütertausch des Bischofs Thietmar II. von Verden (1116–1148) beigewohnt[52]. Als Orientierungsdatum nennt Cosmas mit dem Rückzug der Böhmen aus der Gegend um Meißen den 30. November 1123[53].

Über die Stellung der Ludowinger während der Auseinandersetzungen des Jahres 1123 um die Mark Meißen berichten die Quellen nicht unmittelbar. Doch können aus den Umständen jener Zeit einige Überlegungen weiterhelfen, vor allem aus den Beziehungen zu den beiden mächtigsten Beteiligten – zu Erzbischof Adalbert von Mainz auf der einen und Herzog Lothar von Sachsen auf der anderen Seite.

Herzog Lothar war im Widerstand gegen Kaiser Heinrich V. ein langjähriger Waffengefährte der Ludowinger. Während der Schlacht am Welfesholz 1116 schmachtete Ludwig der Springer in kaiserlicher Gefangenschaft, und seine Söhne kämpften und siegten zusammen mit Lothar. Im Jahre 1123 befanden sie sich zu diesem in Opposition, und Ludwig d. J. stand Anfang des Jahres auf der Seite der Stader Grafen im Kampf um die Heimburg im gegnerischen Lager[54]. Der Mainzer Erzbischof hatte dabei zugunsten Lothars vermittelt und sich auf dessen Seite gestellt. Bis zum Herbst des Jahres hatten sie sich aber entzweit[55]; die Konfrontation zwischen ihnen in der Mark Meißen kam also nicht plötzlich.

50 Zu Libusa: Peter Neumeister: Beobachtungen und Überlegungen zur Herkunft der Vögte von Plauen, Weida und Gera. In: Neues Archiv für sächsische Geschichte. 68(1997), S. 1–45, S. 22, Anm. 77 mit weiterer Literatur; dagegen Böhmer/Petke, Regesta imperii IV 1 1, 1994 (wie Anm. 46) Nr. 80.

51 Zu Heinrich Haupt vgl. Neumeister, Beobachtungen 1997 (wie Anm. 50) S. 19–24.

52 Böhmer/Petke, Regesta imperii IV 1 1, 1994 (wie Anm. 46) Nr. 77: Urkunde Bischof Thietmars von Verben vom 28. 9. 1123 (Verben).

53 Bretholz, Cosmas 1923 (wie Anm. 48) S. 227, Zeile 11f.: «sole morante in XV. Sagittarii parte» – als die Sonne im 15. Teil des Schützen stand. Meist wird die Datierung auf den 24. 10. 1123 angenommen; vor 30. 11. 1123: Böhmer/Petke, Regesta imperii IV 1 1, 1994 (wie Anm. 46) Nr. 79.

54 Siehe Anm. 12.

55 Zur Entzweiung zwischen Herzog Lothar und Erzbischof Adalbert vgl. Lothar Speer: Kaiser Lothar III. und Erzbischof Adalbert I. von Mainz. Eine Untersuchung zur Geschichte des Deutschen Reiches im frühen zwölften Jahrhundert (Dissertationen zur mittelalterlichen Geschichte. 3). Köln/Wien 1983, S. 87–89.

Zum Erzbischof befanden sich die Ludowinger im Jahre 1123 in einer konfrontativen Grundposition, die aber offenbar einvernehmliche Begegnungen nicht ausschloss. Neben den Auseinandersetzungen um die Heimburg und um die Zehntforderungen hatte sich bereits nach dem Tode Gisos IV. von Gudensberg (12. 3. 1122) durch die Erbschaft der Ludowinger in Hessen ein weiteres Konfliktfeld eröffnet, da hier territoriale Interessen miteinander kollidierten. Weil die Ludowinger im Herbst 1123 beim Kampf um die Mark Meißen nur zwischen zwei gegnerischen Potentaten wählen konnten, darf man wohl davon ausgehen, dass sie neutral bzw. unbeteiligt blieben.

4. Zur Beurteilung des Aufstandes von 1123

Größeren Aufständen gingen oft wirtschaftliche Notlagen voraus, die gesellschaftliche und politische Spannungen verschärften oder gar auslösten. Die Zeit um und nach 1120 verlief meteorologisch ungünstig, was Ernte und Ernährungssituation negativ beeinflusst haben muss. Nach einer längeren Warmphase veränderte sich die Witterung radikal zu überwiegend kühlen Frühjahren und feuchten Sommern[56].

In Sachsen und besonders im Bistum Halberstadt vernichtete 1120 ein Hagelschlag Getreide und Geflügel, was zum Anstieg der Getreidepreise und zu Hunger führte[57] und sich bei der geringen Produktivität längerfristig auswirken musste. Für Böhmen ist zum Jahre 1121 in den für das Pflanzenwachstum wasserbedürftigen Monaten von März bis Mai allzu große Trockenheit bezeugt[58]. Der folgende Winter verlief mild, regnerisch und stürmisch[59]; im Jahr 1123 war er in deutschen Landen offenbar hart, denn die holländischen Annalen des Klosters Egmond berichteten vom Zufrieren aller Binnengewässer[60] und die Annalen von Brauweiler (bei Bad Kreuznach) vom zu Eis erstarrten Rhein[61]. Die Eintreibung des Getreidezehnten durch das

56 Rüdiger Glaser: Klimageschichte Mitteleuropas. 1000 Jahre Wetter, Klima, Katastrophen. Darmstadt 2001, S. 61, 72 und 83; vgl. Fritz Curschmann: Hungersnöte im Mittelalter. Ein Beitrag zur deutschen Wirtschaftgeschichte des 8. bis 13. Jahrhunderts (Leipziger Studien aus dem Gebiet der Geschichte. VI. Bd. 1. Heft). Leipzig 1900, S. 131f.

57 Georg Heinrich Waitz: Ekkehardi chronicon universale ad a. 1106. In: Georg Heinrich Pertz (Ed.): Monumenta Germaniae Historica. Scriptores. 6. Hannover 1844, S. 33–231, hierzu S. 255, Zeile 44–46; Meyer von Knonau, Jahrbücher 7, 1909/1965 (wie Anm. 5) S. 153; Bogumil, Halberstadt 1972 (wie Anm. 19) S. 52, Anm. 261.

58 Bretholz, Cosmas 1923 (wie Anm. 48) S. 220, Zeile 1-4.

59 Bretholz, Cosmas 1923 (wie Anm. 48) S. 220, Zeile 19f.; Glaser, Klimageschichte 2001 (wie Anm. 56) S. 72.

60 Annales Egmundani. In: Georg Heinrich Pertz (Ed.): Monumenta Germaniae Historica. Scriptores. 16. Hannover 1859, S. 33–231 und S. 442–479, hierzu S. 451, Zeile 30–32.

Mainzer Erzbistum 1123 fiel also ausgerechnet in eine angespannte Nahrungsknappheit und damit in eine für Aufruhr sensible Situation.

Göldner bezeichnete die Erhebung von 1123 als den «größten Bauernaufstand», «den größten Thüringens ..., der vor dem großen deutschen Bauernkrieg von 1525 stattgefunden hat.»[62] Diese Bewertung ist nicht unproblematisch, denn zunächst nennt hinsichtlich der Teilnehmer keine Quelle entsprechende lateinische Termini für «Bauern». Vielmehr bezeichnen die schriftlichen Nachrichten die Aufständischen allgemein als «Thüringer»[63]. Aus Mitteilungen und Zusammenhängen lässt sich einiges ermitteln. Da der Feldzug nach Erfurt von der Volksversammlung auf der Treteburg ausging, dürften freie, wehr- und gerichtsfähige Männer zur Teilnahme berechtigt gewesen sein. Der Fruchtzehnt betraf in letzter Instanz die bäuerlichen Produzenten in den thüringischen Dörfern, wo die Bevölkerung in der noch vorstädtischen Zeit fast ausschließlich wohnte.

Die Anzahl von angeblich 20.000 Teilnehmern deutet auf die Mitwirkung einer großen Anzahl bäuerlicher Personen, da die Adligen und ihr bewaffnetes Gefolge nicht derart zahlreich gewesen sein dürften. Überlieferte Zahlenangaben können zu aufschlussreichen Vergleichen herangezogen werden. Ein Gesamtaufgebot des Kaisers Otto II. aus dem Jahre 981 belief sich auf knapp 2.100 Panzerreiter[64]. Der Herzog von Böhmen hatte 300 Ritter zu stellen[65]. Der bayrische Herzog Otto von Northeim fiel 1070 mit 3.000 ausgewählten und disziplinierten Mannen in Thüringen ein[66]. Wiprecht von Groitzsch führte 1109 2.000 Mann ins Feld[67], unter denen aber vermutlich nicht nur Gefolgsleute waren. Otto von Ballenstedt gelang 1115 angeblich mit 60 Rittern ein Sieg über Slawen[68].

61 Annales Brunwilarenses. In: Georg Heinrich Pertz (Ed.): Monumenta Germaniae Historica. Scriptores. 16. Hannover 1859, S. 724–728, hierzu S. 726, Zeile 27f.

62 Göldner, Bauernaufstand 1955 (wie Anm. 1) S. 80.

63 Pertz, Annales Pegavienses 1888/1994 (wie Anm. 6) S. 254, Zeile 32f.: «Thuringi»; Holder-Egger, Annales S. Petri maiores 1899 (wie Anm. 7) S. 164, Zeile 13: «populi Turingorum».

64 Hans Delbrück: Geschichte der Kriegskunst. T. 3. Das Mittelalter. Berlin 21923, S. 98-102: Zahlenangaben zu Kriegsaufgeboten, S. 100f.: Aufgebot Ottos II. 981 von 2080 bis 2090 Mann; Karl Kroeschell: Deutsche Rechtsgeschichte. Bd. 1. Bis 1250 (WV-Studium. 8. Rechtswissenschaft). Opladen [10]1992, S. 143f.

65 Delbrück, Kriegskunst 3, 1923 (wie Anm. 64) S. 100.

66 Lamperti Hersfeldensis annales. In: Oswald Holder-Egger (Hrsg.): Lamperti monachi Hersfeldensis opera (Monumenta Germaniae historica. In usum scholarum. [38]). Hannover/Leipzig 1894, S. 1–304, hierzu S. 116, Zeile 3–5.

67 Pertz, Annales Pegavienses 1888/1994 (wie Anm. 6) S. 250, Zeile 49f.; Georg Artler: Die Zusammensetzung der deutschen Streitkräfte in den Kämpfen mit den Slaven von Heinrich I. bis auf Friedrich I. In: Zeitschrift der Vereins für Thüringische Geschichte und Altertumskunde. 29. NF. 21 (1913) S. 1–40 und S. 283–337, hierzu S. 311, weitere Zahlenangaben S. 301f., 306, 316f.

Die Richtigkeit jeder einzelnen Zahlenangabe mag zweifelhaft sein, aber insgesamt dürften die angedeuteten Dimensionen von Adelsaufgeboten zutreffen. Die Landesaufgebote einschließlich der bewaffneten Bauern[69] lagen sicherlich wesentlich höher. Die aufständischen sächsischen Fürsten rückten 1073 mit 14.000 Bewaffneten auf Gerstungen vor, worunter sich ebenfalls nicht wenige Bauernkrieger befunden haben dürften[70]. Diese Größenordnung bewegt sich etwa in dem Bereich der 20.000 von 1123, und beide, sicher unabhängig voneinander veranschlagt, bestätigen einander zumindest im anzunehmenden Rahmen, wobei die wirklichen Zahlen um einiges nach unten oder oben abweichen können.

Von Menge und Mehrheit der Beteiligten her trifft zunächst die Aufstandsbeschreibung bei Göldner zu, denn die bäuerlichen Massen dürften sich in derart großer Anzahl bis zum Bauernkrieg tatsächlich nicht wieder an einer bewaffneten Aktion beteiligt haben. Andererseits gibt es keine Hinweise auf eine Auseinandersetzung zwischen dem einheimischen Adel und den Bauern, wie dies für den 1525er Bauernkrieg so charakteristisch war. Vielmehr agierten beide miteinander gegen einen gemeinsamen, äußeren Gegner, wenngleich der Erzbischof von Mainz mit seinen Ministerialen in Thüringen beheimatete Anhänger hatte. Insofern ist die Bezeichnung «Bauernaufstand» wohl zu eng gefasst. Heinrich Raspe I. führte sicherlich einen thüringischen Volksaufstand an, bei dem die Teilnehmer bäuerlicher Herkunft für Vielzahl, Schlagkraft und Erfolg sorgten.

Für einen Volksaufstand der Thüringer spricht ebenfalls der Versammlungsort von 1123: die Treteburg[71]. Sie befindet sich zweieinhalb Kilometer nordwestlich der Gemeinde Gebesee auf einer Anhöhe inmitten der Flussniederung der Unstrut[72]. Neben dem Bericht zu 1123 gibt es noch eine zweite zeitgenössische Quelle über eine Volksversammlung auf der Treteburg. Nach

68 Waitz, Annalista Saxo 1844 (wie Anm. 12) S. 751, Zeile 16f. Otto siegte mit 60 Deutschen über 1.1800 slawische Gegner, wobei eine der beiden Zahlen sicherlich nicht stimmt; Artler, Streitkräfte 1913 (wie Anm. 67) S. 38.

69 Zu Bauernaufgeboten vgl. Delbrück, Kriegskunst 3, 1923 (wie Anm. 64) S. 107–111.

70 Holder-Egger, Lamperti 1894 (wie Anm. 66) S. 164, Zeile 16–18.

71 Zur Treteburg: Wilhelm Hagedorn: Die Tretenburg in Sage und Geschichte. In: Pflüger. Monatsschrift für die Heimat. 2(1925), S. 352–358; Hans Patze (Hrsg.): Thüringen (Handbuch der historischen Stätten. Bd. 9). Stuttgart ²1989, S. 443; Werner, Landesbewußtsein 1992 (wie Anm. 4) S. 103–107; Michael Gockel (Bearb.): Die deutschen Königspfalzen. Repertorium der Pfalzen, Königshöfe und übrigen Aufenthaltsorte der Könige im deutschen Reich des Mittelalters. Bd. 2. Thüringen. Göttingen 2000, S. 149–153; Bienert, Burgen 2000 (wie Anm. 31) S. 285; Michael Köhler: Thüringer Burgen und befestigte vor- und frühgeschichtliche Wohnplätze. Jena 2001, S. 250f.

72 Vgl. Karte bei Gockel, Königspfalzen 2000 (wie Anm. 71) S. 150, Abb. 14.

Lampert von Hersfeld versammelten sich 1073 die Thüringer auf der Treteburg und versicherten den Gesandten der aufständischen Sachsen unter gegenseitigen Eidleistungen, gemeinsame Anstrengungen gegen König Heinrich IV. zu unternehmen[73]. An einem zweiten Tag sollten die Äbte von Hersfeld und Fulda sowie andere in Thüringen begüterte Fürsten unter Androhung des Entzugs der hiesigen Besitzungen der Schwurvereinigung beitreten.

Spätere Zeugnisse bestätigen die beiden vereinzelten Nachrichten von 1073 und 1123, in der Treteburg den zentralen Versammlungs- und Gerichtsort der Thüringer anzunehmen. Unter den um 1165[74] vorgenommenen Urkundenfälschungen des Klosters Reinhardsbrunn schildert ein Dokument die von Kaiser Heinrich IV. angeblich betätigte Landschenkung, die «unter Zuhörerschaft vieler nach allgemeinem Grundsatz auf dem Hügel Tretheburg» vorgenommen worden war[75].

Nach der Elisabeth-Vita des Dietrich von Apolda aus den 1290er Jahren rief Landgraf IV. vor dem Kreuzzug zur Regierungsübergabe die Großen und das Volk seiner Länder auf der Creuzburg zusammen[76]. Handschriften aus dem 14. und 15. Jahrhundert setzen wohl in Erinnerung auf den alten Versammlungsort an Stelle der Creuzburg die Treteburg ein[77].

Die um 1400 entstandene thüringische Bonifatius-Legende[78] berichtet abwertend über die alten heidnischen Einwohner, das Volk der Thüringer habe

73 Holder-Egger, Lamperti 1894 (wie Anm. 66) S. 158, Zeile 31–34; vgl. Patze, Entstehung 1962 (wie Anm. 44) S. 181; Gerold Meyer von Knonau: Jahrbücher des Deutschen Reiches unter Heinrich IV. und Heinrich V. 2. Bd. Leipzig 1894, Neudruck Berlin 1964, S. 264f.; Hagedorn, Tretenburg 1925 (wie Anm. 71) S. 356f.; Werner, Landesbewußtsein 1992 (wie Anm. 4) S. 103, Anm. 126 und 127.

74 Zur Datierung der Reinhardsbrunner Fälschungen: Walter Heinemeyer: Die Reinhardsbrunner Fälschungen. In: Archiv für Diplomatik. 13(1967), S. 133–224, hierzu S. 210: um 1165; Werner, Landesbewußtsein 1992 (wie Anm. 4) S. 104: um 1165.

75 Dietrich von Gladiss (Bearb.): Die Urkunden der deutschen Könige und Kaiser. 6. Bd. Die Urkunden Heinrichs IV. 1. Teil (Monumenta Germaniae Historica. [Diplomata 6.1]). Weimar 1953, Nr. 401, Unecht, Bamberg 2. 1. 1089, S. 530, Zeile 23: «sub multorum audientia generalis placiti in colle Tretheburg»; Dobenecker, Regesta 1, 1896 (wie Anm. 19) Nr. 961; Heinemeyer, Fälschungen 1967 (wie Anm. 74) S. 143, Nr. 13 und S. 205; Werner, Landesbewußtsein 1992 (wie Anm. 4) S. 104f., Anm. 135.

76 Variae Lectiones et svpplimenta ad Theodorici de Thvringia sev de Apoldia vitam s. Eisabethae. In: Johann Burchard Mencke (Hrsg.): Scriptores rerum Germanicarum praecipue Saxonicarum. T. II. Leipzig 1728, Sp. 1987–2006, hier Sp. 1994, Abs. D: «Treteburc»; Monika Rener (Hrsg.): Die Vita der heiligen Elisabeth des Dietrich von Apolda (Veröffentlichungen der Historischen Kommission für Hessen. 53). Marburg 1993, S. 62: nach verschiedenen Handschriften: «Creceburgh», «Creceburch», «Creceburg», «Cruzeburg», nach Handschrift A: «Tretenburch».

77 Gockel, Königspfalzen 2000 (wie Anm. 71) S. 151; Werner, Landesbewußtsein 1992 (wie Anm. 4) S. 105, Anm. 136.

sich vor dem nahenden Missionar Bonifatius auf einem Hügel namens «Treteburg» geflüchtet, um sich gemeinsam zu verteidigen[79], womit an die frühere Funktion als Volks- oder Fluchtburg erinnert wird[80].

Mit dem Ausbau der Landgrafschaft zur Landesherrschaft verlor die Treteburg wohl im 12. Jahrhundert ihre Bestimmung als Ort einer allgemeinen Volksversammlung und an Mittelhausen[81] die Funktion eines zentralen Gerichtsortes. Die Entfernung von nur etwa 22 Kilometern zwischen beiden Orten bestätigt immerhin die geopolitisch entscheidende Rolle dieser Region nördlich von Erfurt für ganz Thüringen.

Über die Anfänge der Zentralfunktion der Treteburg schweigen die Quellen, doch scheinen sie mindestens in karolingische, wenn nicht noch ältere Zeit zurück zu reichen. Laut Breviarium sancti Lulli, das die Erwerbungen des Klosters Hersfeld unter dem 786 verstorbenen Klostergründer und Erzbischofs von Mainz Lullus enthält, zählt Gebesee[82] zu den von Karl dem Großen übereigneten thüringischen Besitzkomplexen des Klosters. Die Treteburg gehörte zweifellos zum Schenkungskomplex um Gebesee[83] und erlangte ihre zentrale Funktion sicherlich nicht erst unter Hersfelder Hoheit, also frühestens nach 786, sondern vorher[84]. Damit erhebt sich auch die Frage, ob die Volksversammlung der Thüringer unter einer geeigneten Person wie bei Schwaben, Bayern und Sachsen unter Herzögen zusammentrat. Das Problem älterer Herzöge bei den Thüringern kann an dieser Stelle aber nicht behandelt werden.[85]

78 Zur Entstehung der thüringischen Bonifatiuslegende um 1400, vgl. Keilitz, Bonifatiuslegende 1939/40 (wie Anm. 79) S. 49; Werner, Landesbewußtsein 1992 (wie Anm. 4) S. 105.

79 Hans Conon von der Gabelentz: Erzählung über die Bekehrung der Thüringer und die Einrichtung ihrer Gerichte. Aus einer alten Handschrift mitgeteilt. In: Zeitschrift des Vereins für thüringische Geschichte und Altertumskunde. 6(1865), S. 235–248, hier S. 239: «treteborg»; Alfred Keilitz: Die Thüringische Bonifatiuslegende. Überlieferung und Text. Weimar 1940. (Thüringisches Hauptstaatsarchiv Weimar. [maschinenschriftlich]. Weimar 1939/40), S. 16–88: deutsche Fassung, S. 89–123: lateinische Fassung, hier S. 64 und S. 106: «Treteburg».

80 Hagedorn, Tretenburg 1925 (wie Anm. 71) S. 353f.; Hans Eberhardt: Die Gerichtsorganisation der Landgrafschaft Thüringen im Mittelalter. In: Zeitschrift der Savigny-Stiftung für Rechtsgeschichte. Germanistische Abteilung. 75(1958), S. 108–180, hierzu S. 115, Anm. 26; Gockel, Königspfalzen 2000 (wie Anm. 71) S. 151; Werner, Landesbewußtsein 1992 (wie Anm. 4) S. 105, Anm. 137.

81 Zu Mittelhausen als Gerichtsort: Eberhardt, Gerichtsorganisation 1958 (wie Anm. 80) S. 115–132; Patze, Entstehung 1962 (wie Anm. 44) S. 496-498, 500f.; Werner, Landesbewußtsein 1992 (wie Anm. 4) S. 110.

82 Gebesee im Breviarium sancti Lulli: Hans Weirich (Bearb.): Urkundenbuch der Reichsabtei Hersfeld. 1. Bd., 1. Hälfte (Veröffentlichungen der Historischen Kommission für Hessen und Waldeck. 19.1.). Marburg 1936, Nr. 38 [1], S. 71, Zeile 18; Thomas Franke [Hrsg.]: Breviarium sancti Lulli. Ein Hersfelder Güterverzeichnis aus dem 9. Jahrhundert. Faksimileausgabe. Bad Hersfeld 1986, S. 14, Zeile 3.

83 Gockel, Königspfalzen 2000 (wie Anm. 71) S. 154.

Obwohl der Aufstand in Verhandlungen und gegenseitigem Einvernehmen endete, erreichten die aufbegehrenden Thüringer offenbar ihr wichtigstes Ziel. Von Zehntstreitigkeiten mit dem Mainzer Erzbischof schweigen seitdem die schriftlichen Quellen des Mittelalters[86]; offenbar hatte die Rebellion auf Dauer die Eintreibung des Fruchtzehnten in Thüringen verhindert.

5. 1123 – Ein Schlüsseljahr der thüringischen Geschichte

Neben dem Aufstand geschahen im Jahre 1123 weitere, die Zukunft beeinflussende Dinge, so dass es sich als Schlüsseljahr für Thüringen erweisen sollte. Vor allem durch den Tod einiger Amtsinhaber wurden die politischen Karten gewissermaßen neu gemischt. Unmittelbar nördlich von Thüringen erhielten die Auseinandersetzungen um Halberstadt mit dem Tod des dortigen Bischofs Arnulf am 7. September 1123 einen Wendepunkt zugunsten des Erzbischofs von Magdeburg und Lothars von Supplinburg und zuungunsten des Mainzer Erzbischofs[87]. In Thüringen selbst konnte Letzterer hingegen durch einige Besitzregelungen seine Position festigen. Nach dem Tod Ludwigs des Springers versuchte er, alte Einkünfte wie den Getreidezehnt wieder einzutreiben, erlitt durch den Aufstand jedoch einen Rückschlag.

Das fränkische Bistum Würzburg grenzte südlich an Thüringen und strahlte nicht zuletzt über die Henneberger in das Territorium der späteren Landgrafschaft hinein. Erzbischof Adalbert hatte 1123 mit seinem Würzburger Bistum ebenfalls große Schwierigkeiten, seinen Einfluss geltend zu machen. Nach einer Doppelwahl 1122 tobte ein Bistumsstreit zwischen dem Hennebergischen Bischof Gebhard (1122–1127 und 1150–1159) und dem letztlich vom Mainzer Erzbischof protegierten Bischof Rugger (1122–1125). Adalbert wandte sich nach anfänglicher Zustimmung zu Gebhard dem Rugger zu, konnte ihn aber 1123 nicht durchsetzen, da der Gegenpart Gebhard päpstlichen Zuspruch erhielt und mit Hilfe der Würzburger Bürgerschaft vorerst den Hauptteil des Bistums behauptete[88].

84 Werner, Landesbewußtsein 1992 (wie Anm. 4) S. 106.

85 Zu alten Herzögen der Thüringer vgl. Adolf Werneburg: Beiträge zur thüringischen Geschichte. In: Mitteilungen des Vereins für Geschichte und Altertumskunde von Erfurt. 11(1883), S. 1–55, hierzu S. 7–27; Otto Dobenecker: Über Ursprung und Bedeutung der thüringischen Landgrafschaft. In: Zeitschrift des Vereins für Thüringische Geschichte und Altertumskunde. 15. NF. 7(1891), S. 299–334, hierzu S. 303–308; Mathias Kälble: Ethnogenese und Herzogtum. Thüringen im Frankenreich (6.–9. Jahrhundert). In: Helmut Castritius, Dieter Geuenich und Matthias Werner (Hrsg.): Die Frühzeit der Thüringer. Archäologie, Sprache, Geschichte (Ergänzungsbände zum Reallexikon der germanischen Altertumskunde. 63). Berlin/New York 2009, S. 329–413.

86 Knochenhauer, Landgrafenhaus 1871/1969 (wie Anm. 5) S. 85; Warsitzka, Landgrafen 2004 (wie Anm. 3) S. 52.

Etwa zu Herbstbeginn erlag am 27. September 1123 der Naumburger Bischof Dietrich I. (seit 1111) einem persönlich motivierten Mordanschlag. Er hatte sich durch Klostergründungen in Bosau (1114), Riesa (1119) und Naumburg (1119) hervorgetan und war von der kaiserlichen auf die päpstliche Seite gewechselt. Sein Tod erlaubte nach dem unbedeutenden Übergangsbischof Richwin (1123–1125) die Wahl des Ludowingers Udo I. (1125–1148)[89], des Bruders Heinrich Raspes I., noch im Frühjahr 1125 nach dem Tod des am 13. April verstorbenen Vorgängers. Udo I. trug dann nicht unwesentlich zum Aufstieg seines Hauses bei.

Nach Ableben des vertriebenen Abtes des Erfurter Petersklosters am 2. Februar 1123 konnte der Erzbischof seinen Schützling Ripertus weihen lassen und damit seine Position im Zentralort Thüringens festigen.

In Hessen traten die Ludowinger durch das gerade erworbene gisonische Erbe als Rivalen des Mainzer Erzbischofs auf. Am 12. März 1122 war der in Hessen reich begüterte Graf Giso IV. verstorben, dessen Tochter Hedwig mit dem späteren Landgrafen Ludwig I. vermählt war. Die Witwe Gisos IV. namens Kunigunde heiratete Heinrich Raspe, den Anführer des Aufstandes von 1123, so dass später – nach dem Tode ihres Sohnes (1137) – sich der ludowingische Besitz in Hessen noch vergrößerte.

Schließlich veranlasste der Tod Heinrichs von Eilenburg gegen Ende des Jahres 1123 Auseinandersetzungen um die Neuvergabe der Markgrafschaften Meißen und Lausitz, in denen Lothar von Supplinburg als sächsischer Herzog seine Interessen gegen den amtierenden König Heinrich V. und Erzbischof Adalbert I. von Mainz behaupten konnte. Als am 22. Mai 1224 Graf Wiprecht d. Ä. von Groitzsch aus dem Leben schied, fiel ein weiterer Mitbewerber um die Vorherrschaft in Mitteldeutschland aus.

Die langfristig wirksamsten Auswirkungen des Jahres 1123 nahmen im Aufstand der Thüringer ihren Ausgang. Einerseits hatten sich die Landesbewohner gegen den Mainzer Erzbischof behauptet und eine Entwicklung verhindert, welche das gesamte Land einer Mainzer Oberherrschaft hätte zuführen können, so dass ein Geistlicher gleichsam zum Landesherrn aufgestiegen wäre wie in Franken der Würzburger Bischof oder in Westfalen zumindest in Titel und Anspruch der Kölner Erzbischof. Vielmehr zeigte sich mit den Ludowingern das Adelsgeschlecht, das allgemein akzeptiert wurde und Macht und Einfluss

87 Bogumil, Halberstadt 1972 (wie Anm. 19) S. 210–212; Speer, Lothar 1983 (wie Anm. 55) S. 85.

88 Alfred Wendehorst (Bearb.): Das Bistum Würzburg. 1. Die Bischofsreihe bis 1254 (Germania sacra. N.F. 1. Die Bistümer der Kirchenprovinz Mainz). Berlin 1962, S. 132–139; Speer, Lothar 1983 (wie Anm. 55) S. 81f.

89 Heinz Wiessner (Bearb.): Das Bistum Naumburg. 1,2. Die Diözese (Germania sacra. N.F. 35,2. Die Bistümer der Kirchenprovinz Magdeburg). Berlin/New York 1998, S. 757–769.

genug für eine regionale Hegemonie besaß. Einiges kündigte sich bereits 1125 mit der Ernennung des Ludowingers Udo I. zum Bischof von Naumburg an. Für die Verleihung der Landgrafenwürde 1130/31 hatte das Jahre 1123 die Weichen gestellt. Die beiden maßgeblichen Personen von 1131, der inzwischen zum König gewählte Lothar und Erzbischof Adalbert I. von Mainz, hatten die Vorrangstellung der Ludowinger durch Heinrich Raspe I. als Anführer einer Volkserhebung der Thüringer vor Augen geführt bekommen.

6. Zur Resonanz des Aufstandes von 1123 in spätmittelalterlichen und neuzeitlichen thüringischen Chroniken

Die mittelalterliche Resonanz der Ereignisse von 1123 zeigt sich in der thüringisch-eisenachischen Geschichtsschreibung. Die älteste überlieferte Fassung findet sich in der am Eisenacher Franziskanerkloster Mitte der 1410er Jahre[90] entstandenen lateinischen Thüringenchronik (Eccardiana)[91], die sich hierzu bis zu wörtlichen Wiederholungen auf die Passage in der Erfurter Peterschronik bzw. den Pegauer Annalen stützt. In geographischen und historischen Begriffen weicht sie aber ab und aktualisiert, wie noch zu sehen ist. Johannes Rothe hat um 1420 in seiner deutschsprachigen Weltchronik[92] offenbar seinerseits die Eccardiana benutzt und ebenfalls zu Örtlichkeiten und Personen Abänderungen vorgenommen. In seiner wohl 1418/19 fertig gestellten thüringischen Landeschronik hatte er einiges anders dargestellt[93]. Die von Lepsius abgedruckte thüringische Geschichte bis 1322 hat in dieser Passage offenbar Rothes Landeschronik benutzt[94].

90 Vgl. Matthias Werner: «Ich bin ein Durenc». Vom Umgang mit der eigenen Geschichte im mittelalterlichen Thüringen. In: Matthias Werner (Hrsg.): Identität und Geschichte (Jenaer Beiträge zur Geschichte. 1). Weimar 1997, S. 79–104, hierzu S. 94f., Anm. 52; Sylvia Weigelt: Studien zur «Thüringischen Landeschronik» des Johannes Rothe und ihrer Überlieferung. Mit Vorüberlegungen zur Edition der Landeschronik. Friedrich Schiller-Universität Jena. Philosophische Fakultät. Habilitationsschrift. 1999, S. 92: Entstehung der Eccardiana «kurz nach 1414, spätestens 1416/18».

91 Historia de landgraviis Thuringiae. [Eccardiana]. In: Johann Georg Eccard (Ed.): Historia genealogica principum Saxoniae superioris. Leipzig 1722, Sp. 351–468, hierzu Sp. 370, Zeile 43–58; siehe Anhang 4.

92 Rochus von Liliencron (Hrsg.): Johann Rothe. Düringische Chronik (Thüringische Geschichtsquellen. 3). Jena 1859, S. 280, cap. 360; siehe Anhang 6.

93 Sylvia Weigelt (Hrsg.): Johannes Rothe. Thüringische Landeschronik und Eisenacher Chronik (Deutsche Texte des Mittelalters. 87). Berlin 2007, S. 1–98, hier S. 38, Zeile 6–20; siehe Anhang 5.

94 Thüringische Chronik von Ninus und Trebeta bis zum Jahre 1322. In: A. Schulz (Hrsg.): Karl Peter Lepsius. Kleine Schriften (Beiträge zur thüringisch-sächsischen Geschichte und deut-

Die Eccardiana ordnet den Thüringer Aufstand unter dem Jahr 1125 ein, Rothe datiert ihn in seiner Weltchronik auf 1128, und in seiner Landeschronik stellt er ihn wie Lepsius und die Eccardiana unmittelbar vor das Jahr 1126. Die Erhebung des Zehnten in der Mark Duderstadt durch den Mainzer Erzbischof aus der Peterchronik verlegt die Eccardiana ins Eichsfeld, womit sie offenbar auf die bestehenden thüringischen Verhältnisse aktualisiert. Rothe erweitert in der Landes- wie auch in der Weltchronik das Eichsfeld um Hessen und Thüringen, worin Lepsius folgt.

Dass der Erzbischof den Zehnt «von den Früchten» forderte, steht in der Eccardiana, in Rothes Landeschronik und bei Lepsius, nicht aber in Rothes Weltchronik. Rothe in seiner Landeschronik und dann Lepsius erzählen, dass die Aufständischen den Zehnten mit der Bemerkung zurückwiesen, sie seien vom hl. Bonifatius davon befreit worden. Das hängt wahrscheinlich damit zusammen, dass in Rothes Landeschronik die thüringische Bonifatius-Legende aufgenommen worden ist[95].

Die Teilnehmer des Aufstands waren der Peterschronik zufolge lediglich Thüringer. In der Eccardiana beteiligten sich sowohl die Thüringer als auch die Hessen, ebenso in Rothes Landeschronik und bei Lepsius. Nur in seiner Weltchronik nannte Rothe konsequenterweise dazu auch die Eichsfelder. Zum Versammlungsort der Aufständischen erklärt die Eisenacher Geschichtsschreibung durchgehend den Hügel von Creuzburg anstatt den der Treteburg. Anders herum hatten Abschreiber Dietrichs von Apolda aus der Creuzburg die Treteburg gemacht[96]. Vielleicht existieren in der mittelalterlichen Geschichtsschreibung noch mehr Affinitäten zwischen beiden Orten.

Bereits die Eccardiana beschreibt Creuzburg als Dorf, und wo jetzt die Burg steht, sei damals ein Kloster der Benediktiner gewesen. Rothe in seiner Landeschronik und Lepsius schreiben von einem Mönchskloster des Benediktinerordens, während Rothe in seiner Weltchronik daraus synonym ein Kloster der Schwarzmönche macht. Rothe und die Folgenden verweisen ausdrücklich darauf, dass Creuzburg damals noch keine Stadt war.

---

schen Kunst und Alterthumskunde. 3. Bd.). Magdeburg 1855, S. 218–294, hierzu S. 248, Absatz 43a und 43b; siehe Anhang 7.

95 Die thüringische Bonifatius-Legende: ADAM URSINUS: Chronicon Thuringiae Vernaculum usque ad annum M CCCCC. In: JOHANN BURCHARD MENCKE: Scriptores rerum Germanicarum praecipue Saxonicarum. T. III. Leipzig 1730, Sp. 1239–1356, hierzu Sp. 1248, Absatz B: Der Herausgeber Mencke bemerkt hier vor dem Jahr 772, dass er die an dieser Stelle die bei Ursinus vorhandene Bonifatius-Legende auslässt, da er sie bereits im 1. Teil abgedruckt hat. LEPSIUS, Chronik 1855 (wie Anm. 94) bei S. 291–294; zu weiteren Editionen vgl. HILMAR SCHWARZ: Einige Anmerkungen zur thüringischen Bonifatius-Legende. In: Wartburgland. Mitteilungen des Heimatkreises Eisenach. 40(2009), S. 44–57, insbes. S. 45–49.

96 Siehe Anm. 76.

Übereinstimmend wird auf die Nennung Heinrich Raspes als Anführer des Volksaufgebots verzichtet und zutreffend von 20.000 Beteiligten, in den deutschsprachigen Chroniken von Bewaffneten bzw. bewaffneten Mannen berichtet, die nach Erfurt ziehen und dort Adalbert im Kloster auf dem Petersberg überfallen wollten. Der Bischof Adalbert soll sich nach der Eccardiana in Erfurt auf dem Petersberg aufgehalten haben, wovon die Peterchronik als Vorlage nichts weiß. Wahrscheinlich lieferten die Großen Erfurter Annalen von St. Peter dafür das Stichwort[97]. Rothes Weltchronik enthält an dieser Stelle eine Übersetzung der lateinischen Passage aus der Eccardiana. Rothes Landeschronik und Lepsius erwähnen, dass Erfurt damals noch keine Stadtmauer hatte.

Zum Abschluss soll ein Blick in die neuzeitliche thüringische Geschichtsschreibung geworfen werden, wofür beispielhaft die Werke von vier Verfassern herangezogen werden: Zacharias Rivander von 1596[98], Johannes Binhard von 1613[99], Georg Michael Pfefferkorn von 1685[100] und Johann Georg August Galletti im Jahre 1783[101]. Übereinstimmend datieren sie den Aufstand ins Jahr 1123. Pfefferkorn weist darauf hin, dass etliche Schreiber ihn nochmals fünf Jahre später, also 1128, und damit ein zweites Mal geschehen lassen.

Die Ereignisse werden analog den hoch- und spätmittelalterlichen Chroniken nacherzählt. Die Passage ist bei Rivander (1596) und Binhard (1613) größtenteils wortgleich wiedergegeben, geht jeweils auf dieselbe Vorlage zurück oder Binhard hat bei Rivander abgeschrieben. Immerhin nennt Rivander die Duderstadter Mark («Dieterstetter Marckt»), die Binhard und Pfefferkorn weglassen, Galletti hingegen erwähnt. Interessanterweise sind die Aufständischen bei Rivander, Binhard und Galletti nicht irgendwelche Thüringer, sondern die thüringischen Bauern. Was zunächst wie eine Bestätigung von Göldner aussieht[102], dürfte der Erinnerung an den besonders in Thüringen tobenden großen Bauernaufstand von 1525 geschuldet sein, der einzigartig weite Landstriche erfasst hatte, wozu die neuzeitlichen Geschichtsschreiber eine Analogie herstellten. Jedenfalls stammt die Charakterisierung von 1123 als Bauernaufstand nicht aus dem Mittelalter, sondern blieb jüngerer Historiographie vorbehalten.

97 Siehe Anm. 7.

98 Zacharias Rivander: Düringische Chronica. Von Ursprung und Herkommen der Düringer. [s. l.] 1596, S. 232f.

99 Johannes Binhard: Newe vollkommene Thüringische Chronica. Leipzig 1613, S. 117f.

100 Georg Michael Pfefferkorn: Merkwürdige und Auserlesene Geschichte von der berühmten Landgrafschaft Thüringen. Frankfurt. a. M./Gotha 1685, S. 426f.

101 Johann Georg August Galletti: Geschichte Thüringens. 2 Bd. Gotha/Dessau 1783, S. 90.

102 Siehe Anm. 62.

Als Versammlungsort der durchweg übereinstimmend erwähnten 20.000 Teilnehmer nennen Rivander und Binhard wie die ältesten hochmittelalterlichen Quellen die Treteburg, wogegen Pfefferkorn und Galletti der eisenachischen spätmittelalterlichen Chronistik anhängend Creuzburg angeben. Als Anführer nennen Rivander und Binhard den «Grafen Heinrich», während der Gelehrte Galletti mit «Heinrich Raspe» schon präziser ist.

Der knappe Einblick in einige Werke neuzeitlicher Geschichtsschreibung lässt den Schluss zu, dass der Aufstand des Jahres 1123 mit seinem erfolgreichen Ausgang für die Aufrührer – das Einlenken des Erzbischofs ist stets erwähnt – Erinnerung und Würdigung gefunden hat. Unterschiedliche Details entsprechen den unterschiedlichen Vorlagen aus mittelalterlicher Zeit.

7. Anhänge

Anhang 1
Neue Erfurter Peterschronik, erster Teil 1208/09 geschrieben

Cronica S. Petri Erfordensis moderna a. 1072–1335. In: Oswald Holder-Egger (Ed.): *Monumenta Erphesfurtensia. Saec. XII. XIII. XIV. (Monumenta Germaniae Historica. Scriptores rerum Germanicarum in usum scholarum.* [42]). Hannover/Leipzig 1899, S. 117–369, hier S. 164, Zeile 8–19:	Georg Grandaur (Übers.): *Chronik von Sanct Peter zu Erfurt 1100–1215* (Die Geschichtschreiber der deutschen Vorzeit in deutscher Bearbeitung. [52]. 12. Jh. Bd. 4). Leipzig 1881, S. 10:
[Zu 1123] «Per idem fere tempus cum episcopus Mogontinus Adelbertus a provincialibus, qui Tutersteten marcham incolunt, decimas frugum exigeret, illique fortiter resisterent, contigit quosdam ex eis a militibus episcopi occidi, alios obtruncari, nonnullos vero captivos abduci. Unde populi Turingorum permoti ac simile sibi metuentes, in collem Treteburg de cunctis finibus suis conveniunt. Iamque civitatem Erpesfurt, qua tunc episcopus forte manebat, Heinrico comite duce, cum XX milibus irrumpere parant, ceptumque perpetrassent opere, si non idem episcopus, ut erat vir naturali preditus ingenio, prudenti eos avertisset consilio.»	[Zu 1123] «Als ungefähr um dieselbe Zeit Bischof Adelbert von Mainz von den Leuten, welche die Mark Duderstadt bewohnten, den Fruchtzins forderte und diese heftigen Widerstand leisteten, ereignete es sich, dass einige von ihnen durch die Leute des Bischofs getödtet, andere verstümmelt, nicht wenige aber gefangen fortgeführt wurden. Hierdurch erschreckt und Gleiches für sich befürchtend, kommt das Volk der Thüringer aus allen Theilen seines Landes auf dem Berge Treteburg zusammen. Und schon schicken sie sich an, in die Stadt Erfurt, in welcher sich der Bischof damals gerade aufhielt, mit zwanzigtausend Mann unter Anführung des Grafen Heinrich einzudringen, und würden ihr Vorhaben in der That ausgeführt haben, wenn nicht der Bischof, wie er denn ein mit natürlichem Verstande begabter Mann war, sie durch kluge Vorstellungen davon abgebracht hätte.»

Anhang 2
Pegauer Annalen, Mitte 12. Jahrhundert

Annales Pegavienses et Bosovieses. In: Georg Heinrich Pertz (Ed.): *Monumenta Germaniae Historica. Scriptores.* 16. Hannover 1859, S. 232–270, hier S. 254, Zeile 29–36:	
[Anno 1123] «Per idem fere tempus cum episcopus Mogontiensis Adelbertus a provincialibus qui Tutersteten marcham incolunt decimas frugum exigeret, illique fortiter resisterent, contigit quosdam ex eis a militibus episcopi occidi, alios obtruncari, nonnullos vero captivos abduci. Unde Thuringi permoti ac simile sibi metuentes, in collem Treteburch de cunctis finibus suis conveniunt. Iamque civitatem Erpesfurt ubi tunc episopus forte manebat, cum viginti milibus irrumpere parant, ceptumque perpetrassent opere, si non idem episcopus, ut erat vir naturali praeditus ingenio, prudenti eos avertisset consilio.»	(Zum Jahr 1123) Als ungefähr um dieselbe Zeit der Mainzer Bischof Adelbert von den Landsleuten, welche die Mark Duderstadt bewohnten, den Fruchtzins forderte und diese heftig Widerstand leisteten, ereignete es sich, dass einige von ihnen durch die Kriegsleute des Bischofs getötet, andere verstümmelt, nicht wenige aber gefangen fortgeführt wurden. Hierdurch erschreckt und Gleiches für sich fürchtend, kommen die Thüringer aus allen Teilen ihres Landes auf dem Berg Treteburg zusammen. Und schon schicken sie sich an, in die Stadt Erfurt, in welcher sich der Bischof damals aufhielt, mit zwanzigtausend Mann einzudringen, und würden ihr Vorhaben in der Tat ausgeführt haben, wenn nicht der Bischof, wie er denn ein mit natürlichem Verstande begabter Mann war, sie durch kluge Vorstellungen davon abgebracht hätte.

Anhang 3
Große Erfurter Annalen von S. Peter

Annales S. Petri Erphesfurtenses maiores. In: OSWALD HOLDER-EGGER (Ed.): Monumenta Erphesfurtensia. Saec. XII. XIII. XIV. (Monumenta Germaniae Historica. Scriptores rerum Germanicarum in usum scholarum. [42]). Hannover/Leipzig 1899, S. 45–67, hier S. 51, Zeile 36 f. und S. 53, Zeile 1 f.:	
«MCXXII. (oder MCXXIII.) Heinricus comes de Thuringia congregavit exercitum ad bellandum contra Adelbertum archiepiscopum propter exactionem in Thuringia decimarum et propter spoliationem monsterii sancti Petri.»	1122 (oder 1123) Graf Heinrich von Thüringen versammelte ein Heer, um Krieg zu führen gegen Erzbischof Adelbert wegen der Einziehung der Zinse in Thüringen und wegen der Beraubung des St. Petersklosters.

Anhang 4
Thüringerchronik der Eisenacher Franziskaner – die Eccardiana, Mitte der 1410er Jahre

Historia de landgraviis Thuringiae. [Eccardiana]. In: JOHANN GEORG ECCARD (Ed.): Historia genealogica principum Saxoniae superioris. Leipzig 1722, Sp. 351–468, hierzu Sp. 370, Zeile 43–58:	
«Anno Domini MCXXV ... Per idem tempus cum Adilbertus Maguntinensis Archiepiscopus, a provincialibus suis in Eichsfeldia, aliisque decimas frugum exigeret, & illi fortiter resisterent: Contigit propter hoc, quosdam a militibus Episopi occidi, alios obtruncari, nonnullos etiam captivos abduci. Unde populi Thuringorum atque Hassonum in colle Crützeburgk, & villa ibidem, quod nunc castrum, tunc monasterium fuit ordinis S. Benedicti, de cunctis suis finibus convenerunt, jamque tunc villam Erffifort, qua tunc Episopus in monte S. Petri manebat, cum XX millibus, aliisque fatalicis irrumpere parant, coeptumque perpetrassent opere, si non idem Episcopus, ut erat vir naturali ingenio praeditus, eos avertisset consilio, & hoc edictum totum irritum fecisset.»	Im Jahre des Herrn 1125 ... Als um dieselbe Zeit der Mainzer Erzbischof Adelbert von seinen Landsleuten im Eichsfeld und anderen den Fruchtzins forderte und diese heftig Widerstand leisteten: Es ereignete sich deswegen, dass einige durch die Kriegsleute des Bischofs getötet, andere verstümmelt, nicht wenige sogar gefangen fortgeführt wurden. Hierdurch erschreckt und Gleiches für sich fürchtend, kamen die Völker der Thüringer und der Hessen auf dem Berg Creuzburg und der Ortschaft ebenda, die jetzt eine Burg ist, damals ein Kloster vom Orden des hl. Benedikt war, aus allen Teilen ihres Landes zusammen. Und schon schicken sie sich an, in die Stadt Erfurt, in welcher sich damals der Bischof auf dem Petersberg aufhielt, mit zwanzigtausend Mann und anderen vom Schicksal Bestimmten einzudringen, und würden ihr Vorhaben in der Tat ausgeführt haben, wenn nicht der Bischof, wie er denn ein mit natürlichem Verstande begabter Mann war, sie durch kluge Vorstellungen davon abgebracht hätte und dies zu einer ganz ungültigem Verordnung machte.

Anhang 5
Thüringische Landeschronik des Johannes Rothe, 1418/19

Sylvia Weigelt (Hrsg.): *Johannes Rothe. Thüringische Landeschronik und Eisenacher Chronik* (Deutsche Texte des Mittelalters. 87). Berlin 2007, S. 1–98, hier S. 38, Zeile 6–20

[zu 1123] «Es geschach czu den gecziten, das der bisschoff von Mentze, Albrecht genant, von synen luthen uf deme Eichsfelde unde in deme lande czu Doringen unde czu Hessen vorderte den czehnden von den fruchten, die uff das jar gewachßen worn. Unde deme widderstunden die luthe so sie meist mochten unde wolden des nicht geben. Unde sprachen, sie weren des gefryet von sente Bonifacio. Unde darumbe so worden etzliche von des bisschoffs volke der armen luthe erslagen, etzliche sere gewundet, etzliche gefangen. Unde darumbe so quamen die Doringe unde die Hessen czu sammene czu Cruczíborg, das zu der czit eyn monche closter was, unde nicht eine borg, sente Benedictus orden, unde die stat die was ein dorf. Da czogen allen enden die luthe czu unde worden des eyn, das sie den bisschoff von Mentcze czu Erforte, das nach unbemurit was, obirfallen wolden unde sente Petirsberg gewynnen unde czubrechen. Des wart her von etzlichen sinen frunden gewarnet, das her das abelegitte. Unde sante die synen keyn Cruczeborg, die das guttlichen mit den landtluthen sunetthen. Es were anders großer schade unde mort geschen, wan es worn gereite czu Cruczeburg gesammelt czwentczig tußenth gewapinte man.»

Anhang 6
Thüringische Weltchronik des Johannes Rothe, um 1420

Rochus von Liliencron (Hrsg.): *Düringische Chronik des Johann Rothe* (Thüringische Geschichtsquellen. 3. Bd.). Jena 1859, S. 280, cap. 360:

«Noch Cristus gebort tussent hundert unde 28 jar do hiesch der erzbischouf Albrecht von Mentze von der phaffheyt, von clostern unde von seynen lewten uff dem Eichssfelde yn hessen unde Doryngen den zehnden. unde do om die lewte des nicht geben wolden, do zoch des bischouffs amptman obir sie unde roubete sie. unde do waren ouch eyn teil lewte die das weren wolden, die worden dor obir erslagen gewundet und gefangen. unde dorumbe sso wart von den Hessen Eichssfeldern unde den Doryngen, die das zu schicken hatten, eyne sampnunge zu Crutzburgk, alsso do noch keyn sloss, sundern eyn swartzmonche closter, do nu die burgk ist, was, unde keyne stat, sundern eyn dorff. Do was die weile der erzbischouf von Mentz Adelbertus zu Erfforte uff sente Peters berge, unde den wolden sie do obir fallen mit gewalt unde yren schaden an om rechen, unde ir waren an die obgnante stat zusampne komen 20 tussent gewopente. Das erfur der bischouf und schickete die seynen zu on unde sunete sich mit on unde tedt das gebot abe.»

Anhang 7
Thüringische Geschichte bis 1322, Abschrift von Karl Peter Lepsius

Lepsius, Karl Peter: *Kleine Schriften. Beiträge zur thüringisch-sächsischen Geschichte und deutschen Kunst und Alterthumskunde.* 3. Bd./Hrsg.: A. Schulz. Magdeburg 1855, S. 218–294, hierzu S. 248 f., Absatz 43a und 43b:

[zwischen 1123 und 1126] «Es geschach in der Zeit, das der bischof von menß, albrecht genand, von sein leuten auf dem eisfelde vnd im lande zu Doring vnd hessen foderte den zenden von den fruchten, die das yahr gewachssen waren, deme widerstunden die leute, so vil sie kunten, vnd wolten das nicht thun, vnd sprachen: sie wern das frey von Sandt boniuaci gemacht, vnd waren schon etliche darumb von des bischofs volck erschlagen, etliche geuangen vnd zum teil sehr verwondt. Do kamen die Doring vnd hessen zu kreutzborck zusammen, das zu der zeit ein monchskloster war, vnd nicht ein Schlos, Sandt benedicti ordens. Vnd die stat war noch ein Dorf. Do zogen von allen enden die leute dahin, vnd worden des eins, wie sie wolten den bischof von menß zu erffordt, das damals noch vnbemaurt war, ihn da vberfallen, vnd den petersberck gewinnen, vnd zerbrechen. des wardt der bischof von seinen freunden gewarnet, das er das abschaft, vnd sandte die seinen nach kreutzburck, die das in gute mit den landleuten versonten; es were sonst grosser schade vnd mordt geschen; den es waren bereit zu chreutzborck beysammen 20,000 gewapetener man.»

Kritische Betrachtungen zu chronikalischen Überlieferungen am Beispiel von Bausteinuntersuchungen am Palas der Wartburg

Dieter Klaua

Einführung

Zur Aufhellung der frühen Geschichte der Wartburg gibt es nur eine geringe Anzahl von Erwähnungen im zeitgenössischen Schrifttum[1], jedoch existieren darin keinerlei Hinweise über das Baugeschehen auf der Burg. So ist man auf Nachrichten in Chroniken angewiesen, wie z. B. die von St. Peter in Erfurt. Die Geschichte der Burg wird dann noch durch zusammengetragene Ereignisse in Chroniken aus einer wesentlich späteren Zeit ergänzt, wie z. B. durch die Chroniken des Johannes Rothe, die zu Beginn des 15. Jahrhunderts verfasst wurden[2].

Mit den umfangreichen Restaurierungsarbeiten am Palas der Wartburg von 1994 bis 2003 war eine intensive Bauforschung verbunden, die zu einem beachtlichen Kenntnisstand der Baugeschichte des Gebäudes beigetragen hat[3]. Damit zusammenhängend wurde das Bausteinmaterial der Burg, vorzugsweise des Palas, auch petrographisch untersucht. In Auswertung dieser Ergebnisse sind Diskrepanzen zu älteren schriftlichen Überlieferungen festzustellen, von denen für die folgenden Betrachtungen zwei Ereignisse aufgegriffen werden sollen. In einem Fall wird in den Chroniken auf die Herkunft der Bausteine für die Wartburg hingewiesen[4], in dem anderen Fall handelt es sich um die Berichte von einem Brand in Gebäuden der Burg.

1 Zusammengestellt und ausgewertet: Hilmar Schwarz: Die Wartburg in den schriftlichen Quellen des 11. bis 13. Jahrhunderts. In: Schuchardt, Palas 2001 (wie Anm. 3) S. 15–22.

2 Zu chronikalischen Überlieferungen: Hans von der Gabelentz: Die Wartburg. Ein Wegweiser durch ihre Geschichte und Bauten. München o.J. (ca. ³1940), S. 19–48.

3 Siehe dazu den Sammelband: Günter Schuchardt (Hrsg.): Der romanische Palas der Wartburg. I. Bauforschung an einer Welterbestätte. Regensburg 2001.

4 Eine Kurzfassung zu diesem Teilthema mit inhaltlichem Schwerpunkt auf geologischen Argumenten liegt bereits vor: Dieter Klaua: Hinweise auf Bausteine und ihre Herkunft in Chroniken, ihre geologische und historische Beurteilung am Beispiel der Wartburg bei Eisenach. In: Beiträge zur Geologie von Thüringen. N.F. 14(2007), S. 301–312.

I. Bausteinherkunft

1. Chronikalische Erwähnungen bei Johannes Rothe

1.1 Die Chroniken zur Landesgeschichte und die Textstelle

Der erste Hinweis auf die Bausteinherkunft für die Wartburg ist in einer Chronik des Johannes Rothe zu finden. Der um 1360 in Creuzburg/Werra geborene Rothe wirkte in Eisenach als Ratsschreiber, Leiter der Stiftsschule am Marienstift und landgräflicher Kaplan und starb hier am 5. Mai 1434. Neben anderen, z. T. auch historischen Schriften hat er drei Chroniken hinterlassen[5]:
- die Eisenacher Chronik (wohl um 1414)[6],
- die Thüringische Landeschronik (um 1418)[7],
- die sog. Thüringische Weltchronik (1421 abgeschlossen).[8]

Für die vorliegenden Betrachtungen ist insbesondere die Landeschronik von Bedeutung. Als Hauptquellen haben Rothe wiederum ältere Chroniken aus Eisenacher Klöstern (lateinisch abgefasst, u. a. die sog. Eccardiana und Pistoriana) sowie mehrere ältere Vorlagen und Ortstraditionen[9] gedient. Er verwen-

5 Volker Honemann: Rothe, Johannes. In: Kurt Ruh u. a. (Hrsg.): Die deutsche Literatur des Mittelalters. Verfasserlexikon. Bd. 8. Berlin/New York 1992, Sp. 277–285; Matthias Werner: Rothe, Johannes. In: Norbert Angermann u. a.: Lexikon des Mittelalters. Bd. 7. München/Zürich 1995, Sp. 1050; Sylvia Weigelt: Johannes Rothe. In: Walter Kasper (Hrsg.): Lexikon für Theologie und Kirche. Bd. 5. Freiburg i. Br. u. a. 1996, Sp. 963; Sylvia Weigelt: Die städtische Eisenacher Kanzlei um 1400 und die autographen Urkunden des Johannes Rothe. In: Jens Haustein u. a. (Hrsg.): Septuaginta quinque (Festschrift für Heinz Mettke). Heidelberg 2000, S. 409–428.

6 Sylvia Weigelt (Hrsg.): Johannes Rothe. Thüringische Landeschronik und Eisenacher Chronik (Deutsche Texte des Mittelalters. Bd. 87). Berlin 2007, LXXXVIII und 193 S., hier: Eisenacher Chronik: Von Isenachis begyn, S. 99–135.

7 Rothe/Weigelt, Landeschronik 2007 (wie Anm. 6) S. 1–98.

8 Rochus von Liliencron (Hrsg.): Johannes Rothe. Düringische Chronik (Thüringische Geschichtsquellen. Bd. 3). Jena 1859.

9 Historia de landgraviis Thuringiae. In: Jo.(hann) Georgius Eccardus (Hrsg.): Historia genealogica principum Saxoniae superioris. Leipzig 1722, Sp. 351–468 (sog. Eccardiana); Historia Erphesfordensis anonymi scriptoris de landgravius Thuringiae. In: Johannes Pistorius (Hrsg.): Rerum Germanicarum scriptores. Regensburg 1726, Sp. 1296–1356 (sog. Pistoriana); Hans Patze: Eisenacher Chroniken. In: Robert-Henri Bautier u. a. (Hrsg.): Lexikon des Mittelalters. Bd. 3. München/Zürich 1986, Sp. 1754–1755; Sylvia Weigelt: Studien zur «Thüringischen Landeschronik» des Johannes Rothe und ihre Überlieferung. Mit Überlegungen zur Edition der Landeschronik. Habilitationsschrift. Universität Jena 1999, V, 433 S., auf S. 138 wird darauf hingewiesen, dass J. Rothe neben schriftlichen Quellen auch mündliche Überlieferungen besonders zur Geschichte der Wartburg und der Stadt Eisenach in seine Chroniken einfließen ließ; s. auch Werner, Rothe 1995 (wie Anm. 5) Sp. 1050.

dete für seine Chroniken daraus z. T. wörtliche Übersetzungen und arbeitete breit ausmalende Nacherzählungen ein[10]. Eisenach war als landgräfliche Residenz am Ende des 14. und vor allem im 15. Jahrhundert ein Zentrum der thüringischen Landesgeschichtsschreibung[11]. Das Besondere an den drei Chroniken ist ihre nachhaltige Wirkung auf die spätere thüringische Geschichtsschreibung. So konnte Sylvia Weigelt derzeit noch 39 Textzeugen der Landeschronik vom 15. bis in das frühe 18. Jahrhundert in unterschiedlichen Bearbeitungsstufen nachweisen[12].

Die Textstelle zur Herkunft des Baumaterials für die Wartburg in der Thüringischen Landeschronik lautet: «Also buwetthe her da die keyserlichen borg. Dit geschach nach Cristi gebort tußent LXVII jar. In den selben gecziten was große turede in den landen, des vil luthe hungirs storben. Da hatte grave Loddewig vel korns unde liß steine von deme Seberge bye Gotha dar furen unde buwette das mußhuß unde die andern kemnatten unde torme daruffe unde liß es mit blye decken.»[13]

Die Errichtung der Gebäude wurde auch von Rothe mit dem Zeitraum der sagenhaften Gründung der Wartburg 1067 gleichgesetzt, da keine anderen Daten zur Baugeschichte bzw. zum Bauablauf der Wartburg aus Urkunden oder anderen Chroniken damals vorlagen. Als Erbauer der Burg mit den genannten Gebäuden ist damit zeitlich Ludwig der Springer gemeint, obwohl er «nur» der Gründer der Burg war und in seiner Regierungszeit (gestorben 1123) der erste Ausbau der Burg erfolgt sein dürfte, aber noch ohne den Palas.

Unter dem Begriff «Musshaus» ist i. a. der Palas zu verstehen, unter «andere Kemenaten» sonstige Wohnbauten außer dem Palas[14]. Der Begriff «Palas» bürgerte sich erst im Laufe des 19. Jahrhunderts ein. In dieser Textstelle wird erstmals die Herkunft von Bausteinen für die Wartburg angeführt. Sie seien vom «Seberge bye Gotha» zur Wartburg transportiert worden. Damit ist der Große Seeberg südöstlich von Gotha gemeint und der Zusammenhang auch mit dem Bau des Palas (Musshaus) hergestellt, obwohl dessen Bau erst 1156 begonnen wurde[15].

10 Hans Neumann: Johannes Rothe. In: Karl Langosch (Hrsg.): Die deutsche Literatur des Mittelalters. Verfasserlexikon. Bd. 5 (Nachträge). Berlin 1955, Sp. 995–1006, hier Sp. 998–1001.

11 Matthias Werner: «Ich bin ein Durenc». Vom Umgang mit der eigenen Geschichte im mittelalterlichen Thüringen. In: Matthias Werner (Hrsg.): Identität und Geschichte (Jenaer Beiträge zur Geschichte. 1). Weimar 1997, S. 79–104, hier S. 92–96.

12 Weigelt, Studien 1999 (wie Anm. 9) S. 268ff. und Rothe/Weigelt 2007 (wie Anm. 6) S. XII.

13 Rothe/Weigelt, Landeschronik 2007 (wie Anm. 6) S. 32.

14 Gabelentz, Wegweiser 1940 (wie Anm. 2) S. 37.

15 Thomas Eissing: Dendrochronologische Datierung der Wartburg. In: Wartburg-Jahrbuch 1992. 1(1993), S. 51–62, hier S. 59; Gerd Strickhausen: Die Wartburg und der Burgenbau der Thüringer Landgrafen. In: Schuchardt, Palas 2001 (wie Anm. 3) S. 10–14, hier S. 11.

1.2 Petrographische Erläuterungen

Bei dem Bausteinmaterial vom Großen Seeberg handelt es sich um einen hellen, weißen bis grauweißen und gelblichen Sandstein, der allgemein als «Seeberg-Sandstein» unter den wichtigeren thüringischen Bausteinen bekannt ist. Der übergeordnete, zeitlich nach der Unterabteilung der erdgeschichtlichen Formation Trias benannte Begriff lautet «Rätsandstein» (Rät = Oberer Keuper, auch Rhät geschrieben).

In der näheren Umgebung von Eisenach, nordwestlich der Stadt, etwa zwischen Stregda und Creuzburg/Werra, ist in einem eng begrenzten Gebiet nochmals Rätsandstein verbreitet. Er wird nach der inmitten dieses Gebietes gelegenen Ortschaft als «Madelunger Sandstein» bezeichnet und ist seit dem Mittelalter an mehreren Stellen als Baustein gewonnen worden. Dieses Gestein ähnelt weitgehend dem Seeberg-Sandstein, was zum großen Teil die Korngrößenverteilung, die Mineralzusammensetzung und überwiegend auch die Färbung betrifft.

Gelblicher Sandstein ist der Hauptbaustein am Palas gegenüber dem an den übrigen Burgbauten vorherrschenden rotbraunen Konglomerat. Insofern hebt sich der Palas durch diesen Sandstein von den anderen Gebäuden deutlich ab, an denen gelblicher Sandstein nur untergeordnet und meist als Eckquader, Fenster-, Tür- und Torgewände vorkommt.

Die petrographischen Untersuchungen der Bausteine an allen Gebäuden der Wartburg belegen eindeutig, dass es sich bei den im Mauerwerk der Gebäude verwendeten Sandsteinquadern, auch bei den Gewändesteinen, um den Madelunger Sandstein handelt (bis auf wenige Ausnahmen)[16]. Die geringfügigen Unterscheidungsmerkmale zwischen den beiden Rätsandsteintypen sind nur bei genauer und unmittelbarer Betrachtung der einzelnen Quader an den Fassaden (z. B. von Gerüststellungen aus während der Restaurierungsarbeiten am Palas) und Vergleichen mit den in den alten Steinbrüchen in beiden Verbreitungsgebieten anstehenden Sandsteinbänken auszumachen. Nach solchen vergleichenden Betrachtungen kann z. B. Seeberg-Sandstein am Palas festgestellt werden, der aber erst bei der Wartburgerneuerung im 19. Jahr-

16 Dieter Klaua: Petrographische Dokumentation der Bausteine am Palas der Wartburg. Teil 1: Rhätsandsteine. Unveröff. Mschr., Geologische Land- und Bodenuntersuchung GmbH. Jena, 29. 11. 1993. Wartburg-Stiftung Eisenach, Archiv; Dieter Klaua: Petrographische Dokumentation der Bausteine am Palas der Wartburg. Teil 2: Bausteinkartierung 2. Obergeschoss Westseite. Unveröff. Mschr., Geologische Land- und Bodenuntersuchung GmbH. Jena, 7. 7. 1994, Wartburg-Stiftung Eisenach, Archiv; Dieter Klaua: Die Bausteine am Palas der Wartburg. In: Wartburg-Jahrbuch 1995. 4(1996), S. 91–101.

hundert, u. zw. im Bereich des oberen Rundbogenfrieses und am Ritterbad, und z. T. noch bei Restaurierungen in den 1920er Jahren[17] neben dem Madelunger Sandstein eingesetzt wurde.

2. Widerspruch zur chronikalischen Aussage

2.1 Wesentliches Ergebnis der petrographischen Untersuchung

Aus den Bausteinuntersuchungen an der Wartburg ist als erstes Ergebnis festzuhalten: der Hauptteil der im Mauerwerk auf der Burg in romanischer Zeit verbauten Sandsteine ist Rätsandstein aus der Umgebung nordwestlich von Eisenach (sog. Madelunger Sandstein) und nicht der Rätsandstein vom Gr. Seeberg bei Gotha. Nach dieser Feststellung ist die Aussage in der Rotheschen Landeschronik als falsch zu bezeichnen.

2.2 Bausteinseitige Argumentationen

Zunächst kann als wesentliches Argument für die Steingewinnung in den Steinbrüchen im Raum Madelungen-Creuzburg für die Wartburg ihre relativ geringe Entfernung von rd. 7 bis 8,5 km gegenüber dem Transportweg vom Seeberg von rd. 33 km Luftlinie herangezogen werden (s. Abb. 1). Wenn völlig gleichartiges und gleichwertiges Material in Form des Rätsandsteins in zwei Verbreitungsgebieten mit deutlich unterschiedlichen Entfernungen vorkommt, wird wohl aus verkehrstechnischen und wirtschaftlichen Gründen das näher liegende Vorkommen für die Beschaffung der großen Mengen an Mauerwerksquadern bevorzugt worden sein.

Im Zusammenhang mit den Restaurierungsarbeiten ab 1998 an der Ostfassade des Palas wurde eine andere Sandsteinart als Mauerwerksquader neben dem Rätsandstein erkannt: Sandsteinmaterial aus Schichten des Mittleren Buntsandsteins. Allem Anschein nach wurde dieses Baumaterial ebenfalls vor der Errichtung des Palas verwendet. Als Herkunftsgebiet kommt mit hoher Wahrscheinlichkeit das Hörseltal mit seinen Nebentälern östlich von Eisenach, etwa im Raum von Wutha mit einer maximalen Distanz von der Wartburg von ca. 7 km in Frage[18] (vergleichbar mit der Entfernung der Rätsandsteinbrüche bei Madelungen, s. Abb. 1). Demnach standen der Bauhütte der Wartburg zwei verschiedene Sandsteinvorkommen in relativ geringer Nähe zur

17 Burgbaurat (Karl) Hofferbert: Die Schwindschen Wartburgfresken. Erscheinungen ihres Verfalls und Maßnahmen zu ihrer Erhaltung. In: Wartburg-Jahrbuch 1928. 6(1928), S. 15–53.

18 Dieter Klaua: Buntsandstein als mittelalterlicher Baustein an der Wartburg. In: Wartburg-Jahrbuch 2000. 9(2002), S. 200–213.

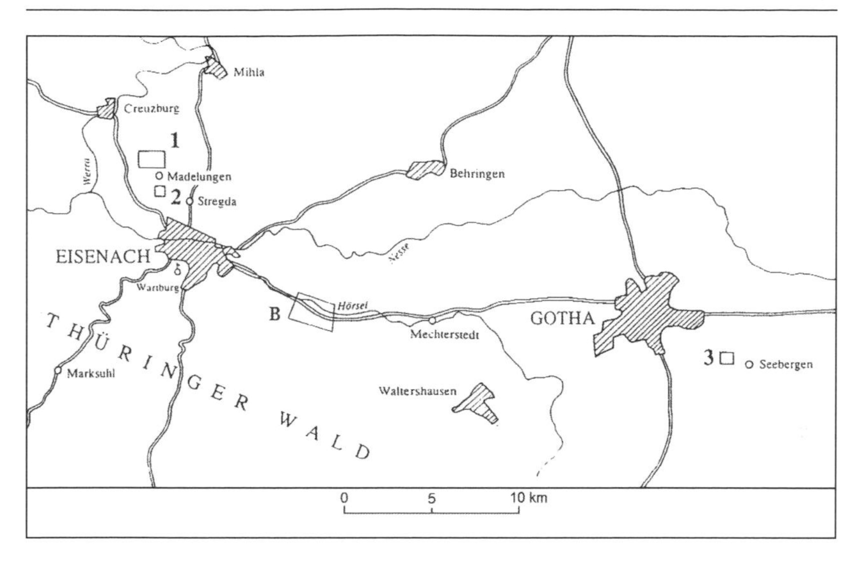

Abb. 1: Lage der im Text erwähnten Steinbruchgebiete (Sandstein) für Baumaterial der Wartburg

Rätsandstein: 1 und 2 – Madelunger Sandstein, 3 – Seeberg-Sandstein

Buntsandstein: B – Umgebung von Wutha

Verfügung, um den Bedarf an Bausteinen zu decken. Darin ist ein zusätzliches und schwerwiegendes Argument gegen einen damaligen Steinbezug vom weiter entfernten Seeberg zu sehen.

Aus der Geschichte der Natursteinverwendung ist seit längerem erkannt worden, dass die Entfernung nicht als alleiniges Kriterium für eine Bausteinherkunft herangezogen werden darf. Gerade in spätromanischer Zeit sind Steintransporte über große Entfernungen bekannt – natürlich weitaus weniger die Massentransporte für das Mauerwerk betreffend.

2.3 Beispiele spätromanischer Steintransporte in Thüringen

Für weitreichende Steintransporte in spätromanischer Zeit bieten der Rätsandstein selbst und auch zwei weitere Ludowingerburgen gute Beispiele. Rätsandstein wurde als großformatiger Gewändestein eines größeren Portals an der Burg Weißensee (Runneburg) als eindeutig vom Gr. Seeberg stammend nachgewiesen[19]. Die Transportentfernung beträgt etwa 45 km. Selbst an der ludowingischen Neuenburg bei Freyburg/Unstrut sind im unteren Vorraum der Doppelkapelle drei Säulenschäfte aus Rätsandstein vom Madelungen-Creuzburger Raum eingebaut worden[20], wobei die Transportentfernung rd. 110 km beträgt.

19 Dieter Klaua: Petrographische Untersuchungen an den Bau- und Dekorationssteinen der Runneburg. In: Cord Meckseper, Roland Möller und Thomas Stolle (Wissensch. Koord.): Burg Weißensee «Runneburg», Thüringen. Baugeschichte und Forschung (Bibliotheksreihe «Europäische Baukunst». Bd. 3). Frankfurt a. M. 1998, S. 207–228, hier S. 220.

Abb. 2: Bausteinherkunft für Ludowingerburgen im 12./13. Jahrhundert

⌒ Einzugsbereich für Hauptbaugesteine

→ Transporte einzelner Werksteine aus Rätsandstein für besondere Verwendung

– – → falsche Angabe der Herkunft durch J. Rothe

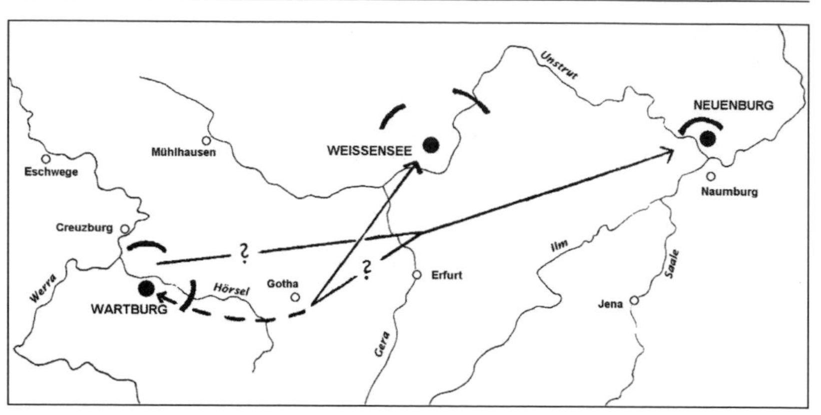

Es ist festzustellen, dass an den genannten Burgen einzelne größere Werkstücke aus Rätsandstein zu speziellen Verwendungen und für Bauteile mit dekorativer Wirkung verbaut wurden, wofür längere Transportwege in Kauf genommen wurden. An diesen Bauten hebt sich der eingesetzte Rätsandstein von dem jeweiligen Hauptbaugestein (Travertin auf der Runneburg, Muschelkalkstein auf der Neuenburg) deutlich ab (s. Abb. 2). Da an der Wartburg der Rätsandstein von Madelungen als Hauptbaustein bereits fungierte, bestand keine Notwendigkeit, völlig gleichartiges Steinmaterial für besondere Bauteile vom Gr. Seeberg heranzuholen.

2.4 Interpretationsversuch unter dem Aspekt der Steintransporte

Möglicherweise könnte in den genannten Steintransporten nach Weißensee und Freyburg ein realer Hintergrund für die Erwähnung durch Rothe zu vermuten sein, wenn solche zurückliegenden Ereignisse in der Erinnerung der Bevölkerung haften geblieben waren. Vielleicht hat er dann diese Vorgänge auf die Wartburg, seinen bevorzugten Wirkungskreis, bezogen und mit seiner in der Literatur[21] hervorgehobenen Erzählweise die in der Chronik angeführte Linderung der Hungersnot verknüpft.

Dieser Vermutung ist aber entgegen zu halten, dass es sich bei den erwähnten Verwendungen von thüringischem Rätsandstein für einige wenige Bauteile an ludowingischen Burgen nur um vereinzelte Steintransporte gehandelt

20 Dieter Klaua: Petrographisches Gutachten zu Bausteinen von romanischen Bauteilen der Neuenburg bei Freyburg/Unstrut. Unveröff. Mschr. Jena, 24. 2. 1999 (Museum Schloss Neuenburg, Archiv).

21 Neumann, Rothe 1955 (wie Anm. 10).

hat. Daraus ist kein wirklicher Hintergrund für die präzise Erwähnung der Herkunft vom Seeberg bei Gotha durch Rothe abzuleiten.

Demgegenüber bedeutete die Beschaffung der Mauerwerksquader für die Wartburg aus den Steinbrüchen bei Madelungen-Creuzburg für damalige Verhältnisse einen immensen Aufwand bei Entfernungen bis zu 8,5 km mit der Durchquerung des Hörseltales sowie dem beschwerlichen Anstieg bis zum Burggelände. Es wäre eher vorstellbar, dass diese zurückliegenden Transporte für Rothe erwähnenswert gewesen wären.

3. Anmerkungen zu den Chroniken von Johannes Rothe

Zur Problematik um die Erwähnung der Bausteinherkunft bei Rothe ist eine Abfolge unterschiedlich umfänglicher Nachrichten festzustellen:

Tabelle 1: Quellen zum Bau der Burg

Chroniken	Erwähnungen				
	Teuerung	Hungersnot	Getreidelager	Steintransport	Burgbau
Eisenacher Chronik	+	–	Korn (ohne Ortsangabe)	–	Burg Warperg (1065)
Landes-chronik	+	+	Korn (ohne Ortsangabe)	vom Seeberg	Mußhaus Kemenate Türme (1067)
Welt-chronik	–	+	Korn, Hafer in Sangerhausen	–	Warbergk (1068)

Der Hinweis auf den Seeberg ist in der ersten Chronik noch nicht, in der dritten, umfassendsten, nicht mehr vorhanden. Die kürzeste Notiz zum Burgbau findet sich in der Eisenacher Chronik im Anschluss an die Erwähnung der Inbesitznahme des Berges durch Ludwig den Springer gegen die Einsprüche derer von Frankenstein und von Metilstein: «Dach so behilt her den berg und buwete dar uff dy keyserlichin borg Warperg ... und ted das in turen jaren mit korne, des her vel hatte von syner muter wegin.»[22] Hinsichtlich der verfügbaren Kornvorräte wird Bezug auf die von Ludwigs Mutter (Cäcilie von Sangerhausen) eingebrachten Besitzungen in und um Sangerhausen genommen, ohne hier diese Örtlichkeit zu benennen, was erst in der dritten Chronik erfolgte.

22 Rothe/Weigelt, Eisenacher Chronik 2007 (wie Anm. 6) S. 103.

Gegenüber der Landeschronik (s. Zitat unter Pkt. I.1.1) ist die Textstelle in der Weltchronik zum Bau der Wartburg von geringerem Umfang und selbst mit einer geringfügigen zeitlichen Veränderung wiedergegeben. Der Bau der Burg wird an die Schilderung der sagenhaften Besitznahme des Berges mit den Schwurschwertern vom Jahre 1067 so angefügt: «Dornoch in dem andern jare wart gross hunger yn dem lande, das viel lewte storben.» Nach der Erwähnung des Getreidelagers in Sangerhausen heißt es weiter: «... unde buwete do Warbergk ane gelt alsso kostlichen alsso man is noch siet, wenn die lewte arbeiten om umbe das brod.»[23]

Von Weigelt wird die Nachricht Rothes zum Wartburgbau in der Landeschronik als annähernd wörtliche Übernahme aus der Quelle der Eccardiana sowie mit einer Erweiterung durch «eigene Zusätze» gekennzeichnet[24], die sich auf die Herkunft des Baumaterials sowie die Hungersnot beziehen dürften. Die Eccardiana bietet nur einen sehr kurzen Hinweis zum Bau der Burg[25]. Im Vergleich mit der Landeschronik (Zitat in Kap. I.1.1) ist die Erweiterung der Nachrichten dazu von Rothe doch beachtlich. Jedoch fehlt bei ihm die Hervorhebung der Burg als «uneinnehmbar» durch die Eccardiana.

Am auffälligsten bleibt in der Landeschronik die Diskrepanz zwischen den völlig unzulänglichen Angaben zum Bau sowie zu dessen zeitlicher Abfolge und der präzisen Angabe zum Baustein und dessen Herkunft. Allein dieser Umstand lässt bei differenzierter Betrachtung der Angaben die Kenntnis über den Baustein als fragwürdig erscheinen.

Zwischen den Rotheschen Chroniken sind mehrere Abweichungen hinsichtlich von Weglassungen, Veränderungen in den Aussagen usw. feststellbar, die nicht näher zu begründen sind, worauf aber mehrfach in der Literatur hingewiesen wurde[26]. Volker Honemann schätzt darin Rothes Leben und

---

23 Rothe/Liliencron, Chronik 1859 (wie Anm. 8) cap. 345, S. 266f.

24 Weigelt, Studien 1999 (wie Anm. 9) S. 115.

25 Eccardus, Historia 1722 (wie Anm. 9) Sp. 357: «... sic castrum inexpugnabile aedificavit, quod usque hodie Wartbergk dicitur, eo in loco, ut cernitur.»

26 August Witzschel: Die erste Bearbeitung der thüringischen Chronik Rothes. In: Germania. Vierteljahresschrift für deutsche Altertumskunde. 17(1872), S. 129–169: mehrere Beispiele von Textänderungen in den Chroniken; Volker Honemann: Johannes Rothe und seine «Thüringische Weltchronik». In: Hans Patze (Hrsg.): Geschichtsschreibung und Geschichtsbewusstsein im späten Mittelalter (Vorträge und Forschungen. 31). Sigmaringen 1987, S. 497–522, hier Anm. 47; Volker Honemann: Rothe in Eisenach. Literarisches Schaffen und Lebenswelt eines Autors um 1400. In: Walter Haug u. a. (Hrsg.): Autorentypen (Fortuna vitrea. Bd. 6). Tübingen 1991, S. 69–88. Darin werden die drei Chroniken als mehrfache Umarbeitungen mit dreifach variiertem Inhalt gewertet (S. 82). Dazu auch Hilmar Schwarz: Die Gründung der Wartburg. Einige Überlegungen zum siedlungs- und herrschaftsgeschichtlichen Umfeld. In: Wartburg-Jahrbuch 1996. 5(1997), S. 11–34, hier S. 11; Hilmar Schwarz: Zur Wartburggeschichte in der neueren Literatur. In: Wartburg-Jahrbuch 1997. 6(1998), S. 247–260, hier S. 253.

Wirken in der Form ein, dass Eisenach mit der Wartburg «sein Kosmos» war und seine verschiedenen Tätigkeiten dort (s. o.) auch seine Chroniken inhaltlich beeinflussten. Seine Zusatzinformationen in den Chroniken gegenüber den Quellen erstrecken sich daher oft auf zeitgenössische Nachrichten über Eisenach und Creuzburg. Helmbold[27], der sogar von etlichen Widersprüchen zwischen der Landes- und der Weltchronik ausgeht, charakterisiert die Berichterstattung dahingehend, dass es Rothe weniger auf beglaubigte Tatsachen ankam, als vielmehr seinen Lesern etwas Schönes zu erzählen.

Das von Rothe erwähnte Ereignis der Steintransporte vom Seeberg lag rd. 350 Jahre (wenn das Gründungsjahr der Burg herangezogen wird) bzw. rd. 250 Jahre zurück (wenn der Baubeginn des Palas berücksichtigt wird), sodass eine derartige Kenntnis aus seiner Tätigkeit in Eisenach nicht abgeleitet werden kann.

Nach diesen Beurteilungen zur Berichterstattung Rothes sollte der Steintransport vom Seeberg zur Wartburg als Zusatzinformation zu den älteren Quellen, jedoch hinsichtlich der Wiedergabe einer wirklichen Begebenheit kritisch betrachtet werden, zumal sie nicht zur Kategorie zeitgenössischer Nachrichten zu rechnen ist. Allein der überaus große zeitliche Abstand zwischen Ereignis und Niederschrift lässt Zweifel an der Glaubwürdigkeit aufkommen.

4. Übernahme der Rotheschen Erwähnung zur Bausteinherkunft in spätere Überlieferungen

4.1 Vorbemerkungen

Der Anstoß zu der vorliegenden Betrachtung und geologisch-petrographischen Bewertung des Hinweises über die Herkunft des Sandstein-Baumaterials auf der Wartburg liegt nicht allein in der Ersterwähnung in der Rotheschen Landeschronik, sondern vielmehr noch im Fortleben dieser Überlieferung bis in die Gegenwart. Darin ist unter Berücksichtigung der dargelegten kritischen Einschätzungen in gewissem Sinne auch eine Überbewertung der Rotheschen Erwähnung zu sehen.

Noch immer trifft man auf die verallgemeinernde Auffassung, die Wartburg sei aus Seeberg-Sandstein errichtet worden. Gelegentlich wird zwar differenziert in Lieferungen vom Seeberg und vom Madelungen-Creuzburger Gebiet, was einer teilweisen Richtigstellung entspricht.

27 (Hermann) Helmbold: Johannes Rothe und die Eisenacher Chroniken des 15. Jahrhunderts. In: Zeitschrift des Vereins für Thüringische Geschichte und Altertumskunde. 29. N.F. 21 (1913), S. 393–452.

4.2 Textstellen aus zwei Reimchroniken

In der thüringischen Geschichtsschreibung, speziell auch zur Eisenacher Historie, ist festzustellen, dass die Textstelle über den Seeberg-Sandstein als Baustein für die Wartburg bei vielen nachfolgenden Autoren auftaucht. Interessant ist darunter die Reimchronik von Melchior Merle, von der zwei Abdrucke von verschiedenen Handschriften vorliegen. Daraus ist noch ein zusätzliches Kriterium zum Sandstein-Baumaterial herauszulesen. Der gereimte Wortlaut aus der Chronik (bei A. Toppius[28]):

«Im 1067. Jahr (alias 1062)
Da ward gebauet das Schloß fürwahr,
Richtet Ludwig der Springer aus,
Wartburg, das edle Fürsten-Hauß,
In grosser geschwinder theuren Zeit,
Als das arme Volck grossen Hunger leidt,
Die durch Qvall und Hungers Noth,
Daran arbeiteten umbs liebe Brodt,
Die Haupt-Stück zu diesem Werck,
Wurden gebrochen in Scherberg,
Und must das Volck die hinter Goth,
Hohlen zu Frohn uffs Landgraffen Geboth.

In der anderen gedruckten Ausgabe[29] heißt die Textstelle so:

«Als man schrieb in diesem Jahr,
Da ward gebaut das Schloß fürwahr,
Wartburg, das edle Fürstenhaus.
Richard Ludwig, der Springer Aus,
In groß geschwinder theurer Zeit,
Als das arme Volk großen Hunger leid,
Die durch Theurung und Hungersnoth
dran arbeiten um's liebe Brod.
Die hart' Stück zu diesem Werk
Wurden gebrochen in Seheberg,
*Und mußt' das Volk die Hender Goth**
Holen zu Frohn aufs Landgrafen Geboth.»

Als Fußnote zu * ist vermerkt: «so die Handschrift. Der Abschreiber, welchem die Worte eben so wie mir unklar gewesen sind, hat dies durch ein Fragezeichen bemerklich gemacht.» Mit diesen beiden Worten ist «hinter Gotha» gemeint.

Aus den beiden Ausgaben von Merles Chronik ist ersichtlich, dass Lese- und Abschreibfehler oder -ungenauigkeiten vorliegen, so das Fragezeichen bei «hender Goth», die Herkunft vom «Scherberg – Seheberg» und die Bezeichnung «Richard Ludwig». Dazu gehören auch die unterschiedlichen Gesteinsbezeichnungen «Haupt-Stück» und «hart' Stück», womit dem Baustein eine sinnverändernde Bewertung zukommt. Eine solche Steinkennzeichnung ist bei Rothe nicht zu finden, sondern stellt eine Zutat in den Reimchroniken dar.

28 ANDREAS TOPPIUS: Historia der Stadt Eisenach, verfasset Anno 1660. Eisenach/Leipzig 1710, hier S. 171.

4.3 Petrographische Erläuterungen

Die in den Reimchroniken hinzugefügten Steinkennzeichnungen geben wiederum den Anstoß zu folgenden Beurteilungen:
- Hartes Gestein gibt eine besondere qualitative Einschätzung an.
- Hauptgestein zielt entweder auf die Menge der gelieferten Steine ab oder könnte auf bevorzugte Werkstücke wie z. B. Säulenschäfte o. a. hindeuten.

So gelangen Zusätze in die Überlieferungen, wie sie im Originaltext nicht stehen, aber Anlass zu weiterreichenden Deutungen geben. Solche findet man dann konkreter bezeichnet in Wartburg-Darstellungen etwa ab Beginn des 20. Jahrhunderts (s. Pkt. I. 5.1).

4.4 Historische Beschreibung von Eisenach durch Johann Wilhelm Storch

In einer jüngeren chronikalischen Überlieferung werden detailliertere Angaben zu den Sandsteinen und Werkstücken gemacht. So bei Storch, der «... die guten und großen Steine, welche zu Sohlbänken nötig waren», vom Seeberg ableitet[30]. Aus dieser Formulierung spricht der Bezug zu der Überlieferung aus den älteren Chroniken. Der am Palas sichtbare gelbliche Sandstein stamme dagegen nicht vom Seeberg, so berichtet Storch weiter, sondern wird beim «Dorfe Madelungen gefunden», «auch wohl bei Kreuzburg». Vom nächst gelegenen Steinbruch am Moseberg nordwestlich von Eisenach ist nach Storchs Entfernungsangabe nur «eine Stunde» bis in die Stadt zurückzulegen gegenüber «von dem acht Stunden entfernten Seeberge.» Er untermauert diese Feststellungen durch Hinweise auf andere Bauwerke in Eisenach, deren Quadersteine «von gleicher Beschaffenheit» sind wie die an der Wartburg. Damit ist eine Differenzierung der Herkunft des Sandstein-Baumaterials durch Storch ausführlich vorgenommen worden.

Aus den zitierten Textstellen bei Storch spricht in richtiger Erkenntnis und nach Bausteinvergleichen die Zuordnung des Sandstein-Baumaterials mehrerer Eisenacher Bauwerke aus verschiedenen Zeiten[31] zum Madelunger Rät-

29 Melchior Merle's «Reimchronik von Eisenach, Thüringen und Hessen/Hrsg.: Eisenach 1877, S. 6.

30 Johann Wilhelm Storch: Topographisch-historische Beschreibung der Stadt Eisenach sowie der sie umgebenden Berge und Lustschlösser, insbesondere der Wartburg und Wilhelmsthal. Eisenach 1837. Zitate nach S. 269 und 270.

31 Z. B. Nikolaitor mit Turm: 1. Viertel 13. Jahrhundert [nach Gerd Strickhausen bei G. Ulrich Grossmann, Wartburg-Jahrbuch 1999. 8(2001), hier S. 19]; Dominikanerkloster: 2. Hälfte 13. Jahrhundert; Georgenkirche: Umbau von 1515 und 1560.

sandstein. Storch war aber nicht der Erste, der diese Herkunft erwähnte. Schon 1785 hat Johann Carl Wilhelm Voigt in seinen «Mineralogischen Reisen» an den alten Gebäuden der Wartburg «die Festigkeit und Güte der gehauenen Sandsteine bewundert» und dazu bemerkt: «... diese sollen aus dem Moseberg gebrochen worden seyn»[32] (der Moseberg mit alten Steinbrüchen liegt nahe Madelungen). In seiner Erwähnung fehlt jeder Bezug zum Seeberg.

4.5 Petrographische Erläuterungen

Aus dem obigen Zitat von Storch zu den «guten und großen Steinen» wird auch wieder eine qualitative Einschätzung zum Steinmaterial in der Form abgegeben, dass man meinen sollte, die qualitativ besseren Werkstücke kämen vom Seeberg. Solches Steinmaterial ist aber in romanischer Zeit nicht an der Wartburg nachzuweisen. Die meisten Sandsteinbänke vom Seeberg besitzen hinsichtlich ihrer Festigkeit und Widerstandsfähigkeit dem Madelunger Sandstein vergleichbare qualitative Werksteineigenschaften. Das Argument, vom Seeberg seien damals «gute» Steine – im Sinne von besser als die Madelunger – zur Wartburg gekommen, ist nach gesteinstechnischer Beurteilung nicht zutreffend.

Das zweite Argument, «große» Steine könnten aus Seeberger Material sein, ist auch nicht haltbar. Die Untersuchungen an den Palas-Fassaden belegen, dass häufige originale Gewändesteine und vereinzelte Sohlbänke aus Madelunger Sandstein gefertigt sind und Ausmaße um 102–150 x 66 x 15–28 cm erreichen.

Das besondere Verdienst an der Beschreibung von Storch ist der eindeutige Hinweis, dass die größte Menge an Werksteinen für die Wartburg aus Rätsandstein des Madelungen-Creuzburger Gebietes besteht. Aber weder besonders «gute» noch «große» Steine in der von ihm beschriebenen Verwendung sind als Seeberger Rätsandsteine an den alten Wartburgbauten zu identifizieren.

32 Joh. Carl Wilhelm Voigt: Mineralogische Reisen durch das Herzogthum Weimar und Eisenach und einigen angränzenden Gegenden, in Briefen. 2. Teil. Weimar 1785. 14. Brief: S. 86, weitere Erwähnungen von Sandsteinbrüchen: 15. Brief: S. 94f.

33 Max Baumgärtel (Hrsg.): Die Wartburg. Ein Denkmal deutscher Geschichte und Kunst. Berlin 1907.

5. Jüngere Darstellungen mit Erwähnung der Steinherkunft

5.1 Literaturbeispiele

In dem ersten umfassenden bau- und kunstgeschichtlichen Sammelwerk über die Wartburg[33] stehen nur drei kurze Vermerke zur Herkunft des Baumaterials aus Sandstein. Im einleitenden geschichtlichen Überblick des Sammelbandes würdigt Karl Wenck die Überlieferungen durch Rothe, kommentiert aber die Herkunft der Bausteine vom Seeberg kritisch: «Wir wissen nicht, was zu der wunderlichen Annahme geführt hat. Ein sorgfältiger Geschichtsschreiber Eisenachs [gemeint ist Storch, D.K.] hat das Material, aus dem die Wartburg erbaut ist, verglichen mit dem gewisser älterer Bauten der Stadt Eisenach und demjenigen benachbarter Steinbrüche und ist zu der Überzeugung gelangt, daß diese und nicht der ferne Seeberg die Steine ... geliefert haben.»[34]

Paul Weber bemerkt dazu, dass « ... der Palas aus schön bearbeiteten, regelmäßigen Sandsteinquadern aufgebaut» ist, die «zwar nicht vom Seeberge bei Gotha herbeigeschafft werden mußten, wie Johann Rothe meint, – nur die Zierteile sind Seeberger Sandstein, – wohl aber aus den immerhin einige Stunden von Eisenach entfernten Brüchen bei Madelung.»[35]

Der dritte Hinweis auf Sandstein von Max Baumgärtel und Otto von Ritgen betrifft die Zierteile am Ritterbad, die vom Seeberg stammen, das aber erst 1890 im Zuge der Wartburgerneuerung gebaut wurde[36].

Durch Weber sind wohl die Erkenntnisse Storchs über die Sandstein-Herkunft eingeflossen (Literaturzitate sind nicht angegeben). Völlig neu ist sein Vermerk, dass «Zierteile» aus Seeberg-Sandstein gefertigt seien. Mit einem solchen weitgespannten Begriff konnten nunmehr für nachfolgende baugeschichtliche Darstellungen alle möglichen bauplastischen Teile bedacht werden. So beschreibt z. B. Hans von der Gabelentz[37] das Material für den Quaderbau des Palas als aus einem Steinbruch in Madelungen stammend, hingegen «das für die Säulen und Kapitelle vom Seeberg bei Gotha, worauf auch ältere Chronisten hinweisen.» Derartige konkrete Angaben zu Zierformen sind aber bei keinem älteren Chronisten zu finden!

---

34 Karl Wenck: Älteste Geschichte der Wartburg von den Anfängen bis auf die Zeiten Hermanns I. In: Baumgärtel, Wartburg 1907 (wie Anm. 33) S. 27–46, hier S. 32.

35 Paul Weber: Baugeschichte der Wartburg. In: Baumgärtel, Wartburg 1907 (wie Anm. 33) S. 47–165, hier S. 70.

36 Max Baumgärtel und Otto von Ritgen: Die Wiederherstellung der Wartburg. In: Baumgärtel, Wartburg 1907 (wie Anm. 33) S. 319–590, hier S. 584.

37 Gabelentz, Wegweiser 1940 (wie Anm. 2) S. 108.

Selbst der Burgbaurat Karl Hofferbert[38] griff 1928 auf die Reimchronik bei Andreas Toppius (s. Anm. 28) zurück und bemühte die darin genannten «Hauptstück zu diesem Werk» (s. vollständiges Zitat weiter vorn), die vom Seeberg extra zur Verwendung für Kapitelle und «bessere Arbeiten (den Hauptstücken)» herbeigeschafft worden seien. Er übernimmt mit den «Hauptstücken» die erste Zutat zur Rotheschen Chronik (s. die petrographischen Erläuterungen zu den Textstellen aus den Reimchroniken unter Pkt. I. 4.3) und zielt damit offensichtlich auf das seiner Meinung qualitativ bessere Steinmaterial vom Seeberg ab.

5.2 Petrographische Erläuterungen

An einem petrographisch genauer beurteilten Zierteil, dem romanischen Tympanon mit dem seltenen Motiv «Ritter und Drache», das recht großformatig ist (136 x 72 x 20 cm), belegen die Rotfärbung des über das Bildfeld hinausragenden Rahmens und die äußerste Feinkörnigkeit mit vereinzelten Glimmerblättchen des Sandsteins die Herkunft aus einem Steinbruch nordwestlich von Madelungen. Petrographisch handelt es sich bei der partiellen Rötung um eine rot gefärbte Schichtoberfläche von einzelnen Sandsteinbänken mit unterschiedlicher Tiefenreichweite der Rötung. Sie tritt in sehr feinkörnigen Sandsteintypen nur im Madelunger Gebiet auf. Die bedeutende Bauzier des Tympanons zeigt trotz einiger mechanischer Schädigungen noch Details der Bildformen in z. T. sehr guter Erhaltung. Dieses Bildwerk bekräftigt folgende gesteinstechnische Aussagen zum Madelunger Sandstein:
- Es sind großformatige Werkstücke gewinnbar.
- Das Material ist für feine plastische Bearbeitung geeignet.
- Der gute Erhaltungszustand lässt auf ein der Verwitterung gegenüber relativ resistentes Material schließen, da es im Laufe der Jahrhunderte durch mehrfache Erwähnungen an verschiedenen Bauteilen der Wartburg, dabei zeitweise mehr oder weniger geschützt, angebracht war.

5.3 Bausteinvergleiche

Eine weitere Vergleichsmöglichkeit mit Zierformen bieten die aus der Ludowingerzeit stammenden Bauwerke in dem rd. 12 km nordwestlich von Eisenach gelegenen Creuzburg (Burganlage mit einem Palas, Nicolaikirche, Brücke über die Werra). Der der Stadt nächst gelegene Steinbruch mit Madelunger Sandstein ist nur 3 km entfernt. Es gibt keinen Grund – und auch keine Überlieferung –, für die genannten Bauten in Creuzburg Steinmaterial aus einer anderen Gegend (etwa vom Seeberg) anfahren zu lassen. Der Autor

38 Hofferbert, Wartburgfresken 1928 (wie Anm. 17).

hatte Gelegenheit, die Bausteine an der Kirche und der Brücke näher zu untersuchen und ausschließlich den Madelunger Sandsteintyp verbaut vorzufinden.

An der romanischen Nicolaikirche in Creuzburg ist die erhaltene Menge an Bauplastik sehr beachtlich. Am Chor können innen und außen ca. 80 Säulen mit Kapitellen gezählt werden, die noch bzw. ursprünglich aus Rätsandstein des Madelungen-Creuzburger Gebietes gefertigt waren (Abb. 3). Darunter fallen mehrere sehr lange und schlanke Säulenschäfte auf, die mit den oben erwähnten Säulen in der Unterkapelle der Neuenburg bei Freyburg/Unstrut vergleichbar sind und auch mit der Bauzeit übereinstimmen[39].

Als ein weiteres Ergebnis aus den vorgetragenen Bausteinuntersuchungen und Bauwerksvergleichen am Palas der Wartburg, in Creuzburg und z. T. in Freyburg ist hervorzuheben, dass die an den Bauten nachzuweisenden Zierformen einen eindeutigen Beleg für die Eignung des Madelunger Sandsteins zur Fertigung von plastischem Bauschmuck geben. Darin liegt ein wesentliches Argument gegen die Ansichten und vielfachen Äußerungen, für die Zierformen an der Wartburg unbedingt Sandstein vom Seeberg verwendet zu sehen. Bei vergleichenden Betrachtungen der Bauplastik an den genannten

Abb. 3: Creuzburg, Nicolaikirche: Innenansicht des Apsidialchores, 1215 begonnen. Säulen in Blendnischen, Ecksäulen an Rundbögen der Fenster, lange Säulen an Wandflächen zwischen den Fenstern aus Madelunger Sandstein. Zustand während der Restaurierung im April 1979.

39 Die Arkade mit den Säulen in der Unterkapelle wurde beim Bau der Oberkapelle zwischen 1200 und 1230 als Substruktion erforderlich – so CHRISTINE GLATZEL und REINHARD SCHMITT: Schloß Neuenburg in der Zeit der Romanik (Große Baudenkmäler. Heft 448). München/Berlin ^{2}1995, S. 21.

Bauten hätte eigentlich von bauhistorischer Seite die Diskrepanz zur festgeschriebenen qualitätsmäßigen Eignung allein des Seeberg-Sandsteins auffallen müssen[40].

5.4 Bausteinherkunft in geologischer und bauhistorischer Literatur

Auch von geologischer Seite wurde die Überlieferung mit den sich wandelnden Interpretationen zur Verwendung des Seeberg-Sandsteins an der Wartburg aufgegriffen, wovon zwei Veröffentlichungen aus den ersten Jahrzehnten des 20. Jahrhunderts angeführt werden.

Heinrich Friedrich Schäfer fasste nach vieljähriger Tätigkeit als Lokalgeologe aus Gotha in seiner Arbeit von 1918[41] den damaligen Stand des geologischen Wissens zum Rät und Lias bei seiner Heimatstadt zusammen. Darin geht er nur kurz auf die Steinverwendung ein, indem er die Bedeutung des Seeberg-Sandsteins überspitzt beschreibt: «Die ältesten Thüringer Baudenkmäler sind wohl meist aus diesem Sandstein errichtet worden. So erzählt der Thüringer Chronist, dass Ludwig der Salier zur Erbauung der Wartburg (1067–1070) die Bausteine vom Seeberg herbeischaffen ließ» (Bezug wird auf eine heimatkundliche Literaturstelle genommen[42]). Daraus ist ersichtlich, wie die Erwähnung bei Rothe außer in der engeren Wartburgliteratur auch in die sonstige thüringische Literatur Aufnahme gefunden hat.

Das andere Beispiel betrifft eine spezielle Darstellung des Seeberg-Sandsteins als Bau- und Werkstein durch Hans Seipp[43]. Er nimmt zwar keinen

40 Bei Untersuchungen an der Creuzburger Nicolaikirche wurden im Wesentlichen Einzelheiten des Apsidialchores und der Kapitelle bauhistorisch interpretiert, z. T. mit unterschiedlicher Datierung, aber keine materialseitigen Beurteilungen vorgenommen: W. Arnold: Untersuchungen zur Baugeschichte der Nicolaikirche in Creuzburg/Werra. Unveröff. Diplomarbeit (Mschr.). Universität Jena 1952; B. Benedix: Rekonstruktion der romanischen Wandgliederung im Apsidial-Chor der St. Nicolaikirche zu Creuzburg. Unveröff. Diplomarbeit (Mschr.). Hochschule Burg Giebichenstein. Halle 1973; Gisela Kosa: Der spätromanische Chor der Nicolaikirche zu Creuzburg an der Werra. In: Hans-Joachim Mrusek Hrsg.): Architektur in Thüringen. Ergebnisse und Probleme ihrer Erforschung, Erhaltung und Nutzung (Schriften der Winckelmann-Gesellschaft. Bd. VIII). Stendal 1982, S. 142–152.

41 H.(einrich) F.(riedrich) Schäfer: Rhät und Lias am Gr. Seeberg bei Gotha und im Flußbett der Apfelstädt bei Wechmar in Thüringen. In: Zeitschrift für die gesamten Naturwissenschaften 86. Halle/S. 1918, S. 345–377, hier S. 355.

42 Zitiert wird: Adolf Moritz Schulze: Geschichte des Herzogthums Gotha nebst Gesetzkunde (Heimathskunde für die Bewohner des Herzogthums Gotha. Bd. 2). Gotha 1846, S. 25. Darin wird lediglich die Textstelle aus der Rotheschen Landeschronik ins Neuhochdeutsche übertragen und verständlich erzählt, aber keine Wertung hinsichtlich der Verwendung des Sandsteins für die ältesten Baudenkmäler gegeben. Die überspitzte Hervorhebung des Seeberg-Sandsteins ist eine Formulierung von H. F. Schäfer.

direkten Bezug auf Rothe, aber man bemerkt die Kenntnis der vorausgegangenen Wartburgliteratur, denn er präzisiert nochmals die Angaben zu den Zierteilen in situ von Weber (s. o.), die aus Seeberg-Sandstein gefertigt sein sollen. «Die Zahl der hierzu [für die Arkadenreihen in drei Geschossen des Palas, D. K.] erforderlichen und im Palasinneren aufgestellt gewesenen Säulen soll insgesamt 200 betragen haben. Zu den Säulen und sonstigen ornamentalen Baustücken war Seeberg-Sandstein verwandt worden», während er die Mauerwerksquader aus Madelungen bezogen nennt. Mit einer solchen Quantifizierung an Baumaterial für spezielle Verwendung wäre eine für die Rothesche Chronik zumindest erwähnenswerte Transportmenge vorstellbar. Seipp konnte aber 1922 noch nicht wissen, dass der größte Teil der Säulenschäfte am romanischen Palas ursprünglich nicht aus Sandstein, sondern aus Kanalsinter[44] gearbeitet war und somit das mengenmäßige Argument entfällt.

Der Bezug auf ältere Chroniken bleibt in der Literatur bis in die jüngste Zeit erhalten, so noch immer in der umfassenden Darstellung zu Ludowingerburgen bei Gerd Strickhausen 1998[45]. Der Rätsandstein für den Wartburg-Palas kam gemäß seiner Formulierung sowohl aus Madelungen als auch «wohl vom Seeberg bei Gotha, wie URSINUS[46] mitteilt.» Er argumentiert weiter, dass es sich bei beiden Sandsteinvorkommen geologisch um keinen Widerspruch handelt, da sie zum Oberen Keuper gehören und eng verwandt sind. In

43 Hans Seipp: Der Seeberg-Sandstein, ein Thüringer Bau- und Werkstein. In: Der Steinbruch. Berlin 1922. Heft 15, S. 300-304, Heft 16, S. 324-327, Heft 17, S. 340-344, hier S. 325.

44 Kanalsinter: ein Kalksinter, der sich in der römischen Wasserleitung von der Nordeifel nach Köln gebildet hat, im 11.-13. Jahrhundert für dekorative Zwecke gewonnen und im Rhein-Maas-Gebiet häufig verwendet wurde, ursprünglich auch für Säulenschäfte am Palas benutzt. Ersterwähnung an der Wartburg bei Hermann Nebe: Das Wartburgjahr 1925/26. Bauarbeiten, Funde, Ausgrabungen. In: Wartburg-Jahrbuch 1926. 4(1926), S. 21-64, hier S. 58f.: briefliche Mitteilung des Braunschweiger Baurates Ludwig Winter aus der Kenntnis dieses Baumaterials im Zuge der Wiederherstellung der Burg Dankwarderode. Petrographische Untersuchungen des Kanalsinters: Dieter Klaua: Dekorationssteine an romanischen Burgen Thüringens und ihre Herkunft. In: Abhandlungen des Staatlichen Museums für Mineralogie und Geologie zu Dresden. 35. Leipzig 1988, S. 15–20 und Anhang S. 2–4; Dieter Klaua: Kanalsinter – ein besonderes Baumaterial für Säulen auf der Wartburg. In: Wartburg-Jahrbuch 1994. 3(1995), S. 49–57.

45 Gerd Strickhausen: Burgen der Ludowinger in Thüringen, Hessen und dem Rheinland. Studien zur Architektur und Landesherrschaft im Hochmittelalter. (Quellen und Forschungen zur hessischen Geschichte. 109). Darmstadt/Marburg 1998, Zitat: S. 191.

46 Adam Ursinus war einer der Kopisten und Bearbeiter der Rotheschen Landeschronik um 1500, dessen Handschrift einer thüringischen Chronik (Chronicon Thuringiae Vernaculum usque ad annum MCCCCC) bei J.(ohann) Burchard Mencke (Hrsg.): Scriptores rerum Germanicarum praecipue Saxonicarum. Tl. III. Leipzig 1730, Sp. 1239–1360, gedruckt und damals als eigenständige Chronik bekannt wurde. Näheres zu Ursinus s. Weigelt, Studien 1999 (wie Anm. 9) S. 321–328.

der Formulierung von Strickhausen bleibt jedoch die als immer noch möglich erachtete Teillieferung vom Seeberg bestehen. Die von ihm zitierte enge Verwandtschaft der Sandsteine aus beiden Gebieten erweckt eher den Eindruck, dass es ohne Belang sei, aus welchem Verbreitungsgebiet das Baumaterial stamme. Damit würde die mit petrographischen Belegen und vergleichenden Argumenten exakt zu lokalisierende Herkunft der Rätsandsteine aus dem Madelunger Raum wiederum abgeschwächt.

6. Zusammenfassung

Zusammenfassend soll von petrographischer Seite hinsichtlich der Herkunft des Sandsteinmaterials für die Wartburg-Bauten verdeutlicht werden, dass fast ausschließlich Rätsandstein aus der näheren Umgebung von Eisenach (Rätverbreitungsgebiet im Raum Madelungen – Creuzburg) verwendet wurde. Diese Feststellung bezieht sich uneingeschränkt auf die Mauerwerksquader. Für den plastischen Bauschmuck bestehen ausreichende petrographische Vergleiche und dargelegte andere Gründe, um auch daran den Madelunger Sandstein beteiligt zu sehen.

Vor allem soll mit diesem Beitrag dazu aufgefordert werden, das fortdauernde Festhalten an dem Verweis auf ältere Chroniken oder Chronisten aufzugeben, aus der Erwähnung bei Rothe das Baumaterial für die Wartburg vom Großen Seeberg bei Gotha herzuleiten, da seine Formulierung so nicht richtig ist.

In wissenschaftsgeschichtlicher Hinsicht dürften für Historiker, Bau- und Kunsthistoriker, auch für Geologen, die aus der chronikalischen Überlieferung abgeleiteten Versionen interessant sein. Verständlicherweise wird gern eine chronikalische Erwähnung von Naturbausteinmaterial für ein Bauwerk aufgegriffen, da sie äußerst selten vorkommt. Die Erwähnung bei Rothe lässt zunächst die Interpretation zu, das gesamte Sandstein-Baumaterial für die Wartburg vom Seeberg zu beziehen. Stufenweise wurde danach durch mehrfache bloße Abwandlungen und Ergänzungen zur Erstüberlieferung der Seeberg-Sandstein als besseres Baumaterial suggeriert, um damit diese Herkunft verständlich zu machen. Das betraf zunächst angedeutete qualitative Merkmale, dann besondere Werkstückformate, zuletzt die spezialisierte Verwendung des Materials nur für den herausragenden plastischen Bauschmuck (jeweils ohne konkrete Belege). In dieser Abfolge werden die Steinlieferungen vom Seeberg immer mehr auf einen Teilbezug reduziert, der dadurch aber noch immer unbewiesen bleibt und die Erstüberlieferung selbst weitgehend in Frage stellt. Die um den Umfang an Steinlieferungen reduzierten Aussagen zur Verwendung des Steinmaterials lassen vermuten, einen Rest an Wahrheit in der Aussage der Rotheschen Ersterwähnung noch aufrecht erhalten zu wollen.

An dem Beispiel des Rätsandstein-Baumaterials für die Wartburg sollte durch die petrographischen, steinbearbeitungs- und steintransportseitigen Erwägungen sowie Vergleiche mit anderen Bauwerken angeregt werden, chronikalische Überlieferungen und daraus abgeleitete Abwandlungen nicht unkritisch zu übernehmen.

II. Brand auf der Wartburg

1. Chronikalische Überlieferungen

Ein Ereignis, das auch die Bausteine am Palas betroffen haben müsste, ist der in den Chroniken mitgeteilte Brand auf der Burg. Er wird zeitlich unterschiedlich überliefert, z. T. unter dem Jahr 1317, z. T. für 1318 aufgeführt. Der Brand wird in Chroniken vor Rothe schon erwähnt, so in von ihm ausgewerteten Quellen der Eccardiana, Pistoriana[47] und Erfurter St. Peter-Chronik in annähernd gleichlautenden Informationen. Als Beispiel sei die Übersetzung des Textes der ältesten Überlieferung aus der Erfurter Chronik von St. Peter[48] vorgestellt, hier das Jahr 1318 betreffend: «In diesem Jahr sind die Gebäude beim großen Turm auf der Wartburg durch einen Blitzschlag entzündet worden. Im 1319. Jahre des Herrn baute Markgraf Friedrich den verbrannten Turm auf der Wartburg wieder auf und errichtete ebendort ein großes heizbares Gebäude.»[49]

Die Eccardiana geht im Informationsgehalt zum Jahr 1318 darüber hinaus und berichtet[50], der Blitz entzündete den Turm sowie die Hofburg des Fürsten (aula principis[51]) samt bleigedecktem Dach, und viele Waffen und Gerätschaften verbrannten.

Am ausführlichsten berichtet Rothe in seiner Weltchronik, indem er zur freien Übersetzung des Textes der Eccardiana noch Einzelheiten hinzufügte[52]: Durch den Blitzschlag verbrannten der Mittelturm (entspricht dem heutigen Bergfried), das Mußhaus, dessen Dach und Furnier, darin Tische,

---

47 Eccardiana und Pistoriana (wie Anm. 9).

48 O.(SWALD) HOLDER-EGGER/Ed.: Cronica S. Petri Erfordensis moderna a. 1072–1325. In: Monumenta Germaniae Historica. Scriptores. Bd. 30. Tl. 1. Hannover 1896, S. 335–465, hier S. 445.

49 HILMAR SCHWARZ: Die Wartburg im Itinerar der thüringischen Landgrafen des Mittelalters. In: Wartburg-Jahrbuch 1992. 1(1993), S. 90–102, hier S. 100 und Anm. 16 auf S. 101.

50 ECCARDUS, Historia 1722 (wie Anm. 9) Sp. 454: «Eodem anno incensa est turris in castro Wartpergk, prope Isenach, a fulmine, & combusta est ibi aula principis, & tectum ejus, quod fuit plumbeum, & alia multa arma & utensilia.»

51 Schon bei GABELENTZ, Wegweiser 1940 (wie Anm. 2) S. 25 steht für «aula principis» die Halle des Fürsten, wobei der Festsaal im Palas gemeint ist. ERNST BADSTÜBNER setzt die Funktion des Festsaales einer Aula regia gleich, s. seinen Aufsatz: Die Ludowinger als Bauherren. In: Burgen und Schlösser in Thüringen 1998. Jahresschrift der Landesgruppe Thüringen der Deutschen Burgenvereinigung e. V., S. 6–18, hier S. 10.

52 ROTHE/LILIENCRON, Chronik 1859 (wie Anm. 8) cap. 635 und 636.

Sitzmöbel und kostbare Gemälde. Er erwähnt erstmals direkt das Mußhaus, womit nach heutiger Lesart der Palas gemeint sein soll, lässt aber andere Gebäude unerwähnt. Unter «Furnier» dürfte Holztäfelung oder Holzverschalung zu verstehen sein. Er verlegt den Brand in das Jahr 1317.

Für das Jahr 1319 berichtet Rothe, dass Markgraf Friedrich (der Freidige) «... Warpergk weder gebuwet, das vorbrannt was ... und legete dor uf gar eyne schone grosse houfedornzin ...»[53] Die große «Hofdornzin» entspricht dem lateinischen Begriff «magnum estuarium» der älteren Chroniken, worunter i.a. ein großes heizbares Gebäude zu verstehen ist (s. obige Übersetzung). Dabei handelt es sich also um einen Neubau, der dann in späteren Chroniken und historischen Beschreibungen auch als «Neues Haus» bezeichnet wurde. In Rothes Landeschronik wird nur sehr kurz über den Brand berichtet unter Benutzung der Peterschronik und der Eccardiana (mit annähernd wörtlicher Übersetzung).[54]

2. Einzelheiten aus den Überlieferungen und ihre Interpretationen

Nach diesen Überlieferungen bleiben einige Widersprüche bestehen, die wiederum Anlass zu kritischen Betrachtungen geben. In der Erfurter Peterschronik werden nur Gebäude am Turm als vom Brand betroffen genannt und bei der Beseitigung der Brandschäden exakt unterschieden in «reedificavit» (den Turm betreffend) und «construxit» (das Neue Haus betreffend). Rothe erwähnt Brandschäden am Turm und am Bleidach mit Inventar des Mußhauses, aber bei dem Wiederaufbau wird nur von einem Neubau der großen Hofdornzin berichtet. Wenn jedoch nach dem Brand der Neubau eines größeren Gebäudes erfolgte, ist es nur vorstellbar, dass an der Stelle ein älteres zerstört worden war. Der Neubau des Neuen Hauses durch Friedrich den Freidigen wird in der Wartburgtradition als unumstritten betrachtet. Dieses Gebäude fügte sich unmittelbar nördlich an den Palas an und lag östlich vom Bergfried bzw. umschloss diesen teilweise[55].

Die erstmalige Nennung vom «Mußhaus» durch Rothe leitet sich nicht aus der Peterschronik ab, wohl eher aus der Eccardiana, denn hier stehen die «aula

53 ROTHE/LILIENCRON, Chronik 1859 (wie Anm. 8) cap. 636.

54 So in der Kennzeichnung der Textquellen für die Landeschronik bei WEIGELT, Studien 1999 (wie Anm. 9) S. 129.

55 Nach einem Plan des Baumeisters Bähr von 1785, Original im Thüringischen Hauptstaatsarchiv Weimar, Eisenacher Archiv, Bausachen Nr. 1187, Bl. 55v-56r; Abpausung (?) in BAUMGÄRTEL, Wartburg 1907 (wie Anm. 33) S. 136; Beschreibung bei GABELENTZ, Wegweiser 1940 (wie Anm. 2) S. 139.

principis» und ihr Dach als verbrannt. So kann man annehmen, Rothe habe «aula principis» als «Mußhaus» bezeichnet (s. Diskussion dazu unten).

Somit ergibt sich aus der Überlieferung, dass durch den Brand der Turm schwer beschädigt und ein weiteres Gebäude zerstört wurden. An der Stelle des abgebrannten Gebäudes wurde ein Neubau, eben das Neue Haus, errichtet. Bei diesem Bild muss man nicht zwingend den Palas als vom Brand betroffen sehen. Ursprünglich bestand zwischen dem Palas und dem älteren (Wohn-) Bau am Bergfried ein Zwischenraum, da nachgewiesen ist, dass die drei Fensterarkaden am Nordgiebel des Palas ins Freie gingen. Erst der Bau des Neuen Hauses nach 1318 schloss unmittelbar an die Nordfassade des Palas an, wonach die Arkaden im Giebel verbaut waren und die Dächer beider Gebäude die gleiche Firsthöhe bekamen.

Die ausführlichere Überlieferung durch Rothe lenkt jedoch die Interpretation des Brandes ausschließlich auf den Turm und das Mußhaus mit seiner Formulierung «vorbrante den Mitteltorm obin uss und vorbrante das musshus, obin das dach ... bis uff den estrich» mit den schon genannten Gegenständen[56]. Das lässt die bis heute gängige Interpretation zu, dass das obere Geschoss des Palas mit dem Festsaal vollständig ausgebrannt war. Dafür scheinen auch weitere Angaben zum Wiederaufbau zu sprechen, die die Erhöhung der Giebelseiten des Palas und die Neueindeckung seines Daches mit Ziegeln betreffen. Außerdem wird auf die Spezifik der Wiederausmalung des Raumes mit einem Gemälde zum Thema der Schlacht bei Lucka hingewiesen.

Es ist ähnlich wie im I. Teil dieses Beitrages festzustellen, dass in späteren Chroniken, z. B. des 17. Jahrhunderts[57], ergänzende Bemerkungen zu den schon recht ausführlichen von Rothe auftauchen, so die Erwähnung einer näheren Ortsbezeichnung in Form eines «langen Saales» (s. dazu auch Tabelle 2). Mit dieser Bezeichnung scheinen der Brand und die Wiederherstellungsarbeiten auf den Festsaal im 2. Obergeschoss des Palas festgeschrieben zu sein, während in den älteren Chroniken durchaus eine andere Sicht auf die betroffenen Gebäude möglich ist.

3. Bauhistorische Interpretationen im 20. Jahrhundert

In dem Wartburg-Band von 1907 urteilt Paul Weber[58] über die chronikalische Überlieferung Rothes zum Brand und zur Bautätigkeit Friedrichs des Freidigen, sie «erscheint recht genau und zuverlässig, denn bis in nebensächliche Kleinigkeiten hinein stimmt es mit den Baubefunden überein» und fügt

56 Rothe/Liliencron, Chronik 1859 (wie Anm. 8) cap. 635, S. 542.

57 U. a. bei Andreas Toppius: Historia der Stadt Eisenach, verfasset Anno 1660. Neudruck in: Beiträge zur Geschichte Eisenachs. 25(1916)2, S. 1–71, hier S. 60.

hinzu, dass es bei dem «sonst wenig zuverlässigen Chronisten» in dem Falle verständlich sei.

Weber nimmt den Bericht in der Form als gegeben hin, dass der obere Teil des Hauptturmes ausbrannte und das Feuer von da aus auf den Palas übergriff. Nach Meinung des Verf. ist jedoch eine solche Übereinstimmung genannter Gebäude nicht so eindeutig, wie in Kapitel II.2 schon dargelegt wurde. Dieser Einschätzung der Rotheschen Nachrichten über das Ereignis durch Weber fehlen eben noch die im Folgenden zu diskutierenden Einzelbeobachtungen und deren Interpretation.

Werner Noth[59] stellte erstmals eine Beziehung zwischen dem Brand und dem Erhaltungszustand der Bausteine im Festsaal her. Er bezieht sich dabei auf die innere Festsaalarkade, an der der geschilderte Brand kaum spurlos an den «zierlichen Säulen» vorübergegangen wäre und erklärt: «Wenn man die Tatsache der Brandkatastrophe akzeptiert, ergibt sich also einwandfrei, dass die Säulen ... einschließlich ihrer Kapitelle ... frühestens nach 1318 eingesetzt worden sein können.» Die Entstehungszeit für den plastischen Schmuck belässt er aber in der Bauzeit des Palas im 12. Jahrhundert. Diese fälschliche Interpretation des zeitlichen Einbaus der Säulen in die Festsaalarkade kommt nur durch das Anerkennen der chronikalischen Angaben zum Brand zustande. Sie ist aber bausteinseitig als folgerichtig zu werten, da Noth feststellte, dass nach dem Erhaltungszustand die Säulen und Kapitelle nicht durch eine «Brandkatastrophe» geschädigt worden sind. Seine Darlegung ist so zu interpretieren, dass an den plastischen Bauformen keinerlei Brandspuren erkennbar sind.

Untersuchungsergebnisse von Roland Möller[60] aus der Restaurierungsphase 1983/87 in den Innenräumen des Palas lassen unterschiedlich feine und gröbere, originale Bearbeitungsspuren an den Bogen- und Laibungssteinen der Festsaalarkade aus Sandstein, sogar noch mit rötlichem Original-Farbbefund an einem Scheitelstein erkennen – wiederum Anzeichen für die Unversehrtheit originaler Steinoberflächen im Festsaal.

In einer speziellen kunstgeschichtlichen Darstellung, bei der der Brand außer Betracht bleibt, charakterisiert Ernst Badstübner[61] die Kapitellplastik der

58 Weber, Baugeschichte 1907 (wie Anm. 35) S. 133.

59 Werner Noth: Die Wartburg. Leipzig 1967, S. 65.

60 Roland Möller: Oberflächenstrukturen und Farbigkeit durch Steinbearbeitung, Putz und Farbe an mittelalterlichen Wehrbauten in Thüringen. In: Hartmut Hofrichter: Putz und Farbigkeit an mittelalterlichen Bauten (Veröffentlichungen der Deutschen Burgenvereinigung e. V. Reihe B. Schriften. Sonderheft der Zeitschrift «Burgen und Schlösser»). Marksburg/Braubach 1993, S. 36–50, hier Abb. 24, S. 47f.

61 Ernst Badstübner: Die Kapitellornamentik. In: Schuchardt, Palas 2001 (wie Anm. 3) S. 111–116, hier S. 112.

inneren Festsaalarkade, dass sie «in bestechend guter Erhaltung» überkommen ist, wobei «an ihrem mittelalterlichen Ursprung» bis heute nicht gezweifelt wird. Bei dieser Darstellung wird davon ausgegangen, dass sie aus der Erbauungszeit stammt und nicht später eingesetzt wurde.

Gerd Strickhausen[62] geht in seiner bauhistorischen Darstellung der Ludowingerburgen in der Beurteilung des Erhaltungszustandes der Festsaalarkade und der Fenster am Nordgiebel des Palas noch weiter. Diese Bauteile sind «so gut erhalten, dass die Brandschäden wohl eher einen geringen Umfang hatten. Friedrich der Freidige hat den Brand wahrscheinlich als Anlaß genommen, die Burg umzubauen und den Palas u. a. mit einem steilen Dach zu modernisieren ...» Diese Interpretation passt zu der Mitteilung von Rothe zur Wiederherstellung der Burg 1319: «unde liess is allen enden befesten unde bessern.»[63]

Das «Modernisieren» und «Bessern» hat umfangreichere Baumaßnahmen ausgelöst, als sie nur zur Behebung von Brandschäden nötig waren. Die Arbeiten betrafen den gesamten Baukörper des Palas – nicht nur das vermeintlich brandgeschädigte 2. Obergeschoss: Erhöhung der Giebel, Ziegeleindeckung, Vermauerung sämtlicher Fensterarkaden und offenen Arkadengänge mit Einbau von kleinen Rechteckfenstern, Neuverputz. Die Aufrichtung des steileren Dachstuhls auf dem Palas kann keinesfalls allein als eine durch den Brand ausgelöste Maßnahme begründet werden, sondern folgte allgemein dem Trend zu solcher Art «moderner» Dachform in der Gotik.

Von Strickhausen wird eine stark verminderte Brandeinwirkung im Bereich des Festsaals erwogen. Damit wird zugleich der Anstoß für eine andere Betrachtungsweise der chronikalischen Nachrichten seit Rothe und der daraus abgeleiteten und bis heute gültigen Auffassung zum Brand gegeben. Dieser von Strickhausen geäußerten Ansicht soll im Folgenden mit petrographischen Beobachtungen und Nachweisen nachgegangen werden.

4. Petrographische Untersuchungen zur Brandeinwirkung am Palas

4.1 Mögliche Einwirkung des Brandes auf Sandstein am Außenbereich

Bei Restaurierungsarbeiten 1979 am Palas wurde, ausgehend von einigen rötlich gefärbten Quadern im Mauerwerk der Westseite des 2. Obergeschosses, eine petrographische Beurteilung zur Ursache der Rotfärbung unter Berücksichtigung des chronikalisch überlieferten Brandes in Auftrag gegeben. Vereinzelte rötliche Quader und zwei zusammenhängende Flächen mit rötlichem Sandstein-Mauerwerk repräsentieren noch originales romanisches

62 Strickhausen, Burgen 1998 (wie Anm. 45) S. 197.

63 Rothe/Liliencron, Chronik 1859 (wie Anm. 8) cap. 636, S. 543.

Mauerwerk[64], das auch durch die bauhistorischen Untersuchungen von Elmar Altwasser[65] bestätigt wurde.

Die eisenhydroxidischen Bestandteile im Bindemittel des verwendeten Sandsteins hätten sich durch den Brand in eisenoxidische Verbindungen mit rötlich färbendem Pigment umwandeln können. Ein kleiner, zur genauen Beurteilung aus dem Mauerwerk ausgebauter rötlicher Quader brachte den wesentlichen Befund einer rd. 10 cm breiten, parallel zur völlig intakten Steinoberfläche verlaufenden rot gefärbten Zone. Eine solche Tiefenwirkung durch Brand hätte die Steinoberfläche durch Risse, schalenförmige Abplatzungen und starke Kantenverrundungen erheblich zerstört. Die Oberflächenbeurteilung der rötlichen Quader ist demnach nur durch ihre Eigenfarben zu erklären[66].

Von ausschlaggebender Bedeutung für die petrographische Beurteilung der roten Sandsteine war der Nachweis von meist nur partiellen Rotfärbungen von Oberflächen einiger Sandsteinbänke in den Steinbrüchen bei Madelungen. Als drittes Ergebnis der petrographischen Untersuchungen belegen die Befunde am Bauwerk und aus den Steinbrüchen die natürliche Rotfärbung der Sandsteine und widerlegen die ursprünglich vermutete Brandrötung.

4.2 Mögliche Einwirkung des Brandes auf Sandstein und Kalkstein im Innenbereich

Nach dem Ausschluss der Brandeinwirkung auf den Außenbereich des Palas würde der überlieferte Brand nur auf den Innenbereich des Festsaales beschränkt bleiben. Dort können zwei Gesteinsarten für eine Beurteilung hinsichtlich von Brandeinwirkungen herangezogen werden: der Rätsandstein an den Gewändesteinen und den äußerst feingliedrig gearbeiteten Kapitellen sowie der Kalkstein der Kanalsinter-Säulenschäfte an der inneren Festsaalarkade. Der Sandstein der Kapitelle könnte je nach Intensität des Brandes gerötet sein oder mehr oder weniger starke Substanzverluste an den plastischen Formen erleiden. Die ausgezeichnete Erhaltung der Werksteine ohne Andeutung einer Rötung oder Schädigung wurde oben schon erwähnt (s. Beurteilungen von Noth, Möller und Badstübner unter Pkt. II.3) und ist mit

64 Dieter Klaua: Petrographische Untersuchungen der am Palas der Wartburg vorkommenden roten Sandsteine. (Mschr.) Jena, 11. 1. 1980. Wartburg-Stiftung Eisenach, Archiv.

65 Elmar Altwasser: Aktuelle Bauforschung am Wartburg-Palas. Bericht und Resümee. In: Schuchardt, Palas 2001 (wie Anm. 3) S. 23–106, hier S. 41 und Abb. S. 50/51 und 54/55.

66 Dieter Klaua: Gesteinskundliche Untersuchungen zu den am Palas der Wartburg verwendeten Rotsandsteinen. In: Wartburg-Jahrbuch 1993. 2 (1994), S. 63–69; Dieter Klaua: Stellungnahme zu den Rotsandsteinen am Palas der Wartburg aus petrographischer Sicht. (Mschr.) Jena, 10. 11. 1995. Wartburg-Stiftung Eisenach, Archiv.

Abb. 4: Wartburg. Palas, Festsaal: Innenarkade. Trotz des für den Festsaal angenommenen Brandes einwandfreie Erhaltung des Steinmaterials: Säulenschaft aus Kanalsinter, Basis, Kapitell und Deckplatte aus Madelunger Sandstein.

einer fotographischen Dokumentation belegt[67]. Dazu gibt es ein petrographisches Gutachten von Dieter Beeger schon aus dem Jahre 1965[68], in dem sowohl nach äußerlichem Befund als auch mit einer Dünnschliffuntersuchung des Sandsteins festgestellt wurde, «dass die Säulenkapitelle der Innenarkade ... nicht unter starker Feuereinwirkung gestanden haben.»

Petrographische Untersuchungen nach einem Brand im Innern einer Kirche bei Erfurt[69] ergaben an den dort verbauten Rätsandsteinen und Muschelkalksteinen charakteristische Schadbilder in Form von Rotfärbung, Rissbildungen und Abplatzungen. Davon sind auch besonders Werksteine in den Fensternischen betroffen.

Auch Kalkstein neigt bei Brandeinfluss zum Zerspringen mit scharfkantigen, muscheligen Abplatzungen[70]. Im Festsaal sind noch elf Säulenschäfte aus Kanalsinter, dem Material aus der römischen Wasserleitung von der Nordeifel nach Köln, aus der Erbauungszeit des Palas erhalten, acht davon an der inneren Arkade, drei davon an den Triforien des Nordgiebels[71]. Die Säulenschäfte konnten vor der konservatorischen Behandlung mit ihrer originalen Steinoberfläche beurteilt und daran außer kleineren mechanischen keinerlei Oberflächenschädigungen festgestellt werden (s. Abb. 4).

67 Badstübner, Kapitellornamentik 2001 (wie Anm. 61) S. 112f.

68 Dieter Beeger: Gutachten über die Säulenkapitelle der Innenarkade des zweiten Obergeschosses im Palas der Wartburg in Hinsicht auf eine Brandbeeinflussung. (Mschr.) Staatliches Museum für Mineralogie und Geologie Dresden, 9. 12. 1965. Wartburg-Stiftung Eisenach, Archiv.

69 Hans-Werner Zier und Gerhard Weise: Brandschäden an Naturstein. Dargestellt am Beispiel des Kirchenbrandes in Riethnordhausen (Thüringen – Landkreis Sömmerda). In: WTA-Journal 1/05. Freiburg/Br. 2005, S. 35–63.

70 Alois Kieslinger: Zerstörungen an Steinbauten. Leipzig/Wien 1932, S. 125.

71 Dieter Klaua: Petrographie des Kalksteins einiger Säulenschäfte am Palas der Wartburg. (Mschr.) Jena, 2. 7. 1979. Wartburg-Stiftung Eisenach, Archiv; Klaua, Dekorationssteine 1988 und Klaua, Kanalsinter 1994 (wie Anm. 44); Dieter Klaua: Die Baumaterialien der Wartburg. In: Schuchardt, Palas 2001 (wie Anm. 3) S. 107–110, hier Abb. S. 109 und 110.

Als viertes Ergebnis der petrographischen Untersuchungen wird konstatiert, dass selbst im Innenbereich des Festsaals zwei gänzlich verschiedene Gesteinsmaterialien, Sandstein und Kalkstein, keine typischen Merkmale für eine Brandbeeinflussung aufweisen.

5. Zusammenfassende Einschätzung der petrographischen Untersuchungen zum Brand

Der in den Chroniken überlieferte Brand soll am Palas den Dachstuhl mit der Bleideckung sowie Holztäfelung, Gemälde, Tische usw. zerstört haben, wobei schon bei Rothe steht, dass alles verbrannt war «bis uff den estrich» (s. o.). Diese detaillierten Angaben weisen auf einen ausgedehnten Brand im Festsaal hin, was auch bei allen nachfolgenden Erwähnungen aufgegriffen bzw. beibehalten wurde.

Danach müsste die Arkade mit ihren Öffnungen im Inneren des Festsaales vom Brand betroffen worden und Flammen höchstwahrscheinlich aus den Fensteröffnungen geschlagen sein, wofür unmittelbar die Triforien und ein Biforium am Nordgiebel sowie acht Fensterarkaden an der Ostseite des Saales vorhanden waren. Über die gesamte Länge des Festsaales sind Naturwerksteine aus Sandstein und Kalkstein an der Innenarkade, am Nordgiebel und in Form von 14 noch original erhaltenen Gewändesteinen mit den zugehörigen Kämpfersteinen an den östlichen Fensterarkaden für die Beurteilung hinsichtlich der Brandbeeinflussung verfügbar. An diesen sämtlichen Naturwerksteinen lassen sich keine Anzeichen von Brandeinwirkung nachweisen.

6. Versuch einer Darstellung aus der Sicht der petrographischen Ergebnisse

Die vorgetragenen petrographischen Ergebnisse lassen m. E. zwei Versionen der Betrachtung zu:
- Der Brand im Palas war von so geringem Ausmaß, dass er an den raumbegrenzenden Bauteilen aus Naturwerkstein mit ihrer Bauzier keine Spuren von Einwirkungen hinterlassen hat.
- Der Brand hat den Palas nicht betroffen, sondern nur den Turm und ein nahe gelegenes anderes Gebäude.

Die erste Version entspricht der erstmals in dieser Form geäußerten Ansicht von Strickhausen[72] und würde so mit dem Erhaltungszustand und der petrographischen Beurteilung der Naturwerksteine übereinstimmen. Dabei müsste man sich von der Vorstellung eines «verheerenden» Brandes im Palas lösen, der gern aus den Schilderungen von Rothe und jüngeren Autoren herausgele-

72 Strickhausen, Burgen 1998 (wie Anm. 45) S. 197.

sen wird. Andererseits ist ein Brand in geringem Umfang schwer vorstellbar, wenn man den Dachstuhl, die Holzdecke des Saales (die zudem noch nach oben gezogen bzw. gewölbt angenommen wird, da die Fensteranordnung an den Giebeln eine glatte Balkendecke ausschließt, so z. B. bei Gabelentz[73] und Altwasser[74]) und evtl. andere Holztäfelungen und Inventar als brennbares Material berücksichtigt.

Die zweite Version weicht von der gängigen Auffassung in der Wartburg-Literatur ab und wird hier dennoch provozierend vorgetragen, um weitere kritische Überlegungen zu dem Thema anzuregen. Die bislang herrschende Meinung zum Ereignis des Brandes und der nachfolgenden Baumaßnahmen leitet sich überwiegend aus der Vorgabe der chronikalischen Überlieferungen ab.

Tabelle 2: Quellen zum Brand auf der Burg

Quellen	Brandschäden an Bauten	Bleidächer	Zusatzinformationen zu Brandschäden	Wiederherstellungen
Cron. St. Peter	Turm, Gebäude daneben	–	–	Turm, neues heizbares Gebäude
Eccardiana	Turm, aula principis (Fürstenhaus, -saal?)	+	Waffen, Gebrauchsgegenstände	–
Rothes Eisenacher Chronik	Turm mit Dach, Mußhaus	+	Waffen, Geschütze, Hausrat	–
Rothes Landeschronik	Turm, Mußhaus	+	–	–
Rothes Weltchronik	großes Wetter um Eisenach, Mittelturm oben, Dach von Mußhaus	+	Furnier (Holzschalung), Gefäße, Gemälde, Waffen	Giebel erhöht, Ziegeldach, Gemälde neu, neues heizbares Gebäude, Befestigungen
Ursinus	Turm, neues Haus	+	–	–
Toppius	Dach des Turmes und des Schlosses	+	Gemälde	Ziegeldach, neue Gemälde im langen Saal

73 Gabelentz, Wegweiser 1940 (wie Anm. 2) S. 134: «Höchstwahrscheinlich trug der Saal ein Holzgewölbe.»

74 Altwasser, Bauforschung 2001 (wie Anm. 65) S. 97.

Die zweite Version ist aber noch mit der Erfurter Peters-Chronik im Einklang, in der der Turm und Gebäude daneben als brandgeschädigt genannt sind. Auch in der Überlieferung der Eccardiana (s. o.) muss nicht unbedingt der Palas gemeint sein. Die Übersetzung des Begriffs «aula principis» kann einmal de aedificiis totis «Hofburg oder Palast», zum anderen de partibus aedificiorum eine «Halle» oder einen «Saal» bedeuten. Der Brand wird erst durch die Übersetzung des Begriffs mit «Halle» in den Festsaal des Palas verlegt, was kritisch zu hinterfragen wäre.

Immerhin war die Burg seit der Zeit vor ihrer ersten literarischen Erwähnung 1080[75] bewohnt und musste bis zur Fertigstellung des Palas rd. 80 Jahre lang schon ein älteres Mußhaus zur Beherbergung und Versorgung der Adelsfamilie und der Mannschaft besessen haben, worauf Hermann Nebe[76] schon hinwies. Auch Weber[77] bemerkt kritisch zu Ungenauigkeiten in den Quellen zum Brand: «Ebensowenig wissen die älteren Quellen von einem zweiten Gebäude, ... das zwischen Turm und Palas gestanden hätte und mit verbrannt wäre.» Für die Argumentation nach der zweiten Version könnte dieses ältere Mußhaus der Burg als vom Brand zerstört angesehen werden.

Ein weiterer Aspekt aus der Wartburggeschichte soll für die zweite Version hinzugefügt werden, wonach der Brand die Bewohnbarkeit der Gebäude zeitweise beeinflusst haben muss. Aus dem Itinerar der thüringischen Landgrafen sind Aufenthalte auf der Wartburg in den Jahren 1318 und 1319 in den Monaten Oktober/November und April/Juni mehrfach belegt. In der Zusammenstellung der Daten von Schwarz[78] waren in beiden Jahren im Herbst die Bischöfe von Meißen und Naumburg und weitere adlige Gäste, jeweils mit ihrem Gefolge, zu Verhandlungen auf der Burg anwesend. In diesem Zeitraum ist aber mit brandgeschädigten Gebäuden bzw. mit umfangreichen Bauarbeiten zur Wiederherstellung auf dem relativ kleinflächigen Terrain der Burganlage zu rechnen. Deshalb erscheint es fragwürdig, in dieser Zeit eine größere Zahl von Gästen höheren Ranges auf der Burg beherbergen zu können. Dazu bemerkt Schwarz, es «scheint nicht gerade logisch, daß Friedrich für Oktober und November zahlreiche Gäste und Untertanen auf eine Ruine oder Baustelle holte», und er urteilt weiter: «Der Brand und der Wiederaufbau auf der Burg lassen sich nicht so recht ins Itinerar einfügen.» Daraus lässt sich ableiten, in der kritischen Zeit müssen auf der Burg ausreichend Räumlich-

75 Franz-Josef Schmale: Brunonis Saxonicum bellum/Brunos Sachsenkrieg (lat./deutsch). In: Quellen zur Geschichte Kaiser Heinrichs IV. (Ausgewählte Quellen zur deutschen Geschichte des Mittelalters. 12). Darmstadt 1963, S. 191–406, hier S. 382f.

76 Nebe, Wartburgjahr 1926 (wie Anm. 44) S. 43.

77 Weber, Baugeschichte 1907 (wie Anm. 35) S. 133.

78 Schwarz, Itinerar 1992 (wie Anm. 49) Zitate S. 102.

keiten für Verhandlungen und Beherbergungen vorhanden gewesen sein. Diese Vorstellung passt eher zu der zweiten Version der Betrachtung, wenn der Palas dafür unversehrt vom Brand zur Verfügung gestanden hätte.

Unter Berücksichtigung der Überlieferungen und der neuesten Bauuntersuchungen gelangt man zu einer weitgehenden Klärung der Baugeschichte der Wartburg[79], wobei aber die Angaben zu den Bauten aus der Anfangszeit nur auf einer Interpretation von dürftigen schriftlichen Quellen fußen. Die originalen Bausteine am Palas stellen dagegen materiell überlieferte Substanz dar, an denen sich teilweise baugeschichtliche Ereignisse manifestiert haben. Damit sind Bausteine gegenüber manchen chronikalischen Nachrichten eher geeignet, für bestimmte Aspekte einer bauhistorischen Analyse herangezogen zu werden.

79 Verweis auf Schuchardt, Palas 2001 (wie Anm. 3).

«abbatissa et moniales sanctae Katharine». Das Zisterzienserinnenkloster St. Katharinen vor Eisenach 1208–1530[1]

Franziska Luther

Das mittelalterliche Stadtbild der unter den ludowingischen Landgrafen Ludwig III. (†1190) und Hermann I. (um 1155–1217) vor allem im 12. Jahrhundert zur Stadt aufgestiegenen Siedlung Eisenach war geprägt durch zahlreiche Klosteranlagen, Kirchen, Kapellen und Hospitäler, die über das gesamte Stadtgebiet verstreut waren und deren Mauern teilweise noch heute dem Betrachter einen Eindruck des reichen geistlichen Lebens der Stadt vermitteln. Neben Benediktinerinnen, Franziskanern und Dominikanern finden sich auch Spuren des Deutschen Ordens, der Augustiner-Chorherren, der Karthäuser, der Zisterzienser und der Zisterzienserinnen in Eisenach, die zusammen eine bemerkenswerte Vielfalt der Religiosität auf einem eher kleinen Raum offenbaren. Während einige Baudenkmäler, wie beispielsweise die Georgenkirche und das von Dominikanern erbaute Predigerkloster, noch heute einen guten Erhaltungszustand aufweisen, sind andere bauliche Zeugen der mittelalterlichen Geschichte Eisenachs aus dem kollektiven Gedächtnis der Eisenacher verschwunden. Nicht zuletzt spiegelt sich diese negative Tendenz auch in der Erforschung der Eisenacher Stadtgeschichte und ihrer einzelnen geistlichen Institutionen wider.

Besonders, so konstatiert Matthias Werner, habe die Forschung eine der «dichtesten und lebendigsten Klosterlandschaften des hochmittelalterlichen deutschen Reiches» und insbesondere die «Frauenklöster dieser Zeit»[2] vernachlässigt, die gerade in Thüringen eine herausragende Rolle einnahmen. Zu diesen Orten weiblicher Religiosität zählt auch das Zisterzienserinnenkloster

1 Der Beitrag resümiert die Ergebnisse meiner Magisterarbeit, die im Wintersemester 2009/10 an der Professur für Thüringische Landesgeschichte und dem Lehrstuhl für Mittelalterliche Geschichte der Friedrich-Schiller-Universität Jena zum Thema «abbatissa et moniales sanctae Katharine – Das Zisterzienserinnenkloster St. Katharinen vor Eisenach 1208–1530» entstanden ist. – Mein besonderer Dank für Unterstützung und kritische Anmerkungen gilt Prof. Dr. Uwe Schirmer und Prof. Dr. Helmut G. Walther.

2 Matthias Werner: Thüringen im Mittelalter. In: Matthias Werner (Hrsg.): Spannungsfeld von Wissenschaft und Politik. 150 Jahre Landesgeschichtsforschung in Thüringen (Veröffentlichungen der Historischen Kommission für Thüringen. Kleine Reihe. 13). Köln/Weimar/Wien 2005, S. 275–341, hier S. 320.

St. Katharinen vor Eisenach, auf dessen ehemaligen Standort heute ausschließlich die Katharinenstraße westlich des Marktes hinweist. Vor dem Georgentor und damit außerhalb der um 1200 errichteten Stadtmauer gelegen, wurde die Gründung Landgraf Hermanns I. (um 1155–1217) in der Forschung bisher kaum ausreichend bearbeitet; eine moderne Untersuchung der Klostergeschichte[3] von St. Katharinen, wie auch für viele andere Klöster der Stadt Eisenach, liegt bis heute nicht vor.

Bis auf den Eisenacher Pfarrer Joseph Kremer, der 1905 die Beiträge zur Geschichte der klösterlichen Niederlassungen Eisenachs im Mittelalter veröffentlichte[4], in denen unter anderem auch die Geschichte des Katharinenklosters überblicksartig dargestellt wurde, wird das Zisterzienserinnenkloster in der einschlägigen Forschungsliteratur ausnahmslos entweder gar nicht erwähnt oder nur in einigen Sätzen[5] abgehandelt. Obwohl die Zisterzienserinnenforschung in den letzten Jahren neue Impulse erhalten hat, wird St. Katharinen vor Eisenach auch in den jüngsten Publikationen[6] nur als Randbemerkung

---

3 Vgl. Hilmar Schwarz: Die Gründung des Eisenacher Katharinenklosters und die Wartburg. In: Wartburg-Jahrbuch 1995. 4(1996), S. 28–34, hier S. 28.

4 Vgl. Joseph Kremer: Beiträge zur Geschichte der klösterlichen Niederlassungen Eisenachs im Mittelalter (Quellen und Abhandlungen zur Geschichte der Abtei und Diözese Fulda. 2). Fulda 1905, S. 17–34.

5 Vgl. Hermann Gebhardt: Thüringische Kirchengeschichte. Hälfte 1. Von der frühesten Zeit bis zum Beginn der Reformation. Gotha 1880; Alois Holtmeyer: Cisterzienserkirchen Thüringens. Ein Beitrag zur Kenntnis der Ordensweise (Beiträge zur Kunstgeschichte Thüringens namens des Vereins für Thüringische Geschichte und Altertumskunde. 1). Jena 1906; Hermann Helmbold: Das Katharinenkloster. In: Georg Voss: Die Stadt Eisenach (P. Lehfeldt und G. Voss: Bau- und Kunstdenkmäler Thüringens. Heft 39. Großherzogtum Sachsen-Weimar-Eisenach. Amtsgerichtsbezirk Eisenach). Jena 1915, S. 298–301; Helfried Matthes: Die thüringischen Klöster und ihre allgemeine Bedeutung. Ein Beitrag zur Kulturgeschichte Thüringens. Jena, Univ., Diss., 1955.

6 Vgl. Gerd Bergmann: Art. Eisenach – St. Katharinenkloster. In: Gerhard Schlegel (Hrsg.): Repertorium der Zisterzen in den Ländern Brandenburg, Mecklenburg-Vorpommern, Sachsen, Sachsen-Anhalt und Thüringen. Langwaden 1998, S. 220–223; Peter Pfister: Klosterführer aller Zisterzienserklöster im deutschsprachigen Raum. Strasbourg ^{2}1998; Franz Felten: Zisterzienserinnen in Deutschland. Beobachtungen und Überlegungen zur Ausbreitung und Ordenszugehörigkeit. In: Unanimité et diversité Cisterciennes. Filiations-Réseaux-Relectures du XIIe au XVIIe siècle (Travaux et recherches/C.E.R.C.O.R. 12). Saint-Étienne 2000, S. 345–400, hier S. 354 und 364; Friederike Warnatsch-Gleich: Herrschaft und Frömmigkeit. Zisterzienserinnen im Hochmittelalter (Studien zur Geschichte, Kunst und Kultur der Zisterzienser. 21). Berlin 2005, S. 57; Manfred Peter: Die Zisterzienserinnen. In: Friedhelm Jürgensmeier (Hrsg.): Orden und Klöster im Zeitalter von Reformation und katholischer Reform. 1500–1700. Bd. 1 (Katholisches Leben und Kirchenreform im Zeitalter der Glaubensspaltung. 65). Münster 2005, S. 99-124; Claudia Mohn: Mittelalterliche Klosteranlagen der Zisterzienserinnen. Architektur der Frauenklöster im mittelalterlichen Raum (Berliner Beiträge zur Bauforschung und Denkmalpflege. 4). Petersberg 2006, S. 274f.

oder nur in einem größeren Zusammenhang erwähnt. Auch das zentrale Nachschlagewerk für die Geschichte der Klöster mit Benediktsregel, die Reihe der Germania Benedictina des Instituts für Mainzer Kirchengeschichte, kann in diesem Fall vorerst nicht herangezogen werden, da sich der entsprechende Band zum Bundesland Thüringen derzeit noch in Bearbeitung befindet.

Die Quellenlage zu St. Katharinen vor Eisenach ist im Vergleich mit anderen geistlichen Einrichtungen des mittelalterlichen Thüringen als durchaus zufriedenstellend einzuschätzen, obwohl sich weder zeitgenössische Verzeichnisse von Urkunden oder gar Kopialbücher erhalten haben. Ebenso fehlen Nekrologe des Klosters als auch das Schriftgut, das möglicherweise in der Klosterbibliothek vorhanden gewesen oder gar im dortigen Scriptorium hergestellt worden war. Auf uns gekommen sind 45 Originalurkunden der Jahre 1218 bis 1522 aus unterschiedlichen Provenienzen, dazu zahlreiche Urkundenabschriften sowie einige wenige Akten, Rechnungs- und Zinsbücher, die sowohl die Reformation und anschließende Säkularisierung als auch weitere Unruhen nahezu unbeschadet überstanden haben. Die Archivalien werden, von Einzelfällen abgesehen, im Thüringischen Hauptstaatsarchiv Weimar (ThHStAW) und im Thüringischen Staatsarchiv Gotha (ThStA Gotha) verwahrt. Neben den Urkunden, Abschriften, Rechnungen und Akten, die uns die genannten Archive zum Kloster St. Katharinen vor Eisenach bieten, gibt es auch einige chronikalische Zeugnisse. An erster Stelle ist hier der Erfurter Mönch Nikolaus von Siegen (†1495) zu nennen, der in seinem «Chronicon ecclesiasticum»[7] wichtige Nachrichten über die Bestattung des letzten ludowingischen Landgrafen Heinrich Raspe (um 1204–1247) liefert und von einem damit verbundenen Indulgenzbrief des Papstes berichtet.[8] Wichtige Informationen, besonders zur Gründungszeit, enthalten auch die «Cronica Reinhardsbrunnensis»[9] und die «Cronica S. Petri Erfordensis Moderna»[10]. Schließlich erwähnt auch der Chronist Johannes Rothe (um 1360–1434) mehrere Ereignisse im Zusammenhang mit dem Katharinenkloster.[11]

Im Rahmen dieses Beitrages werden die zentralen Ergebnisse meiner Magisterarbeit zusammengestellt, ohne dass dabei die Geschichte des Zisterzienserinnenklosters St. Katharinen vor Eisenach in allen Einzelheiten darge-

7 Vgl. Franz Wegele (Hrsg.): Chronicon Ecclesiasticum Nicolai de Siegen (Thüringische Geschichtsquellen. 2). Jena 1855.

8 Vgl. Original im ThHStAW, Historische Schriften und Drucke, F 166.

9 Oswald Holder-Egger (Ed.): Cronica Reinhardsbrunnensis. In: Monumenta Germaniae Historica. Scriptores. Bd. 30. Teil 1. Hannover 1896, S. 490–656.

10 Oswald Holder-Egger (Ed.): Cronica S. Petri Erfordensis Moderna a. 1072–1335. In: Monumenta Germaniae Historica. Scriptores. Bd. 30. Teil 1. Hannover 1896, S. 335–457.

11 Sylvia Weigelt (Hrsg.): Johannes Rothe. Thüringische Landeschronik und Eisenacher Chronik (Deutsche Texte des Mittelalters. 87). Berlin 2007.

legt werden kann. Im Folgenden soll der Fokus zunächst auf die Anfänge des Zisterzienserordens und dessen Verhältnis zu den Frauenkonventen gerichtet werden, um dann auf die Gründungsmotivationen der Stifter, die erste Erwähnung des Klosters, die Kontaktaufnahme zum Generalkapitel des Ordens und die Wahl des Patroziniums einzugehen. Die Funktion des Katharinenklosters als Grablege und Hauskloster der Ludowinger und der frühen wettinischen Landgrafen wird in einem weiteren Gliederungspunkt einerseits anhand der reich ausgefallenen Stiftungen und andererseits an den in der Katharinenkirche erfolgten Bestattungen nachvollzogen. Anschließend sollen Lage und Architektur der Klosteranlage, die aus den Quellen nur spärlich rekonstruiert werden können, und eine mögliche Funktion des Klosters als Wirtschaftshof der Wartburg diskutiert werden. Dem Niedergang des Katharinenklosters vor Eisenach, welcher durch die Reformation und anschließende Säkularisation vollzogen wurde, widmet sich schließlich der letzte Abschnitt dieses Beitrages.

Der Zisterzienserorden und die Frauen

Die Gründung des Zisterzienserordens sowie der Wunsch zahlreicher Frauen, nach den Gewohnheiten von Citeaux ein strenges religiöses Leben innerhalb der Mauern eines Klosters zu führen, müssen zwangsläufig vor dem Hintergrund der Reform des Mönchtums im 11. Jahrhundert, «dem Frömmigkeitswandel des Hochmittelalters»[12] und der Entstehung der religiösen Bewegungen des 12. und 13. Jahrhunderts betrachtet werden. Die angestrebte Neuordnung des monastischen oder kanonikalen Lebens führte aber nicht nur die Reform der alten Klöster herbei, sondern ließ auch neue Orden entstehen, die ihre Lebensweise nach dem Evangelium ausrichten wollten. Zu diesen neu entstandenen Orden zählen auch die Zisterzienser, die ihren Ursprung in der von Robert von Molesme (um 1028–1111) im Jahr 1075 gegründeten burgundischen Abtei Molesme hatten. Der später heilig gesprochene Abt Robert war bestrebt, in seiner Gründung die Regula Benedicti «ohne Einschränkungen zu verwirklichen»[13], was ihm auch gelang, jedoch seinem «rigorosen asketischen Ideal»[14] nicht genügte. Mit einer kleinen Gruppe ebenso gesinnter Mönche verließ er das wohlhabend gewordene Molesme, um sich 1098[15] in der Einsam-

12 Warnatsch-Gleich, Herrschaft 2005 (wie Anm. 6) S. 16.

13 Kaspar Elm: Art. Zisterzienser. I. Entstehung und Anfänge. In: Charlotte Bretscher-Gisiger und Thomas Meier (Red.): Lexikon des Mittelalters. Stuttgart 2000. [CD-ROM. In Inhalt, Band- und Spaltenzahlen identisch mit: Norbert Angermann, u. a. ([Hrsg. u. Ber.): Lexikon des Mittelalters. München Bd. 1 (1980) – 9 (1998). Reg. (1999)]. Bd. 9, Sp. 632.

14 J. Richard: Art. Robert von Molesme. In: Lexikon des Mittelalters 2000 (wie Anm. 13) Bd. 7, Sp. 910.

keit von Citeaux anzusiedeln und ein Leben zu führen, das sich streng an der Benediktsregel ausrichtete und durch Abgeschiedenheit, Einfachheit und eigener Hände Arbeit charakterisiert war.

Auf Druck Papst Urbans II. (um 1035–1099, Papst seit 1088) und der in Molesme verbliebenen Mönche wurde (der hl.) Robert noch «vor 1099 nach Molesme zurückberufen»[16], was die Leitung des als Novum Monasterium bezeichneten Klosters von Citeaux zunächst auf Alberich (1119), der 1100 den päpstlichen Schutz für das Kloster erlangte, und schließlich auf den aus England stammenden Stephan Harding (1134) übergehen ließ. Unter Letzterem stieß 1112 auch Bernhard von Fontaines (1090–1153), der später als Abt des Tochterklosters Clairvaux zu einer prägenden Persönlichkeit des Ordens werden sollte, mit 30 weiteren Gefährten zur Gemeinschaft von Citeaux. Darauf, dass sich Citeaux nach einer schwierigen Anfangsphase bereits um das Jahr 1113 wirtschaftlich als auch organisatorisch konsolidiert hatte, deuten die Gründungen der ersten Tochterklöster und die rasche Ausbreitung des Ordens hin. Die Verfassung und die Grundsätze des Ordens, die für alle Neugründungen Verbindlichkeit hatten, waren in ihren Grundzügen bereits 1114 in der Summa chartae caritatis und der Chartae caritatis prior unter dem Abt Stephan Harding (†1134) festgelegt[17] und 1119 durch Papst Calixt II. (†1124, Papst seit 1119) bestätigt worden. Mitte der sechziger Jahre des 12. Jahrhunderts erhielt die Charta caritatis ihre endgültige Fassung, welche die Beziehungen der Klöster untereinander sowie die «gleichartige Befolgung der Regel und Konstitutionen»[18] bestimmt. Auf dem Generalkapitel von Citeaux versammelten sich ab der Mitte des 12. Jahrhunderts in regelmäßigen Abständen alle Äbte, um gleichberechtigt über neue Ordensbeschlüsse, die in den «Statuta capitulorum generalium ordinis Cisterciensis»[19] zusammengetragen wurden, abzustimmen.

Da die Charakteristika der zisterziensischen Lebensweise wie Einfachheit in allen Lebensbereichen, Leben von der eigenen Hände Arbeit, Ablehnung von

---

15 Bei WARNATSCH-GLEICH wird fälschlicherweise das Jahr 1089 genannt. Vgl. WARNATSCH-GLEICH, Herrschaft 2005 (wie Anm. 6) S. 20.

16 J. DE LA CROIX BOUTON: Art. Citeaux. I. Geschichte. Croix Bouton. In: Lexikon des Mittelalters 2000 (wie Anm. 13) Bd. 2, Sp. 2104.

17 Vgl. KLAUS WOLLENBERG: Die Stellung des Zisterzienserordens im mittelalterlichen Ordenswesen und seine Ausbreitung in den deutschsprachigen Gebieten. In: HARALD SCHWILLUS und ANDREAS HÖLSCHER (Hrsg.): Weltverachtung und Dynamik (Studien zur Geschichte, Kunst und Kultur der Zisterzienser. 10). Berlin 2000, S. 8–33, hier S. 20.

18 Vgl. KASPAR ELM: Art. Zisterzienser. II. Ordensverfassung In: Lexikon des Mittelalters 2000 (wie Anm. 13) Bd. 9, Sp. 632.

19 Vgl. JOSEPH MARIA CANIVEZ (Ed.): Statuta capitulorum generalium ordinis Cisterciensis 1116–1768. 8 vols. Louvain 1933–41.

Einnahmen aus Zehnten oder Zinsen und Armut dem Frömmigkeitsideal der Zeit entsprachen, ist es nicht verwunderlich, dass sich viele Menschen gerade auch aus adliger Herkunft dem Orden anschlossen. Dies führte, ausgehend von der Primarabtei Morimond über die erste Gründung 1123 auf deutschem Boden, in Altenkamp, zu allein 91 Männerklöstern[20] im heutigen Deutschland. Ebenso wie ihre männlichen Zeitgenossen waren auch die Frauen von den neuen Formen des religiösen Zusammenlebens beeindruckt, die eine gottgefälligere Lebensweise und damit auch einen zuverlässigeren Weg zur Sicherung des eigenen Seelenheils aufzuzeigen schienen. Der genaue Beginn des religiösen Aufbruchs der Frauen bleibt ungewiss[21], obgleich dieser zweifelsohne im Zusammenhang mit den männlichen Erneuerungsbewegungen stand und auch zeitlich mit diesen korrespondierte. Um nicht dem Vorwurf der Ketzerei zu verfallen, wie dies schnell bei dem Anschluss an eine von der Kurie nicht anerkannte Lebensweise geschehen konnte, blieb den weiblichen Religiosen nur, sich «an die alten Frauenorden oder an die aufstrebenden Männerorden»[22] anzubinden. Da das Leben in einem schon bestehenden Frauenkloster, das meist an eine männliche Benediktiner-Gemeinschaft angeschlossen war, gegenüber denjenigen Orden, die die neuen religiösen Ideen in ihren Grundsätzen umgesetzt hatten, wohl weniger erstrebenswert erschien, suchten die meisten Frauen bei den aus der Bewegung hervorgegangenen Orden Anschluss. Mit dieser «bis dahin ungewohnten Präsenz der Frauen»[23], die sich aktiv am religiösen Leben beteiligen wollten, wurden vor allem die Prämonstratenser und Zisterzienser konfrontiert.

Vielfach wird betont, dass die Prämonstratenser, welche 1120 um den Wanderprediger Norbert von Xanten (zw. 1080 und 1085–1134) in Prémontré entstanden[24], sich zuerst den weiblichen Religiosen öffneten. «Von Beginn an nahm Norbert Frauen in Prémontré auf, das demnach ein Doppelkloster war, d. h. ein männlicher und ein weiblicher Konvent lebte zwar räumlich vonein-

20 Vgl. Klaus Wollenberg: Art. Zisterzienser. III. Deutscher Bereich. In: Lexikon des Mittelalters 2000 (wie Anm. 13) Bd. 9, Sp. 641; Hermann Josef Roth: Die Zisterzienser. In: Jürgensmeier, Orden und Klöster 1, 2005 (wie Anm. 6) S. 73–97.

21 Vgl. Brigitte Degler-Spengler: Die religiöse Frauenbewegung des Mittelalters. Konversen-Nonnen-Beginen. In: Rottenburger Jahrbuch für Kirchengeschichte. 3(1984), S. 75–88, hier S. 75.

22 Adam Wienand: Über die Entstehung und Frühzeit der Cistercienserinnen-Klöster. In: Ambrosius Schneider u. a. (Hrsg.): Die Cistercienser. Geschichte, Geist, Kunst. Köln 1974, S. 344.

23 Bruno Krings: Die Prämonstratenser und ihre Schwestern. In: Cistercienser Chronik. 103(1996)1, S. 41–63, hier S. 41.

24 Vgl. L. Horstkötter: Art. Prämonstratenser. In: Lexikon des Mittelalters 2000 (wie Anm. 13) Bd. 7 (2000), Sp. 146.

25 Krings, Prämonstratenser 1996 (wie Anm. 23) S. 42.

ander getrennt, bildete aber eine lokale und rechtliche Einheit.»[25] Unter dem Abt des Doppelklosters lebten die Nonnen nach der Augustinusregel und dem Ordo Monasterii in ihrem geschlossenen Bereich, mussten aber durch einen Beichtvater seelsorgerisch betreut werden, da die Verwaltung und Spendung des Bußsakraments nur von einem mit der Beichtjurisdiktion ausgestatteten Priester[26] vorgenommen werden durfte. Doch schon wenige Jahrzehnte nach der Ordensgründung, inzwischen war eine Vielzahl an Doppelklöstern entstanden, setzte eine negative Haltung gegenüber dem weiblichen Zweig ein und der Orden suchte sich «der Zugehörigkeit von Frauen zu entledigen ..., zunächst indem er sie aus dem gemeinsamen Klosterverband der Doppelklöster ausschied, später indem er ihnen auch die Zugehörigkeit zum Orden überhaupt verwehrte»[27].

Krings vermutet, dass die Anzahl der in den Orden drängenden Frauen so groß geworden war, dass deren Unterhalt aus wirtschaftlichen Gründen nicht mehr bestritten werden konnte und daraus die Auflösung der Doppelklöster resultierte. Bereits 1141, nur wenige Jahre nach dem Tod des Ordensgründers, waren die Doppelklöster verboten worden[28] und wenig später, zumindest bestätigt dies Papst Innozenz III. (1160/61–1216, Papst seit 1198) 1198 in einem Schreiben, «verwehrte man neuen Frauengemeinschaften die Zugehörigkeit zum Orden ganz»[29]. Diejenigen Frauengemeinschaften, die innerhalb eines Doppelklosters lebten, wurden, wenn sich ein Stifter fand, ausgesiedelt oder aber man ließ sie aus Ermangelung einer Stiftung einfach eingehen, indem keine neuen Frauen aufgenommen wurden.

Ebenso attraktiv für die weibliche religiöse Bewegung waren auch die Zisterzienser, die wohl aufgrund ihrer apodiktischen Strenge und der strikten Umsetzung der Benediktsregel beeindruckten. Immer wieder wird betont, dass sich die Zisterzienser «strikt der cura monialium»[30] (der Sorge für die Nonnen) verschlossen, da sie jedwede seelsorgerische Verpflichtung und daher auch die Errichtung von Frauenklöstern ablehnten[31]. Im Jahre 1134 erfolgte sogar mit einem Generalkapitelbeschluss das Verbot, welches den Umgang mit Frauen

26 Vgl. Bernd Schimmelpfennig: Art. Beichtvater. In: Lexikon des Mittelalters 2000 (wie Anm. 13) Bd. 1, Sp. 1819.

27 Herbert Grundmann: Religiöse Bewegungen im Mittelalter. Darmstadt 1961, S. 175.

28 Vgl. Warnatsch-Gleich, Herrschaft 2005 (wie Anm. 6) S. 19.

29 Wienand, Cistercienserinnen-Klöster 1974 (wie Anm. 22) S. 344.

30 Maren Kuhn-Rehfus: Zisterzienserinnen in Deutschland. In: Kaspar Elm u. a. (Hrsg.): Die Zisterzienser. Ordensleben zwischen Ideal und Wirklichkeit (Schriften des Rheinischen Museumsamtes. 10). Köln 1981, S. 125–130, hier S. 125.

31 Ernst Günther Krenig: Mittelalterliche Frauenklöster nach den Konstitutionen von Citaeux unter besonderer Berücksichtigung fränkischer Nonnenkonvente (Analecta Sacri Ordinis Cisterciensis. Annus X). Rom 1954, S. 2–105, hier S. 10.

untersagte und die Einsegnung von Nonnen durch Kleriker des Ordens verbot[32]. In der Praxis hatte sich aber bereits einige Jahre zuvor eine Entwicklung angebahnt, die sich auch kurz nach dem Verbot fortsetzte und den Generalkapitelbeschluss quasi negierte[33]. Noch in der Anfangszeit des Ordens, erst kurz nach der 1119 erfolgten Bestätigung, als die Zisterzienser «noch keineswegs die Strukturen erreicht oder gar gefestigt»[34] hatten, schloss sich eine erste Frauengemeinschaft an die Zisterzienser an. «Um 1120/25 kam es unter Mithilfe von Abt Stephan Harding von Citeaux zur Gründung des Frauen-Klosters von Tart (12 km nördlich von Citeaux), wo man nach der Verfassung und den Bräuchen von Citeaux lebte.»[35] Wie im Falle der männlichen Zisterzienserklöster ging auch alsbald von Tart eine Filiation aus, bei der 18 Klöster, die alle im französischen Raum lagen, gegründet wurden. Zu diesen traten weitere französische Klöster hinzu, die ebenfalls nach den Gewohnheiten der Zisterzienser lebten, sodass «für Frankreich wohl von über 50 Zisterzienserinnenklöstern im 12. Jahrhundert auszugehen»[36] ist.

Bereits im Jahr 1135 entstand mit Wechterswinkel in der Diözese Würzburg das erste Zisterzienserinnenkloster auf deutschem Boden, das vermutlich auf einer Stiftung des Würzburger Bischofs Embrico und König Konrads III. (1093–1152)[37] beruhte. Mit Ichtershausen in Thüringen, gegründet im Jahr 1147, entstand «das zweitälteste Zisterzienserinnenkloster im deutschen Raum»[38]. Als Stifter betätigten sich hier Frideruna von Grumbach und deren Sohn Markward II., die bereits am selben Ort noch vor 1133 eine Eigenkirche erbaut hatten. Dass Frideruna und Markward II. ausgerechnet einen Gründungskonvent aus Wechterswinkel und mit diesem zwangsläufig die Zisterziensergewohnheiten erbaten, wird in der Literatur mit der Stellung Markwards II. begründet. Dieser war nicht nur «Vogt mehrerer fränkischer Klöster» und damit in der Würzburger Diözese vermutlich ortskundig, sondern «gehörte [auch] zu den politisch einflußreichen Männern in der Umgebung Konrads III. und Friedrich Barbarossas»[39]. «1157 stellte Wechterswinkel den Grün-

32 Canivez, Statuta (wie Anm. 19) Bd. 1, 1933, S. 19: «Prohibitum est ne quis abbatum vel monachorum nostrorum benedicere ...» – Es ist verboten, dass einer unserer Äbte oder Mönche einsegnet.

33 Krenig, Frauenklöster 1954 (wie Anm. 31) S. 10.

34 Warnatsch-Gleich, Herrschaft 2005 (wie Anm. 6) S. 22.

35 Alberich Martin Altermatt: Art. Zisterzienserinnen. In: Lexikon für Theologie und Kirche. Bd. 10. Freiburg 2001, Sp. 1470.

36 Warnatsch-Gleich, Herrschaft 2005 (wie Anm. 6) S. 23.

37 Warnatsch-Gleich, Herrschaft 2005 (wie Anm. 6) S. 23f.

38 Stefanie Herrmann und Hans-Peter Schmit: Ichtershausen. Klosterkirche St. Georg und Marien. In: Matthias Werner (Hrsg.): Romanische Wege um Arnstadt und Gotha. Ein Gemeinschaftsprojekt der Jugendstrafanstalt Ichtershausen und der Friedrich-Schiller-Universität Jena. Weimar 2007, S. 153–164, hier S. 156.

dungskonvent für ein weiteres Kloster, nämlich St. Theodor in Bamberg»[40], das von der Witwe Hermanns von Stahleck, des Pfalzgrafen bei Rhein, der sich selbst aufgrund eines religiösen Lebenswandels in ein Zisterzienserkloster begeben hatte, gestiftet worden war. Die verwitwete Gertrud trat sogar selbst in ihre Stiftung ein, die sie mit Unterstützung des Bischofs Eberhard II. von Bamberg (†1170) opulent ausgestattet hatte.

Unabhängig von dem Prinzip der Filiation, bei dem eine große Anzahl an Tochtergründungen auf nur wenige Mutterklöster zurückgeführt werden kann, entstanden auch viele Zisterzienserinnenklöster, indem eine schon bestehende Gemeinschaft die Gewohnheiten der Zisterzienser übernahm oder einfach ein neuer Konvent gebildet wurde.[41] Im Laufe des 12. Jahrhunderts entwickelten sich so «etwa 23 Zisterzienserinnenklöster»[42], die in den meisten Fällen von religiösen Laien aus dem Adel oder der Ministerialität gestiftet wurden und mitunter die Funktion eines Hausklosters übernahmen. Als wichtigstes Selbstzeugnis des Zisterzienserordens über dessen Verhältnis zu den Frauenklöstern sind die Generalkapitelstatuten zu werten. Zunächst ist festzustellen, dass diese im 12. Jahrhundert bis auf kleinere Ausnahmen keine Auskunft über Frauen oder nach den Gewohnheiten der Zisterzienser lebende Frauenkonvente geben. Wie schon oben erwähnt, verbietet das Generalkapitel im Jahr 1134 die Aufnahme von Frauen in den geistlichen Stand durch Ordensbrüder. Ebenso wird das Zusammenwohnen mit Frauen für die Mönche und Konversen des Zisterzienserordens verboten[43]. Beide Beschlüsse müssen in Bezug auf die Zustände zum Zeitpunkt ihrer Niederschrift interpretiert werden. Zu dieser Zeit fand die religiöse Frauenbewegung vor allem Anschluss an den Orden der Prämonstratenser, in dem Männer und Frauen in einer Klosteranlage zusammenlebten. Da die Zisterzienser aufgrund der strengen Befolgung der Benediktsregel jedwede Form der seelsorgerischen Betreuung ablehnten, versuchten sie sich auch der Seelsorge für Nonnen zu entziehen. Das Verbot des Zusammenlebens von Männern und Frauen könnte aus der Praxis erwachsen sein, schließlich waren die Doppelklöster der Prämonstratenser und die Probleme, die diese mit sich brachten, bekannt. Eine starke Zurückhaltung der Zisterzienser gegenüber der religiösen Frauenbewegung bezeugen weiterhin die wenigen Gründungen von Frauenkonventen, die bei einer Öffnung des

39 Vgl. Hans Patze, Art. Ichtershausen. In: Hans Patze (Hrsg.): Thüringen (Handbuch der historischen Stätten. 9). Stuttgart ^{2}1989, S. 208-210, hier 208.

40 Warnatsch-Gleich, Herrschaft 2005 (wie Anm. 6) S. 25.

41 Warnatsch-Gleich, Herrschaft 2005 (wie Anm. 6) S. 26.

42 Warnatsch-Gleich, Herrschaft 2005 (wie Anm. 6) S. 27.

43 Canivez, Statuta (wie Anm. 19) Bd. 1, 1933, S. 14: «feminarum cohabitatio nobis et conversis nostris omnino interdicta est» – Das Zusammenwohnen mit Frauen ist uns und unseren Konversen gänzlich untersagt.

Ordens für die frommen Frauen wohl wesentlich reicher ausgefallen wären, und die fehlende Erwähnung der zisterziensisch lebenden Frauen, wie beispielsweise in Tart und der zugehörigen Filiation, auf den Generalkapiteln des 12. Jahrhunderts.

Als die religiöse Frauenbewegung auch zu Beginn des 13. Jahrhunderts nicht abebbte, sondern sich im Gegenteil noch einmal drastisch verstärkte[44], und die Prämonstratenser sich mehr und mehr den Frauen verschlossen[45], geriet der Zisterzienserorden in immer größere Bedrängnis, die sich nicht zuletzt auch in den vermehrten Inkorporationsanträgen durch adlige Stifter oder den Heiligen Stuhl äußerte. Obwohl sich der Orden erst zu Beginn des 13. Jahrhunderts «für eine Partizipation weiblicher Konvente geöffnet»[46] hatte, begann er bereits kurz darauf ein Bündel an Beschlüssen in Bezug auf die Frauenklöster zu fassen, das zwar nicht dezidiert ablehnend wirkt, aber zumindest eine Reihe von Kriterien preisgibt, die die Aufnahme von Frauenkonventen einschränken konnten. Im Jahr 1206 findet sich das erste Generalkapitelstatut, das Frauenklöstern («claustris monialium») die Erziehung von Knaben («pueris qui in claustris erudiuntur»)[47] verbietet. Ob diese Frauenklöster dem Orden rechtlich angegliedert waren, wird nicht gesagt, wohl aber ist aufgrund ihrer Erwähnung in der Äbteversammlung von Citeaux davon auszugehen, dass sie nach den Regeln der Zisterzienser lebten. Mehrere Jahre später, 1213, sprechen die Statuten plötzlich von «Nonnen, die schon immer in den Orden einverleibt sind» («moniales quae iam etiam incorporatae sunt Ordini») und von denen, «die im übrigen einzuverleiben sind» («quae ... incorporandae de cetero»). Beide Gruppen werden zur strengen Klausur ermahnt. Weiter wird den Äbten untersagt, ihre Nonnen zum Aufbau neuer Frauenklöster ohne die Erlaubnis des Generalkapitels auszusenden («ne praesumant mittere moniales suas ad aliquem locum construendum, nisi de licentia Capituli generalis»)[48].

1218 wird ein Mindestabstand zwischen den einzelnen Zisterzienserklöstern von zehn Leucae (leuca – Wegstunde, gallische Meile, ca. 2,22 km; 10 leuca = 22,20 km) festgeschrieben[49]. Diese Bestimmung sollte sicher der wirt-

44 Warnatsch-Gleich, Herrschaft 2005 (wie Anm. 6) S. 28f.

45 Vgl. Grundmann, Bewegungen 1961 (wie Anm. 27) S. 203.

46 Gerd Ahlers: Weibliches Zisterziensertum im Mittelalter und seine Klöster in Niedersachsen (Studien zur Geschichte, Kunst und Kultur der Zisterzienser. 13). Berlin 2002, S. 52.

47 Canivez, Statuta (wie Anm. 19) Bd. 1, 1933, 1206 5, S. 320.

48 Canivez, Statuta (wie Anm. 19) Bd. 1, 1933, 1213 3, S. 405.

49 Canivez, Statuta (wie Anm. 19) Bd. 1, 1933, 1218 4, S. 485: «Abbatiae monialium de cetero non construantur infra VI leucas a nostris abbatiis, et infra se habeant distantiam X leucarum» – Die Abteien der Nonnen sollen im übrigen nicht innerhalb von sechs Wegstunden von unseren Abteien errichtet werden, und unter sich sollen sie eine Entfernung von zehn Wegstunden haben.

schaftlichen Absicherung der Konvente dienen, da mehrere Abteien an einem Standort für den Erhalt von «Nachwuchs und Schenkungen» zwangsläufig in ein Konkurrenzverhältnis getreten wären. Auch ist nicht auszuschließen, dass die in diesen Jahren immer mehr ansteigende Zahl der Zisterzienserklöster «eine derartige Regelung erforderlich machte»[50]. Mit «moniales de Trebnitz Ordini incorporat»[51] (verleibt die Nonnen von Trebnitz dem Orden ein) und ähnlich lautenden Beschlüssen, nimmt das Generalkapitel 1218 erstmals in formeller Form, das heißt schriftlich fixiert, Frauenkonvente in den Orden auf. Schon 1220 findet sich das erste Statut des Generalkapitels, welches weitere Inkorporationen von Frauenkonventen verbietet[52]. Dass dieses erste Verbot seine Wirkung verfehlte, zeigen einerseits die zahlreichen Inkorporationsgesuche der unmittelbaren Folgezeit[53], andererseits die das Verbot wiederholenden oder bekräftigenden Statuten der Jahre 1222, 1228, 1230 und 1251. «Einen gewissen Schlußpunkt in der Inkorporationsfrage setzte, zumindest die Generalkapitelstatuten betreffend»[54], eine päpstliche Bulle 1251, die dem Orden versicherte, dass durch den Papst keine Inkorporationen vorgenommen werden würden. Zur selben Zeit legte das Generalkapitel fest, dass es keinen Grund mehr geben würde, Frauenkonvente in den Orden aufzunehmen.[55]

Diese Beschlüsse, die mehrere Kriterien für die Eingliederung eines Frauenklosters in den Zisterzienserorden aufstellen, waren meines Erachtens zweifellos darauf bedacht, eine Auswahl zwischen den nach Aufnahme drängenden Frauenkonventen zu treffen und nur diejenigen zu inkorporieren, die eine ausreichende wirtschaftliche Basis hatten, um dem Orden später nicht zur Last zu fallen. Eine grundsätzliche Ablehnung der religiösen Frauenbewegung ist daher dem Zisterzienserorden wohl nicht zu unterstellen, genauso wenig aber auch eine freiwillige und wohlwollende Hinwendung zur Betreuung von Nonnen. Der entscheidende Moment für die Inkorporation zahlreicher Zisterzienserinnenklöster war mit Sicherheit der Druck auf Aufnahme, der von außerhalb, wie durch die Autorität des Papstes, an den Orden herangetragen wurde und dem sich dieser nicht zu entziehen vermochte.

---

50 Franz Felten: Der Zisterzienserorden und die Frauen. In: Schwillus/ Hölscher, Weltverachtung 2000 (wie Anm. 17) S. 34–135, hier S. 72.

51 Canivez, Statuta (wie Anm. 19) Bd. 1, 1933, 1218 84, S. 502.

52 Canivez, Statuta (wie Anm. 19) Bd. 1, 1933, 1220 4, S. 517: «Inhibetur auctoritate Capituli generalis ne aliqua abbatia monialium de cetero Ordini incorporetur.» – Es ist mit der Vollmacht des Generalkapitels verboten, dass eine Abtei mit Nonnen im übrigen dem Orden einverleibt wird.

53 Vgl. Canivez, Statuta (wie Anm. 19) Bd. 1, 1933, 1221 48, 53, 54 und 1223 31, S. 10f. und S. 29.

54 Warnatsch-Gleich, Herrschaft 2005 (wie Anm. 6) S. 72.

55 Vgl. Canivez, Statuta (wie Anm. 19) Bd. 1, 1933, 1251 4, S. 361.

Die Stifter und ihre Motivation – Landgraf Hermann I. von Thüringen und Landgräfin Sophie

Am Anfang der Gründungsgeschichte eines Zisterzienserinnenklosters stand in den meisten Fällen ein aus dem Hochadel oder Adel stammender Stifter oder auch eine aus diesem Umfeld kommende Stifterin, die aus verschiedenen Beweggründen heraus, aber vor allem aus religiösen Antrieb und der Sorge um das eigene Seelenheil, ein Kloster stiften wollten. Da auch die Stifter von der religiösen Bewegung des 12. und 13. Jahrhunderts ergriffen oder zumindest beeinflusst worden waren und sie sich gerade als weltliche Herrschaftsträger kaum den Neuerungen ihrer Zeit entziehen konnten, fiel die Wahl nicht selten auf die Stiftung eines Klosters mit den strengen Gewohnheiten des Zisterzienserordens. In der Reihe der frommen Stifter von Zisterzienserinnenklöstern findet sich auch der Landgraf von Thüringen, Hermann I. (um 1155–1217), der zu Beginn des 13. Jahrhunderts mit St. Katharinen einen Zisterzienserinnenkonvent außerhalb der Stadtmauern Eisenachs gründete[56] und das neue Kloster sogar zu seiner Grablege[57] wählte. In diesem Fall drängte die Stiftertätigkeit eines Mannes, der dem Geschlecht der Ludowinger entstammte und damit zweifellos zu den mächtigen Reichsfürsten der Zeit zählte, dem Historiker einige Fragen auf.

Warum gründete Hermann I. ein Kloster, obwohl er und seine Familie bereits über Generationen in der Benediktinerabtei Reinhardsbrunn Hauskloster und Grablege hatten? Warum wählte der Landgraf für die Stiftung die Zisterziensergewohnheiten? Wieso stiftete ein Mann überhaupt ein Frauenkloster? Weshalb fand der Frauenkonvent seine Räumlichkeiten vor den Mauern Eisenachs und nicht an einem anderen Ort im ludowingischen Herrschaftsraum? Warum wählte Hermann I. St. Katharinen zu seiner Grablege, wenngleich seine Vorfahren alle in Reinhardsbrunn ihre letzte Ruhe gefunden hatten? Welchen Nutzen erhoffte er sich aus seiner Stiftung? Waren andere Personen an einer Gründung dieses Zisterzienserinnenklosters interessiert? Im Folgenden soll der Versuch unternommen werden, die Fragen anhand der zur Verfügung stehenden Quellen abzuklären.

Das südwestlich von Gotha gelegene Kloster Reinhardsbrunn ist eng mit der Geschichte der ludowingischen Landgrafen verknüpft, wurde es doch schon 1085 durch den thüringischen Grafen Ludwig den Springer (†1123) als Hauskloster gegründet[58], der erst kürzlich aus dem mittleren Maingebiet nach

56 Vgl. Canivez, Statuta (wie Anm. 19) Bd. 1, 1933, 1214 52, S. 427.

57 Vgl. Holder-Egger, Cronica Reinhardsbrunnensis 1896 (wie Anm. 9) S. 588, 9f. und Holder-Egger, Cronica S. Petri (wie Anm. 10) S. 384, 45f.

Thüringen gelangt war und seine Macht hier auf der Grundlage einer Rodungsherrschaft[59] auszubauen suchte. «Die neue Gründung lag in der Nähe des damaligen Stammsitzes Schauenburg und wurde ebenfalls dem im Reformadel beliebten Hirsau zugewiesen und von hier besetzt.»[60] Schon wenige Jahre nach seiner Gründung übernahm Reinhardsbrunn bereits die Funktionen eines Hausklosters und stieg «rasch zu einem der bedeutendsten thüringischen Klöster»[61] auf. Die hohe Bedeutung des Klosters als «Memorialzentrum»[62] der Ludowinger lässt sich nicht nur an den zahlreichen Schenkungen, sondern auch an dem hohen Aufwand, der für die Beisetzung mancher Ludowinger auf sich genommen wurde, ablesen. So wurden beispielsweise die Gebeine Ludwigs III., der auf der Rückkehr aus dem Heiligen Land verstorben war, nach Venedig verschifft und von dort auf dem Landweg in die Grablege des Geschlechts nach Reinhardsbrunn verbracht.

Erst zu Beginn des 13. Jahrhunderts werden Spannungen zwischen dem Reinhardsbrunner Konvent und dem Landgrafenhof deutlich. Im Gegensatz zu seinem Vorgänger Ludwig III., der sich besonders großzügig um das Hauskloster kümmerte, selbst «an den gottesdienstlichen Feiern teilgenommen»[63] hatte und daher den Beinamen «Pius Lodewicus»[64] (Ludwig der Fromme) innerhalb der Reinhardsbrunner Geschichtsschreibung zugewiesen bekam, scheint sich Hermann I. von dem Kloster absichtlich distanziert zu haben. Wie Tebruck bemerkt, ist der Landgraf Anfang 1197 nur ein einziges Mal urkundlich in Reinhardsbrunn nachweisbar[65], während sein Vorgänger mehrmals für das Hauskloster urkundete und für dieses auch eine erfolgreiche Vermittlerrolle bei Papst Lucius III. (um 1110–1185, Papst seit 1181) einnahm[66]. Obwohl der Landgraf zu diesem Zeitpunkt kurz vor dem Aufbruch zu einem Kreuzzug

58 Matthias Werner: Art. Reinhardsbrunn. In: Lexikon des Mittelalters 2000 (wie Anm. 13) Bd. 7, Sp. 667.

59 Vgl. Hans Patze und Walter Schlesinger (Hrsg.): Geschichte Thüringens. 2. Bd. 1. Teil. Hohes und spätes Mittelalter (Mitteldeutsche Forschungen. 48/II, 1). Köln/Wien 1974, S. 11.

60 Jürgen Petersohn: Die Ludowinger. – Selbstverständnis und Memoria eines hochmittelalterlichen Reichsfürstengeschlechts. In: Blätter für deutsche Landesgeschichte. 129(1993), S. 1–39, hier S. 8.

61 Matthias Werner: Art. Reinhardsbrunn. In: Lexikon des Mittelalters 2000 (wie Anm. 13) Bd. 7, Sp. 667.

62 Petersohn, Ludowinger 1993 (wie Anm. 60) S. 19.

63 Stefan Tebruck: Die Reinhardsbrunner Geschichtsschreibung im Hochmittelalter. Klösterliche Traditionsbildung zwischen Fürstenhof, Kirche und Reich (Jenaer Beiträge zur Geschichte. 4). Frankfurt a. M. 2001, S. 149.

64 Holder-Egger, Cronica Reinhardsbrunnensis 1896 (wie Anm. 9) S. 540, 6.

65 Vgl. Tebruck, Geschichtsschreibung 2001 (wie Anm. 63) S. 149 und Otto Posse (Hrsg.): Codex Diplomaticus Saxoniae Regiae [CDSR], Hauptt. 1, Abt. A, Bd. 3. Urkundenbuch der Markgrafen von Meissen und Landgrafen von Thueringen 1196–1234. Leipzig 1898, Nr. 18.

stand, tätigte er keine der vor solchen gefahrvollen Unternehmungen gerade im Hochadel eher üblichen Schenkungen. 1208 urkundet Hermann I. für Reinhardsbrunn, aber nicht in eigener Sache, sondern für «unseren Ministerialen Heinrich von Tonna» («Heinricus ministerialis noster de Tvnna»), der zur Finanzierung seiner Kreuzfahrt dem Kloster gegen zehn Mark Silber («decem marcas argenti»)[67] einen Wald «auf dem Berg, der Ettersberg genannt wird» («in monte, qui dicitur Ettisberc») übergab[68].

Nur ein Jahr später schlug die Entfremdung Hermanns I., die anhand der fehlenden Aufenthalte in Reinhardsbrunn, der mäßigen Urkundentätigkeit sowie den nicht vorhandenen Schenkungen des Landgrafen auszumachen sind, in einen den Zeitgenossen nicht verborgenen Konflikt um, wie aus einer Urkunde hervorgeht. Ursache des Streites war, dass in dem «Landort, der Friedrichroda genannt wird» («villula, que Friderichsrot nuncupatur»), welches zum Besitz des Klosters Reinhardsbrunn gehörte, ein Markt abgehalten worden war[69], ohne Rücksicht auf das Marktrecht des Landgrafen. Um diese offensichtliche Missachtung seines Rechtes zu bestrafen, wollte Hermann I. den Ort des Geschehens niederbrennen und die Einwohner verjagen, was nicht zuletzt auch negative Auswirkungen für den Reinhardsbrunner Konvent gehabt hätte, da dieser als Besitzer des Ortes offensichtlich auch die Einnahmen aus dem verbotenen Markt hatte einstreichen können.[70] Auf Bitten des Reinhardsbrunner Abtes Wichard und gegen eine Zahlung von 40 Mark («quadraginta marcis»)[71] durch die Bewohner des Ortes konnte die Strafe schließlich abgewandt werden. Dass der Streit so friedlich gelöst werden konnte, ist wohl nicht zuletzt dem Einlenken der Friedrichrodaer und dem Konvent des Klosters zu verdanken, denen aber, wie Wolter- von dem Knesebeck feststellt, keine Alternative gegenüber der Macht des Landgrafen geblieben wäre.[72]

Auffallend ist, dass auch die Cronica Reinhardsbrunnensis ein eher negatives Bild Hermanns I. zeichnet, obgleich seine Vorgänger und Nachkommen durchaus mit Lob bedacht wurden. Die Mitte des 14. Jahrhunderts aus älteren Vorlagen zusammengestellte Chronik gilt als eines der wichtigsten Werke der

---

66 Otto Posse (Hrsg.): Codex Diplomaticus Saxoniae Regiae [CDSR], Hauptt. 1, Abt. A, Bd. 2. Urkunden der Markgrafen von Meissen und Landgrafen von Thueringen 1100–1195. Leipzig 1889, Nr. 492 und Nr. 493.

67 Eine Mark war damals eine Gewichtseinheit für ein halbes Pfund Silber.

68 Posse, CDSR 1A3, 1898 (wie Anm. 66) Nr. 125.

69 Posse, CDSR 1A3, 1898 (wie Anm. 66) Nr. 137: «mercatus ibidem sepius habiti» – Märkte wurde ebendort öfter abgehalten.

70 Vgl. Tebruck, Geschichtsschreibung 2001 (wie Anm. 63) S. 152.

71 Posse, CDSR 1A3, 1898 (wie Anm. 66) Nr. 137.

72 Harald Wolter- von dem Knesebeck: Der Elisabethpsalter in Cividale del Friuli. Buchmalerei für den Thüringer Landgrafenhof zu Beginn des 13. Jahrhunderts. Berlin 2001, S. 52.

mittelalterlichen Landesgeschichtsschreibung[73], die aufgrund ihrer zahlreichen Aussagen zu der Geschichte der Ludowinger hier schon vielfach zitiert worden ist. An mehreren Stellen übt der anonyme Reinhardsbrunner Autor teilweise indirekt, aber auch ganz offensichtlich, Kritik an Landgraf Hermann I., die Tebruck in seinen Studien zur Reinhardsbrunner Geschichtsschreibung zusammengestellt hat.[74] Angefangen mit der Schilderung der Plünderung Saalfelds und des dortigen Klosters im Jahr 1198 durch landgräfliche Truppen, bei der das Vorgehen der Ritter Hermanns I. stark verurteilt wird[75], über die Fehde des Landgrafen mit Graf Hermann von Weimar-Orlamünde 1214, bei welcher Hermann I. ohne Fragen und Gericht («absque questione et sentencia»)[76] Männer und Frauen bestrafte, bis hin zu einer Nachricht Jahre nach dem Tod des Landgrafen, in der der aus dem Jenseits sprechende Hermann I. gesteht, die dortigen Höllenqualen zu Recht zu erleiden[77], zeigen die Quellenstellen ein durchaus negatives Bild des thüringischen Landgrafen.

Am deutlichsten kommt die Kritik des anonymen Reinhardsbrunner Autors aber in jener Textstelle zum Ausdruck, in der Tod und Beisetzung des Landgrafen Hermann I. in St. Katharinen vor Eisenach geschildert werden[78], die hier nur erwähnt sei und in dem noch folgenden Kapitel über die Funktion des Katharinenklosters als Grablege ausführlich diskutiert wird. Einen letzten Hinweis auf mögliche Konflikte oder eine Abwendung Hermanns I. vom Hauskloster der Ludowinger finden wir im Leben des heiligen Ludwig, wo berichtet wird, dass Ludwig IV. «dem vorher genannten Gotteshaus [Reinhardsbrunn] einen Wald zurückgab, den sein Vater dem Gotteshaus manche Zeit und viele Jahre vorenthalten hatte»[79]. In Zusammenhang mit dieser Nachricht wird eine Urkunde aus dem Jahr 1227 gebracht, in der Landgraf Ludwig IV. über einen Streit um ein Stück Wald zwischen den Klöstern Reinhardsbrunn und Georgenthal entscheidet. Hier weist der Landgraf darauf hin, dass er den Schaden «von unseren Vorfahren» («a progenitoribus nostris») wieder gut machen will, weshalb er den Wald, der sich «unrechtmäßig» («iniuste»)[80] in seinem Besitz befand, dem Kloster Reinhardsbrunn zurückgibt.

73 Vgl. Matthias Werner: Art. Cronica Reinhardsbrunnensis. In: Lexikon des Mittelalters 2000 (wie Anm. 13) Bd. 3, Sp. 353.

74 Vgl. Tebruck, Geschichtsschreibung 2001 (wie Anm. 63) S. 338–346.

75 Holder-Egger, Cronica Reinhardsbrunnensis 1896 (wie Anm. 9) S. 561, 1–12.

76 Vgl. Holder-Egger, Cronica Reinhardsbrunnensis 1896 (wie Anm. 9) S. 587, 30–35.

77 Vgl. Holder-Egger, Cronica Reinhardsbrunnensis 1896 (wie Anm. 9) S. 595, 14f.

78 Vgl. Holder-Egger, Cronica Reinhardsbrunnensis 1896 (wie Anm. 9) S. 588, 4–14 und Holder-Egger, Cronica S. Petri (wie Anm. 10) S. 384, 43-46.

79 Heinrich Rückert (Hrsg.): Das Leben des heiligen Ludwig, Landgrafen in Thüringen, Gemahls der heiligen Elisabeth. Nach der lateinischen Urschrift übersetzt von Friedrich Ködiz von Saalfeld. Leipzig 1851, S. 51: «dem vorgenanten gotishus [Reinhardsbrunn] einen walt widder [gab], den sin vater dem gotishus manche zit unde vel iar vor gehaldin hatte».

Insgesamt werfen die hier herangezogenen Quellen meines Erachtens ein deutliches Licht auf die Herrscherpersönlichkeit Landgraf Hermanns I. und dessen Beziehungen zu dem ludowingischen Hauskloster Reinhardsbrunn. Das Verhältnis fällt im Vergleich zu seinen Vorgängern und Nachfolgern in der Landgrafenwürde deutlich negativ auf. Nicht nur die fehlende Anwesenheit des Fürsten im Kloster und die in Bezug auf Reinhardsbrunn sehr mäßige Urkundentätigkeit, die scheinbar zu einer Vernachlässigung des Klosters führte, sondern auch das Fehlen von Schenkungen oder Stiftungen seitens Hermanns I. und vor allem der Streit um den Friedrichrodaer Markt deuten auf eine frühe Abwendung des Landgrafen von dem Reinhardsbrunner Konvent hin.

Die Spannungen zwischen Reinhardsbrunn und Landgraf Hermann I. gipfelten schließlich in dem Bau von St. Katharinen vor Eisenach im Jahr 1208, das Hermann I. sogar zu seiner Grablege wählte[81] und damit endgültig Reinhardsbrunn den Rücken kehrte. Dass der Ludowinger, aufgrund welcher genauen Ursachen bleibt wegen der Quellenlage schwer zu rekonstruieren, mit dem Hauskloster des Geschlechts in Uneinigkeit geraten war, leistete sicher einen wesentlichen Beitrag zur Intention, ein neues Kloster zu schaffen. Durch die Stiftung einer geistlichen Institution konnte Hermann I. den Spannungen in Reinhardsbrunn entgehen, ohne auf die ein Hauskloster ausmachenden Elemente, wie vor allem die wichtigen religiösen Aspekte, verzichten zu müssen, da diese auch in einer neuen Gründung nach den Wünschen des Stifters erfüllt werden konnten.

Neben den Spannungen Hermanns I. mit Reinhardsbrunn können noch weitere Motive, die zur Gründung von St. Katharinen vor Eisenach führten, ausgemacht werden. Weil die Gründungsurkunde, die sicher auch über die Motivationen Hermanns I. Auskunft gegeben hätte, nicht überliefert ist[82], können die Gründungsabsichten zwangsläufig nur aus Anhaltspunkten rekonstruiert werden. Einen ganzen Katalog an möglichen Motiven, der in verallgemeinerter Form aus der Erforschung mehrerer Zisterzen hervorgegangen ist, liefert Warnatsch-Gleich.[83] Allgemein können die zahlreichen Beweggründe in religiöse, politische und wirtschaftliche Faktoren zusammengefasst werden. Betont werden muss zudem, dass nicht nur ein Motiv, sondern «fast immer ... eine ganze Gruppe von Intentionen hinter der Gründung gestanden haben»[84]. Trotzdem muss den religiösen Aspekten, in einer stark auf das Christentum

80 Posse, CDSR 1A3, 1898 (wie Anm. 66) Nr. 393.

81 Vgl. Petersohn, Ludowinger 1993 (wie Anm. 60) S. 25.

82 Die Überlieferung zu St. Katharinen vor Eisenach beginnt im Jahr 1208 mit einer im Lateran ausgestellten Urkunde Papst Innozenz III.

83 Vgl. Warnatsch-Gleich, Herrschaft 2005 (wie Anm. 6) S. 43–56.

84 Warnatsch-Gleich, Herrschaft 2005 (wie Anm. 6) S. 44.

und die Heilsgeschichte orientierten Zeit, unbestritten eine besondere Bedeutung beigemessen werden.

In Anbetracht der Tatsache, dass zwischen Hermann I. und dem ludowingischen Hauskloster wohl schon gegen Ende des 12., ganz sicher aber zu Beginn des 13. Jahrhunderts eine Entfremdung stattgefunden hatte, und der Reinhardsbrunner Konvent aufgrund des Vorgehens des Landgrafen gegen den zum Klosterbesitz zählenden Ort Friedrichroda zweifellos verstimmt war, benötigte der Landgraf einen neuen Ort, an dem er sich der Sorge um sein Seelenheil widmen konnte. Der Konvent eines neu gegründeten Klosters konnte seinen Wünschen entsprechend «beständig zur Ehre Gottes»[85] und auch für den Stifter selbst und dessen Familie beten, was als besonders wichtig empfunden wurde, da mit dem Gebet nach christlichen Vorstellungen die Gnade Gottes erlangt[86] werden konnte.

Von herausragender Bedeutung war für den Stifter natürlich die Sorge um sein eigenes Seelenheil, die als Gründungsmotivation einen besonderen Stellenwert hatte. Auch Hermann I. war ohne Zweifel um sein Seelenheil sowie um die im Zusammenhang mit ihm und seiner Familie stehende Memoria besorgt. Dass der Landgraf ausreichend für diese Aspekte gesorgt haben wollte, verdeutlicht die wohl reiche Gründungsausstattung von St. Katharinen vor Eisenach, die zwar nicht überliefert ist, auf die aber aus späteren Zeugnissen geschlossen werden kann. Mit der Sorge um das eigene Seelenheil ging auch die Motivation einher, eine geeignete Grablege zu finden. Eine auffallend «positive Auswirkung»[87] auf das Seelenheil wurde dabei der Wahl der Ruhestätte in einer eigenen Klosterstiftung zugesprochen. Da Landgraf Hermann I. und Landgräfin Sophie bei einer Bestattung in Reinhardsbrunn in der Reihe der ludowingischen Vorfahren nur das Totengedächtnis «einfacher benefactores»[88] (Wohltäter) zugekommen wäre, wählten sie mit St. Katharinen eine Grablege, in der die Memoria als «primi fundatores [Erstgründer] besonders intensiv»[89] ausfiel. Wie wichtig dem Landgrafen die Bestattung in seiner Stiftung war, zeigt der Zwischenfall beim Ableben Hermanns I., der noch ausführlich geschildert werden soll.[90]

Auch einige politische Aspekte könnten Hermann I. dazu bewogen haben, ein Zisterzienserinnenkloster oder überhaupt ein neues Kloster zu errichten.

---

85 Warnatsch-Gleich, Herrschaft 2005 (wie Anm. 6) S. 44.

86 Vgl. Arnold Angenendt: Geschichte der Religiosität im Mittelalter. Darmstadt 1997, S. 532ff.

87 Warnatsch-Gleich, Herrschaft 2005 (wie Anm. 6) S. 46.

88 Wolter- von dem Knesebeck, Elisabethpsalter 2001 (wie Anm. 66) S. 58.

89 Wolter- von dem Knesebeck, Elisabethpsalter 2001 (wie Anm. 66) S. 58.

90 Vgl. Holder-Egger, Cronica S. Petri (wie Anm. 10) S. 384, 43–46 und Holder-Egger, Cronica Reinhardsbrunnensis 1896 (wie Anm. 9) S. 588, 4–12.

Da das zu jener Zeit führende Geschlecht der Staufer Zisterzienserklöster als Hausklöster und Grablegen favorisierte, wurde der Orden auch bei Stiftern aus dem höheren und niederen Adel äußerst beliebt.[91] «Mit Gründung eines Zisterzienserklosters konnten Adlige ihren Anspruch auf Zugehörigkeit zu entsprechenden Kreisen manifestieren.»[92] Dass gerade Hermann I. seiner erlangten Stellung unter den weltlichen Reichsfürsten auch nach außen hin Ausdruck verleihen wollte, ist wohl nicht nur bloße Spekulation. Mit der Stiftung eines Zisterzienserinnenklosters konnte Hermann I. einerseits seine allgemeine weltliche Reputation stärken und andererseits natürlich andeuten, dass auch er sich den religiösen Strömungen der Zeit geöffnet hat und dem auserlesenen Personenkreis der Reichsfürsten zugehörig fühlt.

Sicher lag dem Landgrafen auch daran, mit seiner Stiftertätigkeit seinen «Ruf als gerechter – und rechtmäßiger – christlicher Herrscher»[93] zu erhalten, der womöglich in den Spannungen mit Reinhardsbrunn gelitten hatte. In die politischen Aspekte spielt auch die Wahl des Standortes hinein. Zunächst muss bedacht werden, dass sich seit den Anfängen des ludowingischen Geschlechts in Thüringen einige wegweisende Entwicklungen vollzogen hatten. Den Ludowingern war es gelungen, mit dem «Bau von Burgen, dem planmäßigen Anlegen von Städten, durch die Hilfe einer zahlreichen Ministerialität, Einrichtung einer eigenen Kanzlei, Vermehrung ihrer Kirchen- und Klostervogteien»[94], ein eigenes Territorium zu schaffen. Von dem einstigen «Komplex um Friedrichroda»[95], wo sich die Schauenburg und das Hauskloster Reinhardsbrunn befanden, sind die Stadt Eisenach und die ab den 70er Jahren des 11. Jahrhunderts[96] als neuer Stammsitz erbaute Wartburg schon gute 30 Kilometer entfernt.

Obgleich die Wartburg erst unter Ludwig IV. zum dauerhaften Aufenthaltsort des landgräflichen Hofes wurde[97], ist wohl davon auszugehen, dass «ein derartiger Prachtbau ... bestimmt nicht über ein halbes Jahrhundert ... ungenutzt stehengelassen worden»[98] wäre. Überhaupt sollte die Geschichte der

91 Vgl. Bernd Ulrich Hucker: Reichsfürsten als Förderer des Zisterzienserordens in der frühen Stauferzeit. In: Oliver Schmidt (Hrsg.): Spiritualität und Herrschaft (Studien zur Geschichte, Kunst und Kultur der Zisterzienser. 5). Berlin 1998, S. 46–57.

92 Warnatsch-Gleich, Herrschaft 2005 (wie Anm. 6) S. 47.

93 Warnatsch-Gleich, Herrschaft 2005 (wie Anm. 6) S. 47

94 Hans Patze: Geschichtliche Einführung. In: Patze, Thüringen 1989 (wie Anm. 39) S. VII–LXXV, hier S. XXXIII.

95 Hans Patze: Die Entstehung der Landesherrschaft in Thüringen. I. Teil (Mitteldeutsche Forschungen. 22). Köln/Graz 1962, S. 168.

96 Vgl. Matthias Werner: Art. Wartburg. In: Lexikon des Mittelalters 2000 (wie Anm. 13) Bd. 8, Sp. 2055.

97 Vgl. wie Anm. 96.

Wartburg «immer im Zusammenhang mit der Stadt Eisenach gesehen werden»[99], da die ludowingischen Landgrafen die Herrschaft über Burg und Stadt ausübten. Landgraf Hermann I. hielt sich zweifelsohne mehrfach hier auf und hatte Interesse an der Entwicklung der Stadt, was die auf ihn zurückgehende Gründung einer Bruderschaft aller Priester des Landes an der Nikolaikirche (1239) und die Errichtung der Jacobskirche[100] zeigen, auch wenn aufgrund der Urkunden im Unklaren bleiben muss, ob sein Musenhof «in Eisenach oder auf der Wartburg Quartier nahm»[101]. Mit der Stiftung eines Zisterzienserinnenklosters konnte Hermann I. noch ein eigenes Kloster – Ludwig III. hatte bereits an der Nikolaikirche 1172/90 einen Benediktinerinnenkonvent errichtet[102] und wohl nach 1181 die 1196 urkundlich bezeugte Georgenkirche bauen lassen[103] – in Eisenach ins Leben rufen, welches die bereits bestehenden religiösen Institutionen ergänzen konnte[104] und außerhalb der Stadtmauern dem Zugriff des aufstrebenden Bürgertums entzogen war. Durch den Bau und die Ausstattung eines neuen Klosters verdeutlichte Hermann I. zugleich seinen Einfluss als Landesherr und konnte quasi vor Ort in Eisenach, wo er sich aller Wahrscheinlichkeit nach des Öfteren aufhielt, ohne die Reise nach Reinhardsbrunn antreten zu müssen, seinen religiösen Pflichten in seiner eigenen Gründung widmen.

Auch wirtschaftliche Gesichtspunkte könnten eine Motivation zur Gründung eines Zisterzienserklosters gewesen sein. Zwar kann den Zisterzienserinnen von St. Katharinen, die sich ja dauerhaft in der Klausur befanden, kaum Landesausbau und Rodungstätigkeit zugesprochen werden, Tätigkeiten, die sowieso nur von den Klosterhörigen ausgeführt werden konnten und vor den Toren der Stadt Eisenach vermutlich nicht mehr notwendig waren, doch scheinen aus dem Kloster zumindest andere wirtschaftliche Vorteile[105] gezogen worden zu sein. Denkbar wäre, dass Hermann I., dessen Hof auf der Wartburg mit Lebensmitteln und anderen Dingen versorgt werden musste, St. Katharinen auch als Wirtschaftshof für die landgräfliche Burg über Eisenach nutzen wollte. Hinweise darauf liefern die Tatsachen, dass das Kloster topographisch gesehen an einer äußerst günstigen Verbindung zur Wartburg gegründet worden war; über den an St. Katharinen angrenzenden Ehrensteig und den Zeisiggrund war

98 Hilmar Schwarz: Die Wartburg im Itinerar der thüringischen Landgrafen des Mittelalters. In: Wartburg-Jahrbuch 1992. [1](1993), S. 90–102, hier S. 92.

99 Schwarz, Itinerar (wie Anm. 98) S. 94.

100 Vgl. Patze, Thüringen 1989 (wie Anm. 39) S. 88–96, hier S. 90.

101 Schwarz, Itinerar (wie Anm. 98) S. 95.

102 Vgl. Wolter- von dem Knesebeck, Elisabethpsalter 2001 (wie Anm. 66) S. 53.

103 Vgl. Patze, Eisenach 1989 (wie Anm. 100) S. 89.

104 Vgl. Warnatsch-Gleich, Herrschaft 2005 (wie Anm. 6) S. 47.

105 Vgl. Warnatsch-Gleich, Herrschaft 2005 (wie Anm. 6) S. 48.

es nicht weit zur Burg, und Höfe zur direkten Versorgung auf der Wartburg waren «wegen des bergigen und steinigen Umfeldes nicht möglich»[106].

Zu den in diesem Kapitel eingangs aufgeworfenen Fragestellungen gehörte auch die Problematik, warum Hermann I. ausgerechnet ein Frauenkloster gründete. Seine Motivation lag meines Erachtens einerseits im politisch-familiären Bereich und andererseits in der allgemein Nonnen zugesprochenen besonderen Gebetsleistung. Wie die Ereignisse nach der Gründung gezeigt haben, diente das Zisterzienserinnenkloster als Heimstätte für Frauen aus der Landgrafenfamilie und dem höheren und niederen Adel. Diese übernahmen zudem hohe Konventsämter und ermöglichten damit die Ausrichtung des Klosterbetriebes nach den Interessen ihrer Familien, worauf Warnatsch-Gleich hinweist.[107]

Als erste Äbtissin des Klosters St. Katharinen vor Eisenach finden wir mit Imagina, der Witwe des Herzogs von Brabant, sogleich eine nahe Verwandte Hermanns I.[108] Ihr wird in einer in der Chronica Thuringorum aufgezeichneten Gründungssage ein maßgeblicher Anteil an der Gründung des Klosters zugesprochen. Da sie ein religiöses Leben führen wollte, soll Imagina den Landgrafen bedrängt haben, ein Kloster zu errichten.

Nicht weniger scheint auch die zweite Gattin Hermanns I., Landgräfin Sophie, auf ihren Mann zugunsten der Stiftung eines Frauenklosters eingewirkt zu haben. Auch die Landgräfin wird daran interessiert gewesen sein, ihre Grablege in einem Kloster zu finden, wo ihr als Stifterin besonderes Totengedächtnis zuteil werden konnte. Des Weiteren wird wohl auch eine nicht unerhebliche Rolle gespielt haben, dass Sophie Vorsorge für den Fall des Ablebens ihres Mannes vor ihrem eigenen Tod treffen wollte und in einer eigenen Gründung einen idealen Witwensitz sah. Obwohl nach dem Tod Hermanns I. auch der Benediktinerinnenkonvent an der Nikolaikirche[109] oder gar Reinhardsbrunn als Rückzugsorte für die verwitwete Landgräfin in Frage gekommen wären, wählte Sophie wie selbstverständlich 1221 St. Katharinen[110], was wiederum darauf deutet, dass die Gründung dieses Zisterzienserinnenklosters auch in ihrem Interesse gelegen hatte.[111] Eine herausragende Rolle nahm im Zusammenhang mit der Memoria eines Verstorbenen dessen Witwe

---

106 Schwarz, Gründung (wie Anm. 3) S. 30.

107 Vgl. Warnatsch-Gleich, Herrschaft 2005 (wie Anm. 6) S. 52f.

108 Vgl. die Abschrift (1477) im Landeshauptarchiv Sachsen-Anhalt, Abteilung Magdeburg, Rep. H Stolberg-Stolberg, A IV Nr. 37; Sächsisches Hauptstaatsarchiv Dresden, 1004 Kopiale, Nr. 3, Bl. 225r-227r und Otto Dobenecker (Hrsg.): Regesta Diplomatica Necnon Epistolaria Historiae Thuringiae. 2. Bd. 1152–1227. Jena 1900, Nr. 1647.

109 Vgl. Wolter- von dem Knesebeck, Elisabethpsalter 2001 (wie Anm. 66) S. 53.

110 Vgl. Dobenecker, Regesta 2, 1900 (wie Anm. 108) Nr. 1940 und Posse, CDSR 1A3, 1898 (wie Anm. 66) Nr. 288.

111 Vgl. Wolter- von dem Knesebeck, Elisabethpsalter 2001 (wie Anm. 66) S. 59.

ein, bei der «an erster Stelle»[112] für gewöhnlich die Zuständigkeit für sein Totengedenken lag. Vermutlich wollte sich Hermann I. in dieser Hinsicht absichern: in St. Katharinen konnte er seine Grablege finden, seine Frau ihren Witwensitz nehmen und an seinem Grab für sein Seelenheil beten. In einem anderen Kloster wäre ihm nicht das besondere Angedenken zuteil geworden, da er nicht als Stifter bestattet worden wäre und seine Frau wohl kaum so intensiv wie im Katharinenkloster der Memoria an seinem Grab hätte nachgehen können.

Die Gründung von St. Katharinen vor Eisenach vor 1208

Das Katharinenkloster vor Eisenach wird zum ersten Mal in einer im Lateran ausgestellten Urkunde des Papstes Innozenz III. fassbar, die aber leider nur in einer Abschrift des 16. Jahrhunderts auf uns gekommen ist. Aus der Datum- und actum-Formel «Datum Laterani VI nonas Martii, pontificatus nostri anno XI.»[113] (Gegeben im Lateran an den 6. Nonen des März, im elften Jahr unseres Papsttums) geht zunächst zweifelsfrei hervor, dass die Urkunde an einem zweiten März[114] ausgestellt wurde. Da das Diplom als Jahresbezeichnung das elfte Pontifikatsjahr Innozenz' III. angibt, und dieser seit seiner Wahl am achten Januar 1198 Oberhaupt der katholischen Kirche war, kann die Urkunde folgerichtig nur im Jahr 1208 ausgestellt worden sein. In ihr übeträgt «Innocentius episcopus, servus servorum dei» (Bischof Inozenz, Knecht der Knechte Gottes) dem «abbati Portensi» (Pfortenser Abt) die Aufsicht über die «abbatissa et moniales sanctae Katherine» (Äbtissinnen und Nonnen der heiligen Katharina). Diese hatten den Papst zuvor anscheinend in einem Schreiben gebeten, dass ihnen der vorgenannte Abt für ihre geistliche Aufsicht zugeteilt werde[115]. Als Aufgaben des Pfortenser Abtes werden die ein Mal im Jahr («semel in anno») zu erfolgende Visitation des Katharinenklosters, die Anwesenheit bei der Profess der Nonnen[116] und die Teilnahme an der Einkleidung[117] genannt.[118]

Mehr Informationen sind den wenigen Zeilen leider nicht zu entnehmen.

112 Vgl. Gerd Althoff: Adels- und Königsfamilien im Spiegel ihrer Memorialüberlieferung. Studien zum Totengedenken der Billunger und Ottonen (Münstersche Mittelalter-Schriften. 47). München 1984, S. 23ff.

113 Abschrift (16. Jh.) im SächsHStA Dresden, 10024 Geheimer Rat (Geheimes Archiv), Loc. 8962/11, Kopien, zum Kloster Pforta gehörend, Bl. 1r; daraus die folgenden Zitate.

114 Nach dem hier gültigen römischen Kalender fallen die Nonen im März auf den 7. d. M., unter dessen Mitzählung sechs Tage zurückzugehen ist und die 6. Nonen des März somit den zweiten März ergeben.

115 Wie Anm. 113: «supplicarunt, ut earum curam in spiritualibus tibi personaliter committere» – Sie bitten, dir ihre Sorge über die geistlichen Dinge persönlich zu überlassen.

116 Wie Anm. 113: «impendas professionique monialium ipsius monasterii» – Du wendest dich dem Gelübde der Nonnen dieses Klosters zu.

Bei einer Betrachtung dieser ersten urkundlichen Erwähnung von St. Katharinen fällt neben den obigen Inhalten auf, dass keine Aussagen über die Gründung oder den Stifter getroffen werden – Landgraf Hermann I. wird mit keinem Wort erwähnt. Seine Stiftertätigkeit geht erst aus späteren Zeugnissen hervor, wie beispielsweise dem Generalkapitelbeschluss von 1214[119] und der 1217 erfolgten Übertragung von drei Hufen durch den Landgrafen an das Kloster[120]. Stark anzunehmen ist allerdings, dass der Landgraf von der Bitte seines Konventes an den Papst gewusst hat und mit diesem Vorgehen auch einverstanden war[121]. Bereits zu diesem Zeitpunkt spricht Papst Innozenz III. von einer Äbtissin und einem Konvent, dessen Stärke zwar unbekannt bleibt, aber trotzdem darauf hindeutet, dass schon vor Beginn des Jahres 1208 das Kloster bestanden haben muss.

Weiterhin ist interessant, dass ausgerechnet der Abt von Pforta zum Visitator des Klosters bestimmt wurde. Das Zisterzienserkloster Pforta bei Naumburg befand sich bereits seit 1137 am heutigen Ort und wurde 1140 urkundlich begründet.[122] Das Saalekloster war zum einen aus geografischer Hinsicht nicht weit von Eisenach entfernt, der Abt konnte also mehr oder weniger bequem seinen Pflichten in St. Katharinen nachkommen, zum anderen pflegte Hermann I. gute Beziehungen nach Pforta[123]. Ganz anders geartet war das Verhältnis zu den Georgenthaler Zisterziensern, die daher für die Aufgabe der Visitation der landgräflichen Gründung nicht in Frage kamen.

Mit der Urkunde von 1208 war es den Nonnen von St. Katharinen ohne Zweifel gelungen, Papst Innozenz III. für ihre Belange zu gewinnen. Durch die Zuweisung des Konvents unter die geistliche Aufsicht des Pfortenser Abtes hatte Innozenz III. St. Katharinen in gewissem Sinne dem Zisterzienserorden unterstellt und dadurch in die feste Form eines regulierten Ordens eingefügt[124]. So konstatiert auch Felten: Die «neue Gründung wurde vom Papst den Zister-

117 Wie Anm. 113: «monachas benedicas monachalem habitum eis largiendo» – Du weihst die Nonnen, dass ihnen das Nonnengewand gegeben wird.

118 Vgl. Holger Kunde: Das Zisterzienserkloster Pforte. Die Urkundenfälschungen und die frühe Geschichte bis 1236 (Quellen und Forschungen zur Geschichte Sachsen-Anhalts. 4). Köln/Weimar/Wien 2003, S. 215f.

119 Vgl. Canivez, Statuta (wie Anm. 19) Bd. 1, 1933, 1214 52, S. 427.

120 Vgl. Urkunde im ThHStAW, Historische Schriften und Drucke, F 520, Bl. 1 und Findbuch EGA Reg. Oo, S. 364.

121 Vgl. Kunde, Pforte 2003 (wie Anm. 118) S. 216.

122 Vgl. Karlheinz Blaschke: Art. Pforta. In: Lexikon des Mittelalters 2000 (wie Anm. 13) Bd. 6, Sp. 2049 und Gerlinde Schlenker: Schulpforte (Pforta). In: Gerhard Schlegel (Hrsg.): Repertorium der Zisterzen in den Ländern Brandenburg, Mecklenburg-Vorpommern, Sachsen, Sachsen-Anhalt und Thüringen. Langwaden 1988, S. 449ff.

123 Vgl. Kunde, Pforte 2003 (wie Anm. 118) S. 215 und Tebruck, Geschichtsschreibung 2001 (wie Anm. 63) S. 156.

ziensern unterstellt, bevor sich der Orden mit ihr befaßt hatte ...»[125]. Mittels seiner geistlichen Autorität hatte sich der Papst, wie so oft, also einfach über das Generalkapitel des Zisterzienserordens als eigentliche, über Inkorporationen entscheidende Instanz hinweggesetzt.[126] Somit gehört St. Katharinen vor Eisenach zwangsläufig nicht nur zu den frühesten Gründungen von Zisterzienserinnenklöstern im deutschen Gebiet[127] des 13. Jahrhunderts, sondern vermutlich auch zu den ersten Frauenklöstern, deren Inkorporation in den Zisterzienserorden auf die Initiative des Papstes zurückzuführen ist.

Landgraf Hermann I. war sicher von Anbeginn an der formellen und juristischen Angliederung seiner Stiftung an den Zisterzienserorden interessiert gewesen, auch wenn dies erst im Jahr 1214 deutlich wird. Auf dem Generalkapitel des Jahres 1214 wurde die Bitte des Landgrafen um Nonnen für das Katharinenkloster vorgetragen und von der Äbteversammlung an den Abt Heidenreich von Morimond überwiesen[128]. Bis auf diesen einen Satz erfahren wir nichts weiter über die Vorgänge in Bezug auf St. Katharinen auf dem Generalkapitel von 1214. Auch bleibt dies die einzige Erwähnung des Zisterzienserinnenklosters in den Generalkapitelbeschlüssen überhaupt. Vermutlich war die Klosteranlage von St. Katharinen zu diesem Zeitpunkt fertiggestellt[129], wofür auch die nach Rothe im Jahr 1215 erfolgte Klosterweihe sprechen könnte[130], sodass der Konvent vergrößert werden konnte. Dass gerade der Abt Heidenreich von Morimond mit der Angelegenheit, Nonnen für die Stiftung des Landgrafen zuzuweisen, betraut wurde, lag vermutlich nicht in seiner Person begründet, sondern vielmehr in der Institution, der er vorstand.

Das 1114 in der Diözese Langres gegründete Zisterzienserkloster Morimond gehörte zu den Tochterklöstern von Citeaux und war Ausgangspunkt für zahlreiche Klostergründungen im deutschen und osteuropäischen Raum.[131] Dabei werden auch in Thüringen Verbindungen zu dem burgundischen Kloster sichtbar. Der Abt von Georgenthal, Eberhard, war aus Morimond gekommen.[132] Vielleicht war die Abtei aufgrund ihrer Erfahrungen im deutschen Raum und

124 Vgl. Grundmann, Bewegungen 1961 (wie Anm. 27) S. 200.

125 Felten, Zisterzienserinnen 2000 (wie Anm. 6) S. 364.

126 Vgl. Grundmann, Bewegungen 1961 (wie Anm. 27) S. 206.

127 Vgl. Warnatsch-Gleich, Herrschaft 2005 (wie Anm. 6) S. 40.

128 Canivez, Statuta (wie Anm. 19) Bd. 1, 1933, 1214 52, S. 427: «Petitio de Landegravi de recipiendis monialibus committitur abbati Morimundi.» – Die Bitte des Landgrafen, Nonnen zu bekommen, wird dem Abt von Morimond übermittelt.

129 Vgl. Schwarz, Gründung (wie Anm. 3) S. 28.

130 Vgl. Rothe/Weigelt, Eisenacher Chronik 2007 (wie Anm. 11) S. 108, 14–18.

131 Vgl. Immo Eberl: Art. Morimond. In: Lexikon des Mittelalters 2000 (wie Anm. 13) Bd. 6, Sp. 842.

132 Vgl. Tebruck, Geschichtsschreibung 2001 (wie Anm. 63) S. 156.

gerade auch in Thüringen durch das Generalkapitel ausgewählt worden. Ob tatsächlich Nonnen aus Frankreich in Eisenach eintrafen, um den Konvent von St. Katharinen zu verstärken, ist durch die Quellen nicht zu belegen.

Mit dem Generalkapitelbeschluss von 1214 wird in der gängigen Forschungsliteratur auch immer die Frage verbunden, ob das Katharinenkloster vor Eisenach in den Orden der Zisterzienser inkorporiert worden sei oder nicht. Obwohl der kurze Beschluss keine Aussagen in Bezug auf eine Inkorporation macht und kein Inkorporationsbeschluss vorliegt, wird diese in der neueren Forschung angenommen. So konstatiert Felten, dass sich für Eisenach «die Inkorporation bereits im frühen 13. Jahrhundert urkundlich nachweisen»[133] lässt. Ahlers sieht in Trebnitz und Eisenach sogar die ersten Frauenkonvente, «die nachweislich durch eine formelle Inkorporation dem Orden angeschlossen wurden»[134]. Da einem fehlenden Inkorporationsbeschluss kaum Gewicht in Bezug auf die Zugehörigkeit zum Orden zugesprochen werden kann, scheint es natürlich mehr als möglich, dass das Katharinenkloster vor Eisenach in den Orden aufgenommen[135] wurde.

Mit der Gründung des neuen Zisterzienserinnenklosters war auch die Wahl des Patroziniums verbunden, die sich üblicherweise «nach den vorhandenen Reliquien, die zumeist am oder im Hauptaltar waren»[136] richtete. Welches Patrozinium für St. Katharinen vor Eisenach gewählt wurde, erschließt sich selbstredend. Schon in der ersten auf uns gekommenen Urkunde von 1208 wird mit «sanctae Katherine»[137] die Patronin des neu entstandenen Klosters genannt. Die Schutzheilige unseres betrachteten Klosters ist die «als historische Persönlichkeit nicht belegbar[e]» heilige Katharina von Alexandrien, die nach der hagiographischen Überlieferung eine Tochter «aus königlichem oder kaiserlichem Hause»[138] war, die unter Kaiser Maxentius das Martyrium erlitt. Innerhalb ihrer Zugehörigkeit zu den 14 Nothelfern, Heiligen, die in besonderen Notsituationen angerufen wurden, erlangte die heilige Katharina im Hochmittelalter höchste Popularität.

Johannes Rothe liefert in seiner Eisenacher Chronik auf die Wahl des Patroziniums einen Hinweis, der allerdings in keiner anderen Quelle auftaucht. Demnach besaß der Landgraf «einen kleinen Knochen [der hl. Katharina] von

133 Felten, Zisterzienserinnen 2000 (wie Anm. 6) S. 354.

134 Ahlers, Zisterziensertum 2002 (wie Anm. 46) S. 57.

135 Vgl. Tebruck, Geschichtsschreibung 2001 (wie Anm. 63) S. 156.

136 Arnold Angenendt: Heilige und Reliquien. Die Geschichte ihres Kultus vom Frühen Christentum bis zur Gegenwart. München 1994, S. 204.

137 Abschrift (16. Jh.) im SächsHStA Dresden, Loc. 8962/11 (wie Anm. 113) Bl. 1r.

138 Seeliger, Hans Reinhard: Art. Katharina v. Alexandrien. In: Lexikon für Theologie und Kirche 5 (1996), Sp. 1330.

der Größe eines Gerstenkorns, der noch da ist und Öl ausschwitzt»[139]. Da, wie oben beschrieben, meist Reliquien eines Heiligen den Ausgangspunkt für die Wahl eines Patrons bildeten, könnte das genannte Knöchelchen der heiligen Katharina den Ausschlag für die Wahl der Heiligen zur Patronin des Zisterzienserinnenklosters gegeben haben.

Abseits der Nachrichten Rothes können noch vier weitere mögliche Aspekte für die Wahl des Katharinen-Patroziniums rekonstruiert werden. Zu beachten wäre meines Erachtens auch die Tatsache, dass die Verehrung der heiligen Katharina gerade im Verlauf des 12. Jahrhunderts im Abendland aufgekommen und damit zur Zeit unserer Klostergründung noch brandaktuell war. Im Zusammenhang mit seiner Kreuzfahrt ins Heilige Land könnte Hermann I. auch von der Heiligen erfahren haben. Und trifft die Angabe Kremers[140] von einer geplanten Wallfahrt an das Katharinengrab auf dem Sinai zu, die Hermann I. nicht antreten konnte, so wäre die Wahl der Märtyrerin als Patronin seiner Stiftung ein zweites Indiz. Ein starkes Argument für die Entschließung zum Katharinen-Patrozinium liefert Wolter- von dem Knesebeck, wenn er darauf hinweist, dass Katharina «in den Litaneien beider Landgrafenpsalter zu finden» ist und deshalb als Patronin ausgewählt wurde, weil sie «aus dem Bereich der weiblichen Heiligen königlicher Herkunft»[141] stammte. Zudem bot sich Katharina als weibliche Heilige für ein Nonnenkloster geradezu an.

Neben dem Patrozinium der heiligen Katharina war die Stiftung auch dem Schutz der heiligen Maria[142] unterstellt, was ein Charakteristikum zisterziensischer Klöster[143] darstellt. Zu vermuten ist, dass der Hauptaltar Maria und ein weiterer Altar der heiligen Katharina gewidmet waren. Johannes Rothe schreibt in seiner Eisenacher Chronik, dass der «heiligen Jungfrau Maria der Altar in dem Chor geweiht war» und der «heiligen Katharina der Altar mitten in der Kirche geweiht war»[144]. Da die Klosteranlage zu Rothes Zeiten noch voll intakt war, ist anzunehmen, dass er die Gegebenheiten in der Kirche persönlich kannte und daher von der Richtigkeit seiner Angaben ausgegangen werden kann.

139 Rothe/Weigelt, Eisenacher Chronik 2007 (wie Anm. 11) S. 108, 22f.: «eyn kleynes beyn [der heiligen Katharina] yn der maße also eyn gersten korn, das noch da ist, das olei switze».

140 Vgl. Kremer, Beiträge 1905 (wie Anm. 4) S. 18.

141 Wolter- von dem Knesebeck, Elisabethpsalter 2001 (wie Anm. 66) S. 43.

142 Vgl. Mohn, Klosteranlagen 2006 (wie Anm. 6) S. 274.

143 Vgl. Helmut Flachenecker: Patrozinienforschung in Deutschland. In: Concilium medii aevi. 2(1999), S. 145–163, hier S. 149 und Gabriele Hock: Die westfälischen Zisterzienserinnenklöster im 13. Jahrhundert. Gründungsumstände und frühe Entwicklung. Münster 2004, S. 615.

144 Rothe/Weigelt, Eisenacher Chronik 2007 (wie Anm. 11) S. 109, 13f.: «heyligen jungfrouwin Marian ... der altir yn deme kore gewihit wart» und «sente Katherinen ... der altir mitten yn der kerchin gewihit war».

Zu den Altären und damit auch zu den Klosterpatronen aus der Zeit der Klosterstiftung kamen im Verlauf des 14. Jahrhunderts noch zwei weitere Verehrungsstätten innerhalb der Kirche hinzu. In den Jahren 1329[145] und 1357 ist ein «altar send Johanis ewangelisten»[146] bezeugt, der von den Wettinern gestiftet worden war und zudem als Begräbnisort Friedrichs des Freidigen (1257–1323) diente. Eine Urkunde vom 11. März des Jahres 1384 nennt einen Altar St. Gangolfs[147], der sich unterhalb der Orgel befunden haben soll.[148] Wann dieser Altar entstand und wer diese Stiftung vornahm, geht aus dem Diplom leider nicht hervor. Jedoch ist eine Verbindung zu den Herren von Wangenheim möglich, die hier reichliche Schenkungen in Bezug auf den Altar vornahmen.[149] Weitere Patrozinien des Katharinenklosters geben die Quellen nicht an.

St. Katharinen als Hauskloster und Grablege

Hermann I. und seine erheblich jüngere Gattin Sophia hatten sich mit der Gründung von St. Katharinen vor Eisenach zweifelsohne von Reinhardsbrunn abgewandt und sich selbst einen neuen religiösen Mittelpunkt[150] geschaffen. Schon die Gründungsausstattung, die zwar nicht im Einzelnen mit Quellennachweisen belegt werden kann, wie auch das offensichtliche Bemühen des Landgrafen um die Inkorporation seiner Gründung zeigen, dass der Landgraf das Kloster gut versorgt sehen wollte und als neues Hauskloster betrachtete. Aus keinem anderen Grund hätte Hermann I. solch zielgerichtete Aufmerksamkeit auf ein einziges Kloster gerichtet. Nach dessen Tod pflegten seine Nachfolger in der Landgrafenwürde weiter intensive Beziehungen zu St. Katharinen, welches die Landgrafenwitwe Sophia sogar zu ihrem Witwensitz[151] gewählt hatte. Ludwig IV., obwohl in durchaus positiven Kontakt zu den Mönchen von Reinhardsbrunn, bedachte das Katharinenkloster im Sinne seines dort bestatteten Vaters weiterhin mit Schenkungen und seinem landgräflichen Schutz.[152] Auch Heinrich Raspe urkundete für das Zisterzienserinnenkloster[153]. In seine Regierungszeit fallen auch zwei weitere Besitzübertragungen an das Kloster, die Dobenecker Raspe zuordnet.[154]

145 Vgl. zu 1329 die Abschrift im ThHStAW, EGA, Findbuch Reg. Oo, S. 370.

146 Original der Urkunde im ThHStAW, Urkunde 1357 März 17.

147 Vgl. Ulrich Nonn: Art. Gangolf. In: Lexikon für Theologie und Kirche 5 (1996), Sp. 288.

148 Vgl. Original Urkunde im ThStA Gotha, Geheimes Archiv QQ Ib Nr. 3.

149 Wie Anm. 148.

150 Walter Heinemeyer: Marburg und Eisenach in ihren Anfängen: Ein städtegeschichtlicher Vergleich In: Alfred Pletsch (Hrsg.): Marburg. Entwicklung-Struktur-Funktion-Vergleiche (Marburger Geographische Schriften. 115). Marburg 1990, S. 240.

151 Vgl. Dobenecker, Regesta 2, 1900 (wie Anm. 108) Nr. 1940 und 1951.

152 Vgl. Abschrift im ThHStAW, Historische Schriften und Drucke, F 520, Bl. 1 und Original im ThHStAW, Urkunde 1218.

Auch unter den wettinischen Landgrafen lassen sich Beziehungen zu dem Zisterzienserinnenkloster vor Eisenach nachvollziehen. Mit dem Tod Heinrich Raspes im Jahr 1247 waren die Ludowinger in der Mannesfolge ausgestorben. Der Wechsel des herrschenden Geschlechts brachte für St. Katharinen wie zu vermuten einen gravierenden Einschnitt, der sich stark auf die Rolle des bisherigen Hausklosters auswirkte. Eine besonders intensive Beziehung scheint Albrecht der Entartete (1240–1315), der seit 1256 Landgraf von Thüringen und Pfalzgraf von Sachsen war[155], zum Katharinenkloster vor Eisenach gepflegt zu haben. Im Jahr 1269 übertrug der Landgraf St. Katharinen den «Frohnishof»[156], der südöstlich von Stregda[157] gelegen war. Acht Jahre später schenkte Albrecht den Zisterzienserinnen gleich zwei Mühlen vor Eisenach[158], wobei es sich hier bereits um die später in den Quellen erwähnte Mittelmühle[159] und eine Mahl- und Ölmühle[160] am «Vischerstat»[161] handeln könnte. 1286 urkundete der Landgraf wiederum zu Gunsten des Klosters. Für das Seeelenheil seiner in St. Katharinen bestatteten Gattin Kunigunde (um 1245 – vor 1286) stiftete «Albertus dei gratia Thuringorum Lantgravius» (Albert, durch die Gnade Gottes Landgraf der Thüringer) mit Zustimmung seiner Erben der «Kirche und dem Kloster der Nonnen der heiligen Katharina nahe den Stadtmauern Eisenachs» («ecclesie sive cenobio sanctimonialium sancte katerine prope civitatem muram Isenache») die «villam [Ortschaft] Langenhain»[162]. Mit der Übereignung des Ortes Langenhain[163] endet schließlich, zumindest anhand der Quellen, der für das Katharinenkloster äußerst positive Kontakt mit Albrecht dem Entarteten. Der Abbruch der Beziehungen kann den politischen Verhältnissen der Zeit geschuldet sein, in denen der Wettiner 1294 die Landgrafschaft an den König Adolf von Nassau (ca.1259–1298) verkaufte und sich später als pensionierter Landesherr in die Stadt Erfurt zurückzog[164].

153 Abschrift im ThStA Rudolstadt, 5–11–2030 Kopialbücher Nr. 111, Bl. 19.

154 Abschrift im ThHStAW, Historische Schriften und Drucke, F 520, Bl.1.

155 Siehe dazu ausführlich PATZE/SCHLESINGER, Geschichte Thüringens 2.1, 1974 (wie Anm. 59) S. 49.

156 Vgl. OTTO DOBENECKER (Hrsg.): Regesta Diplomatica Necnon Epistolaria Historiae Thuringiae. 4. Bd. 1267–1288, Jena 1939, Nr. 421.

157 Vgl. ADOLF WERNEBURG: Die Namen der Ortschaften und Wüstungen Thüringens (Mitteldeutsche Forschungen. Sonderreihe. Bd. 2). ND Köln/Wien 1983, S. 92 und Karte 2.

158 Vgl. DOBENECKER, Regesta 4, 1939 (wie Anm. 156) Nr. 1471.

159 Vgl. Original im ThHStAW, Urkunde 1338 Februar 6 und Februar 10.

160 Vgl. Original im ThHStAW, Urkunde 1522 März 9 ½.

161 Die sogenannte «Vischerstat» hat sich bis heute in dem Straßennamen Fischerstadt erhalten. Dieser Flecken befand sich am Flusslauf der Hörsel, vor dem Georgentor und damit in unmittelbarer Nähe zum Annenspital mit Kirche und dem Katharinenkloster.

162 Original im ThStA Gotha, Geheimes Archiv, QQ Ib 1b und 1a.

163 Langenhain liegt nordwestlich von Waltershausen. Vgl. WERNEBURG, Namen 1983 (wie Anm. 157) S. 130 und Karte 2.

164 Siehe dazu ausführlich PATZE/SCHLESINGER, Geschichte Thüringens 2.1, 1974 (wie Anm. 59) S. 73.

Warum unterstützte der wettinische Landgraf den religiösen Mittelpunkt seiner Vorgänger? Albrecht, der sich so häufig wie kein weiterer Landgraf von Thüringen auf der Wartburg aufhielt[165], hatte mit der Förderung und Nutzung des einstigen ludowingischen Hausklosters St. Katharinen vermutlich persönliche, genauer politische Ziele verbunden. Indem er die Kontinuität wahrte und sich in die Tradition der Ludowinger stellte, konnte der Wettiner seine Herrschaft über die Landgrafschaft legitimieren, seine Macht festigen und sich als rechtmäßig-christlicher Herrscher zeigen.

Um 1330 erlebte der Standort Eisenach/Wartburg nochmals einen Höhepunkt. Offenbar nicht zufällig stiftete Markgraf Friedrich II. der Ernsthafte (1310–1349) gerade im Jahr 1329 zu Memorialzwecken einen Johannes dem Evangelisten gewidmeten Altar.[166] In der Folge gerieten die Wartburg, Eisenach und damit zwangsweise auch das Katharinenkloster vor der Stadt immer mehr ins Hintertreffen, da sich die Herrschaftsmittelpunkte der Wettiner von Eisenach in Richtung Osten verlagerten. Die Wartburg und damit auch St. Katharinen wurden zunächst weniger und dann immer seltener aufgesucht[167]. Das Zisterzienserinnenkloster war nur noch eines unter vielen Frauenklöstern des wettinischen Herrschaftsbereichs, geriet jedoch nie völlig in Vergessenheit. 1357 urkundete Markgraf Friedrich III. der Strenge (1332–1381) in Gotha für das Kloster vor Eisenach. Der Landgraf bestätigte «den Altar des heiligen Johannes des Evangelisten in dem Kloster des Gotteshauses der heiligen Katharina bei Eisenach»[168] zum Seelenheil seines Großvaters und Vaters. Vierzig Jahre später übereignete Landgraf Balthasar von Thüringen (1336–1406) denselben Altar[169] dem Kloster. Wie in dem Diplom Friedrichs des Strengen sollte der Altar und die mit diesem verbundenen Einkünfte von zehn Mark, die von der Stadt Eisenach aufgebracht wurden, nach dem Tod des jetzigen Besitzers, eines «Dietrich Chemnitz» («dytherich Kempnicz»), an die Klosterjungfrauen übergehen.

Noch deutlicher tritt die Funktion des Katharinenklosters als Hauskloster bei einer Betrachtung der dort erfolgten Bestattungen hervor. Das Kloster wurde bereits wenige Jahre nach seiner Gründung und der Fertigstellung der Gebäude für Bestattungen durch die Stifterfamilie genutzt. Insgesamt fanden hier vier Mitglieder der ludowingischen Landgrafenfamilie, darunter die Stifter selbst, und drei Angehörige der Wettiner ihre letzte Ruhe. Da einige Quellen

165 Vgl. SCHWARZ, Itinerar (wie Anm. 98) S. 93.

166 Vgl. Abschrift im ThHStAW, EGA, Findbuch Reg. Oo, S. 370.

167 Vgl. SCHWARZ, Itinerar (wie Anm. 98) S. 93.

168 Original im ThHStAW, Urkunde 1357 März 17: «den altar send Johanis ewangelisten in deme closter des gotshuses send katherine by ysenach».

169 Original im ThHStAW, Urkunde 1397 Dezember 21: «dey altar sende Johanns ewangelisten gelegn in de ... gotshuß den marcgraffe frederich unser vater de got gnedick sy gewedemit hat».

den genauen Ort der Beisetzung preisgeben, ist anzunehmen, dass alle sieben Personen ihre Grablege in der Kirche des Klosters fanden.

Als erster Ludowinger wurde Hermann, der gleichnamige Sohn Hermanns I., im Jahr 1216 in St. Katharinen bestattet. Auf den frühen Tod des «Jünglings von fünfzehn Jahren»[170], der «zur heiligen Katharina vor Eisenach begraben wurde»[171], weist Rothe gleich zweifach innerhalb seiner Eisenacher Chronik hin. Nur ein Jahr nach seinem Sohn[172] wurde der Landgraf, der sich in geistiger Umnachtung befunden haben soll, in Gotha selbst vom Tode überrascht. Die anschließenden Auseinandersetzungen um den Leichnam Hermanns I. und den Ort der Grablege, die in den Quellen recht ausführlich dargestellt werden, markieren den Höhepunkt der wohl seit der Wende zum 13. Jahrhundert schwelenden Krise zwischen den Reinhardsbrunner Mönchen und dem Landgrafen. In einem entsprechenden Abschnitt der Reinhardsbrunner Chronik, der fälschlicherweise dem Jahr 1215 zugeordnet wurde[173], werden die Ereignisse vor und nach dem Tod des Landgrafen mit unverhohlener Kritik seitens des Reinhardsbrunner Geschichtsschreibers geschildert. Als das Ende Hermanns I. bereits nahte[174], wollte er noch einmal im deutschen Thronstreit die Seiten wechseln, woran ihn jedoch sein Tod hinderte[175]. Von dem Ableben des Ludowingers sicher alsbald informiert, erschien der Reinhardsbrunner Abt Eckehard mit einer Schar Brüder, um den Leichnam nach Reinhardsbrunn in die Grablege seiner Vorfahren zu überführen[176]. Die Landgräfin Sophia verhinderte dies jedoch[177] und erzwang gegen den Willen des Abtes die Beisetzung im

170 Rothe/Weigelt, Eisenacher Chronik 2007 (wie Anm. 11) S. 109, 23f.: «jungeling von funffczen jaren».

171 Rothe/Weigelt, Eisenacher Chronik 2007 (wie Anm. 11) S. 104, 29: «wart begrabin zcu sente Katherinen vor Isenache».

172 Vgl. Dobenecker, Regesta 2, 1900 (wie Anm. 108) Nr. 1672.

173 Aus der urkundlichen Überlieferung geht als Todesjahr 1217, aus den erzählenden Quellen hingegen 1215 hervor. Allgemein wird heute als Sterbejahr Landgraf Hermanns I. 1217 angenommen. Siehe auch Karlheinz Blaschke: Art. Hermann I. In: Lexikon des Mittelalters 2000 (wie Anm. 13) Bd. 4, Sp. 2162.

174 Holder-Egger, Cronica Reinhardsbrunnensis 1896 (wie Anm. 9) S. 587, 38: Hermann I., «qui cum ex cronicis passionibus mortem sibi proximam metiretur» – der, als unter ständigen Leiden ihm eine nahender Tod zugemessen wurde.

175 Holder-Egger, Cronica Reinhardsbrunnensis 1896 (wie Anm. 9) S. 587, 39f.: «morsque preveniens desiderium» – und der Tod kam dem Wunsch zuvor.

176 Holder-Egger, Cronica Reinhardsbrunnensis 1896 (wie Anm. 9) S. 588, 4–6: «corporis cum Reynersbornensis pater monasterii Eckehardus adiuncta sibi caterva fratrum pararet secum asportare et in solempni manseolo apud suos progenitores et ecclesie fundatores magnifice collocare» – Als der Abt des Reinhardsbrunner Klosters Eckehard mit einer ihm verbundenen Schar bereit war, den Leichnam mit sich fortzuführen und an offizieller Stelle bei seinen Vorfahren und den Gründern der [Kloster-]Kirche großartig unterzubringen.

177 Holder-Egger, Cronica Reinhardsbrunnensis 1896 (wie Anm. 9) S. 588, 7f.: «vetuit sui corpus

Katharinenkloster, «das der Landgraf gegründet und sich noch lebend dort als Grabstätte erwählt hatte»[178]. Der Reinhardsbrunner Abt kritisierte den Entschluss als «gegen das Recht» («contra ius»)[179] und Schmähung für das Kloster in Reinhardsbrunn zu Gunsten des Katharinenklosters, konnte die Landgräfin aber nicht davon abbringen, den Wunsch ihres verstorbenen Gatten zu erfüllen. Mit dem aus dem Decretum Gratiani entnommenen Rechtsspruch[180], dass der Ort der Bestattung den Verstorbenen nicht heiligt, schließt der Bericht.

Noch im Tod war es also Hermann I. gelungen, mit der Wahl der Grablege dem ludowingischen Hauskloster einen empfindlichen Schlag zu versetzen. Auch die Gattin Hermanns I., die Landgräfin Sophia, fand bei den Eisenacher Zisterzienserinnen ihre letzte Ruhe. Die Landgräfin, die um das Jahr 1221 in das Zisterzienserinnenkloster vor Eisenach eingetreten sein muss[181], verbrachte ihren Lebensabend unter den Nonnen von St. Katharinen. In einer zu Beginn des Jahres 1221 ausgestellten Urkunde teilte sie dem Heiligen Stuhl ihren Entschluss mit, durch veränderte Kleidung/Lebensführung («mutato habitu»)[182] bei den Zisterzienserinnen leben und ihre Güter weiterhin für die Entschädigung derjenigen benutzen zu wollen, die durch ihren Gemahl Unrecht erfahren hatten. Am zweiten März desselben Jahres bestätigte Papst Honorius III. das Vorhaben der Landgräfin, «mit gewechseltem Gewand mit den Nonnen des Zisterzienser-Ordens» («mutato habitu cum monialibus Cisterciensis ordinis») zu leben, und stellte die Witwe «unter des heiligen Petrus und unseren Schutz» («sub beati Petri et nostra protectione»)[183]. Entsprechend ihrem beim Tod des Landgrafen noch jungen Alter lebte Sophia siebzehn Jahre im Katharinenkloster, wo wohl die Pflege der Memoria des Landgrafen und ihres verstorbenen Sohnes Hermann im Vordergrund standen.

Über das Ableben der Landgrafenwitwe erfahren wir aus der Chronik des Erfurter Petersklosters: «In diesem Jahr [1238] an den 6. Iden des Juli[184] starb Sophia, die Mutter des Landgrafen Heinrich, in Eisenach und ist in der Kirche der heiligen Katharina begraben worden»[185]. Die Landgrafenwitwe starb also

mariti predilecti ad locum Reynersbornensem deferri» – Sie verbot, dass der Leichnam des vielgeliebten Gatten zum Reinhardsbrunner Ort überführt wird.

178 Holder-Egger, Cronica Reinhardsbrunnensis 1896 (wie Anm. 9) S. 588, 8f.: «quam princeps fundaverat et sibi vivus sepultram elegerat inibi».

179 Holder-Egger, Cronica Reinhardsbrunnensis 1896 (wie Anm. 9) S. 588, 11.

180 Tebruck, Geschichtsschreibung 2001 (wie Anm. 63) S. 348.

181 Vgl. Dobenecker, Regesta 2, 1900 (wie Anm. 108) Nr. 1940 und 1951.

182 Dobenecker, Regesta 2, 1900 (wie Anm. 108) Nr. 1940.

183 Posse, CDSR 1A3, 1898 (wie Anm. 66) Nr. 288.

184 Nach dem hier gültigen römischen Kalender fällt der Tag der Iden des Juli auf den 15. d. M., unter dessen Mitzählung sechs Tage zurückzugehen ist und die 6. Iden des Juli somit den 10. Juli ergeben.

am 10. Juli des Jahres 1238, welches einige Zeilen weiter oben genannt wird. Da der zeitnahe Bericht der Peterschronik auch detailliert mit der Kirche des Katharinenklosters auf die Grablege hinweist, war die Landgräfin zweifelsohne die dritte Person aus der ludowingischen Landgrafenfamilie, die ihre Ruhestätte in St. Katharinen fand.

Besondere Annehmlichkeiten brachte den Zisterzienserinnen wohl die Bestattung des Landgrafen und deutschen Gegenkönigs Heinrich Raspe. Nach der Erfurter Peterschronik hatte sich Raspe nach Thüringen zurückbegeben, starb dort eines frühen Todes und wurde «nahe Eisenach» («iuxta Ysenachum»)[186] beigesetzt. Genauere Angaben zur Grablege und zum Todesdatum liefert die Reinhardsbrunner Chronik, in der zuvor ebenso die Vorgänge vor dem plötzlichen Tod des Landgrafen beschrieben werden. Hier heißt es, zwar fälschlicherweise zum Jahr 1248 – das durch andere Quellen, wie die folgend zitierten päpstlichen Diplome, klar als Sterbejahr ausgeschlossen werden kann –, dass der Landgraf «am Tage der heiligen Juliana [16. Februar] auf der Wartburg»[187], verstorben sei. Mit großer Mühe sei der Leichnam von der Wartburg schließlich nach St. Katharinen gebracht worden[188].

Sollten an dieser Stelle noch Zweifel bestehen, ob Heinrich Raspe im Katharinenkloster bestattet wurde, werden diese durch zwei päpstliche Urkunden ausgeräumt. Papst Innozenz IV. (um 1195–1254, Papst seit 1243) stellte noch im selben Jahr einen Indulgenzbrief für die Grablege des dahingeschiedenen Gegenkönigs aus und erteilte damit «besonders große Ablässe jedem, der für die Seele Heinrichs Gebete zu Gott spricht»[189]. In einem weiteren bei Nicolaus von Siegen erhaltenen Diplom sprach der Papst das Verbot aus, den Leichnam des Königs Heinrich jemals aus seiner Grablege in St. Katharinen zu entfernen. Gleichzeitig nahm er das Zisterzienserinnenkloster in seinen Schutz. Mit Heinrich Raspe endet 1247 die Reihe der ludowingischen Bestattungen im Katharinenkloster vor Eisenach.

Nachdem die Ludowinger im Mannesstamm ausgestorben und die Landgrafschaft an die Wettiner gekommen war, endete die Funktion des Katharinenklosters als Grablege nicht abrupt, wie in diesem Fall eigentlich zu erwarten gewesen wäre. Als erstes Mitglied der wettinischen Familie wurde hier

185 Holder-Egger, Cronica S. Petri (wie Anm. 10) S. 393, 31f.: «Hoc anno VI. Idus Iulii obiit Sophia mater Heinrici lantgravii in Ysenach ac in ecclesia beate Katherine sepulta est.»

186 Holder-Egger, Cronica S. Petri (wie Anm. 10) S. 396, 37.

187 Holder-Egger, Cronica Reinhardsbrunnensis 1896 (wie Anm. 9) S. 619, 6f.: «in die sancte Iuliane in Wartperg».

188 Holder-Egger, Cronica Reinhardsbrunnensis 1896 (wie Anm. 9) S. 619, 8: «cum maximo labore a Wartperg vix ad Sanctam Katherinam deductus est».

189 Original Nicolaus de Siegen im ThHStAW, Historische Schriften und Drucke, F 166: «specialiter magnas indulgencias – unicuique, qui pro anima Henrici preces ad deum funderet».

Kunigunde von Eisenberg (um 1245–vor 1286), die zweite Gattin des Landgrafen Albrecht, bestattet. Über dieses Ereignis informiert nur indirekt eine in Erfurt ausgestellte Urkunde vom 31. Oktober 1286. Darin beurkundete «Albertus dei gratia Thuringorum Lantgravius et Saxonie comes palatinus» (Albrecht, durch die Gnade Gottes Landgraf der Thüringer und Pfalzgraf Sachsens) mit der Zustimmung seiner Söhne Friedrich und Dietrich die Übereignung des Dorfes Langenhain mit allem Recht und Zubehör an die «Ecclesie sive cenobio sanctimonialium beate Katerine» (Kirche und das Kloster der heiligen Jungfrauen [Nonnen] der heiligen Katharina). Die Schenkung erfolgte für das Seelenheil seiner verstorbenen Gattin Kunigunde («pro remedio anime Cunegundis uxoris»), die bereits im Kloster beerdigt worden war («ibidem tumulate»)[190]. Demnach muss Kunigunde schon einige Zeit vor der Ausstellung der Urkunde verstorben und im Katharinenkloster begraben worden sein.

Auch Rothe gibt den Tod und den Begräbnisort der Eisenbergerin an. Zwar nennt er auch St. Katharinen als Grablege, liegt aber fälschlicherweise mit der Angabe «1.300 Jahre nach Christi Geburt» («noch Christi gebort tusint CCC jar»)[191] zeitlich etliche Jahre später. 1300 sei neben Kunigunde von Eisenberg auch «ihr Sohn Apitz» («or son Apecz»)[192] verstorben und in St. Katharinen beigesetzt worden. Der hier genannte Apitz (vor 1270–1301/1305)[193], auch in der Langform des Namens als Albrecht bezeichnet, war der Sohn Albrechts des Entarteten mit Kunigunde. Da weitere Zeugnisse zum Tod des Wettiners fehlen, bleibt Rothe der einzige Gewährsmann für die Bestattung Apitz' im Katharinenkloster vor Eisenach.

Mit Friedrich dem Freidigen (1257–1323)[194] enden im Jahr 1323 den Quellen nach die Bestattungen von höher gestellten Persönlichkeiten aus der Landgrafenfamilie in St. Katharinen vor Eisenach. Wiederum ist es Johannes Rothe, der in seiner Eisenacher Chronik Aussagen über dieses Ereignis trifft. Der Landgraf sei «im Jahre 1324 nach Christi Geburt drei Tage vor dem Tag der heiligen Elisabeth[195] auf der Wartburg» («noch Cristi gebort tusint CCCXXIIII jar ... dry tage vor sente Elsebethen tage zcu Warperg») gestorben und «im Kloster der hl. Katharina vor Eisenach» («zcu sente Katherinen vor Ysenache»,

190 Original im ThStA Gotha, Geheimes Archiv, QQ Ib 1a und 1b.

191 Rothe/Weigelt, Eisenacher Chronik 2007 (wie Anm. 11) S. 124, 31.

192 Rothe/Weigelt, Eisenacher Chronik 2007 (wie Anm. 11) S. 124, 32.

193 Vgl. Otto Posse: Die Wettiner: Genealogie des Gesamthauses Wettin Ernestinischer und Albertinischer Linie mit Einschluß der regierenden Häuser von Großbritannien, Belgien, Portugal und Bulgarien. ND Leipzig 1994, S. 54f.

194 Vgl. Posse, Wettiner 1994 (wie Anm. 193) S. 57f.

195 Der Tag der hl. Elisabeth ist der 19. November. Je nachdem, ob man diesen bei Zurückgehen um drei Tage einbezieht oder nicht, kommt man beim Sterbedatum Friedrichs des Freidigen auf den 16 oder 17. November.

genauer «in der Kapelle des heiligen Johannes unter dem großen [Grab-]Stein» («yn sente Johannis cappellin under deme großin steyne») begraben worden[196]. Obwohl der Autor auch in diesem Fall mit seiner Jahresangabe falsch liegt, wie Posse ausführlich dargestellt hat[197], erweisen sich seine anderen Informationen als richtig. Aus einer Abschrift und einer Urkunde können Verbindungen zur Beisetzung Friedrichs des Freidigen im Katharinenkloster gezogen werden. Im Jahr 1329 stiftete der Markgraf von Meißen, Friedrich der Ernsthafte, ein Sohn Friedrichs des Freidigen, für die Katharinenkirche einen Johannes dem Evangelisten gewidmeten Altar zu nicht näher benannten Memorialzwecken.[198] Da sein Vater in der «Johannis capellin»[199] seine Ruhestätte fand, ist es möglich, dass der gestiftete Altar mit dem Johannes-Patronat am Begräbnisort Friedrichs des Freidigen errichtet wurde und für dessen Memoria gedacht war. Eine Urkunde des Jahres 1357, ausgestellt durch Landgraf Friedrich den Strengen, Enkel des 1323 in St. Katharinen beigesetzten Friedrich, beinhaltet die Übereignung des Altars nach dem Tod des jetzigen Inhabers zum Seelenheil seines Großvaters und Vaters. Auch hier wird wieder auf das Zisterzienserinnenkloster im Zusammenhang mit Friedrich dem Freidigen Bezug genommen.

Rückschlüsse auf Lage und Architektur von St. Katharinen

Das Katharinenkloster wurde, wie in den Quellen durch einen Zusatz zum Klosternamen immer wieder hervorgehoben wird, außerhalb der Eisenacher Stadtmauer errichtet. So war die Zisterze nicht in der Wildnis, aber doch etwas abseits der Stadt gelegen[200], wo sie dem Zugriff der sich emanzipierenden Bürgerschaft entzogen war. Da die Klostergründung westlich der Stadt, vor dem Georgentor, vorgenommen wurde, ist anzunehmen, dass der Konvent nicht an einer bestehenden Einrichtung angesiedelt wurde. Hermann I. besaß den Anspruch und die nötige Finanzkraft, um eine ganze Klosteranlage entsprechend seinen Wünschen erbauen zu lassen, ohne an vorhandene Gebäude anknüpfen zu müssen[201]. Nicht zuletzt spricht auch die bei Rothe überlieferte Beschreibung des späteren Standortes von St. Katharinen für einen Neubau.

196 Rothe/Weigelt, Eisenacher Chronik 2007 (wie Anm. 11) S. 127, 4–8. Mit dem «großin steyne» ist sicherlich der Grabstein Friedrichs des Freidigen gemeint, der sich heute in der Eisenacher Georgenkirche befindet.

197 Vgl. Posse, Wettiner 1994 (wie Anm. 193) S. 54f.; zum Todesdatum s. die Abhandlung von Karl Wenck: Friedrich des Freidigen Erkrankung und Tod (1321–1323). In: Neues Archiv für sächsische Geschichte und Altertumskunde. 21(1900)Beiheft, S. 69–82.

198 Vgl. Abschrift im ThHStAW, EGA, Findbuch Reg. Oo, S. 370.

199 Rothe/Weigelt, Eisenacher Chronik 2007 (wie Anm. 11) S. 127, 7f.

200 Von dem Georgentor, das Reste der einstigen Stadtmauer noch heute am westlichen Ende der Georgenstraße markieren, waren es bis zum Katharinenkloster circa 500 m Fußweg.

201 Vgl. Holtmeyer, Cisterzienserkirchen 1906 (wie Anm. 5) S. 190.

Die Klosteranlage sei an der Stelle errichtet worden, wo «das Gericht zwischen den zwei Landstraßen nach Hasseland und nach den Buchen»[202] war. Zwischen der Stadt Eisenach und «der Gerichtsstätte war kein Gebäude denn das Aussätzigen-Spital»[203]. Vor dem Klosterbau scheint also an der entsprechenden Stelle, wo zwei Handelsstraßen zum Georgentor zusammenliefen, nichts weiter als ein Spital und ein Gerichtsplatz vorhanden gewesen zu sein. Diese wurden noch vor dem Baubeginn von St. Katharinen «vor dem Tor des heiligen Nikolaus»[204], im Fall des Gerichts «auf dem Galgenberg»[205] und in der Angelegenheit des Spitals «auf dem Steinweg»[206] verlegt. Schwarz stellt anhand der Quellen drei Faktoren zusammen, die seiner Ansicht nach den Ausschlag für die Wahl des Standortes gegeben haben: «erstens die günstige Straßen- und Gewässerlage, zweitens die landwirtschaftliche Orientierung der Zisterzienser und drittens die topographische Nähe zur Wartburg»[207]. Mit der «lantstraßin in Hessin lant und yn dy Buechen»[208] lag das Kloster tatsächlich an zwei bedeutenden Handelsstraßen. Von diesen führte die eine, die «Lange Hessen», über Kassel ins hessische Marburg und die andere über Vacha in das ebenfalls hessische Fulda. Darüber hinaus stand St. Katharinen nahe der Hörsel, welche zur damaligen Zeit noch ein schiffbares Gewässer war und über die Werra ebenso eine Verbindung nach Hessen bot. Die Versorgung des Klosters mit Wasser wurde mit dem Rothebach, einem vom Rennsteig kommenden Bach, der «an der klösterlichen Umfassungsmauer vorbeiführte»[209], sichergestellt. Die Wartburg, Sitz des Landgrafenhofes und damit des Stifters selbst, war über den neben dem Kloster liegenden Ehrensteig und den Zeisiggrund in wenigen Minuten erreichbar. An den einstigen Standort des Klosters erinnern heute nur

202 Rothe/Weigelt, Eisenacher Chronik 2007 (wie Anm. 11) S. 108, 19: «das gerichte zcuschin den zcwen lantstraßin in Heßin lant und yn dy Buechen».

203 Rothe/Weigelt, Eisenacher Chronik 2007 (wie Anm. 11) S. 108, 20: «der femestad was keyn gebuwe danne der ußseczczigen spetal».

204 Rothe/Weigelt, Eisenacher Chronik 2007 (wie Anm. 11) S. 109, 7: «vor sente Niclaus thor». Gemeint ist hier das Nikolaitor im Osten der Stadt.

205 Rothe/Weigelt, Eisenacher Chronik 2007 (wie Anm. 11) S. 109, 7: «uff den Galligperg». Mit dem «Galligperg» ist wohl der Galgenberg gemeint, der heute als Pflugensberg bezeichnet wird und noch bis vor kurzem den Sitz des evangelischen Landesbischofs beherbergte.

206 Rothe/Weigelt, Eisenacher Chronik 2007 (wie Anm. 11) S. 109, 8: «uff den Steynweg». Das hier genannte Spital ist das Clemens-Spital, dessen zugehörige Kapelle noch heute in der Clemensstraße, Ecke Langensalzaer Straße, existiert. An den ursprünglichen Standort in der westlichen Vorstadt erinnert noch heute die Flurbezeichnung Siechenberg.

207 Schwarz, Gründung (wie Anm. 3) S. 29.

208 Rothe/Weigelt, Eisenacher Chronik 2007 (wie Anm. 11) S. 108, 19. Mit der Straße «in Hessin lant» ist ohne Zweifel die «Lange Hessen» gemeint, der heute die Kasseler Straße entspricht. Die andere Straße, heute Frankfurter Straße, «yn dy Buechen», führte wohl in die Buchonia, ein ursprünglich keltisches Gebiet in Osthessen.

209 Schwarz, Gründung (wie Anm. 3) S. 30.

noch einige Straßenbezeichnungen. Allen voran steht dabei die «Katharinenstraße», deren Name auf das Kloster zurückgeht. Die Straßen «Am Klosterholz» und «Am Roten Bach» markieren ebenso die ehemalige Lage der Klosteranlage.

Das Eisenacher Katharinenkloster ist seit über 200 Jahren vollkommen aus dem Stadtbild verschwunden. Wie Mohn bei ihrer Untersuchung der Architektur der Zisterzienserinnenklöster des mitteldeutschen Raumes feststellen musste, blieben von St. Katharinen «keine baulichen Reste erhalten», wodurch «Entstehung und Aussehen der Bauanlage ... nicht mehr zu rekonstruieren»[210] sind. Als einziger Überrest der Zisterze könnte ein vor einigen Jahren in einem Garten am Ehrensteig entdecktes Kapitell gelten, das vermutlich dem Abrisshaufen des Klosters entstammt und als Baumaterial weiter verwendet wurde. Weil sich die Gründungsmotivationen auf die Architektur und Ausstattung auswirkten[211] und Hermann I. seinen Status in der Adelsgesellschaft verdeutlichen wollte[212], wird im Fall von St. Katharinen vor Eisenach ein besonders repräsentabler sakraler Bau von größeren Ausmaßen errichtet worden sein. «Als landgräfliche Stiftung ließe sich ein solcher Großbau durchaus in die Reihe der frühen thüringisch-fränkischen Repräsentationsbauten, wie Wechterswinkel, Ichtershausen oder Bamberg, einordnen, belegen lässt er sich jedoch nicht.»[213]

St. Katharinen vor Eisenach – Wirtschaftshof der Wartburg?

Die erstmalig 1080 in den Quellen erwähnte Wartburg wurde wohl während der Regierungszeit Ludwigs II. in Stein ausgebaut. Innerhalb der Burganlage ragte der Palas als Wohn- und Repräsentationsgebäude heraus. Obwohl die Quellen auf keinen Aufenthalt des Landgrafen Hermann I. auf der Wartburg schließen lassen, da diese nur selten datiert und überwiegend nicht verortet worden sind, ist dennoch anzunehmen, dass der Landgrafenhof unter Hermann I. die repräsentativen Räumlichkeiten der Burg über Eisenach zur Hofhaltung nutzte.[214] Für einen häufigen Aufenthalt spricht auch die Tatsache, dass die Wartburg mit dem Erwerb hessischer Ländereien im ersten Drittel des 12. Jahrhunderts in den Mittelpunkt des ludowingischen Herrschaftsbereiches gerückt war.[215] Die 1184 erfolgte Festsetzung Markgraf Ottos von Brandenburg (um 1128–1184) und Hermanns I. Flucht im Jahr 1212 auf

210 Mohn, Klosteranlagen 2006 (wie Anm. 6) S. 275.

211 Vgl. Warnatsch-Gleich, Herrschaft 2005 (wie Anm. 6) S. 92.

212 Vgl. Warnatsch-Gleich, Herrschaft 2005 (wie Anm. 6) S. 98.

213 Mohn, Klosteranlagen 2006 (wie Anm. 6) S. 275.

214 Vgl. Schwarz, Itinerar (wie Anm. 98) S. 92.

215 Vgl. Matthias Werner: Art. Wartburg. In: Lexikon des Mittelalters 2000 (wie Anm. 13) Bd. 8, Sp. 2055.

die Burg im Verlauf des deutschen Thronstreites belegen die Nutzung der Wartburg zu militärischen Zwecken.[216]

Wird von einer Benutzung der Wartburg durch den Landgrafenhof ausgegangen, so stellt sich die Frage nach der Versorgung des Hofes. Da, wie bereits erwähnt, die Wartburg aufgrund ihrer geografischen Lage und den dort vorzufindenden natürlichen Gegebenheiten über keinen Wirtschaftshof in unmittelbarer Nähe verfügt haben kann, muss dieser an anderer Stelle bestanden haben. Schwarz geht davon aus, dass die Wartburg zunächst aus den unterhalb der Burg liegenden Siedlungen versorgt wurde, die schließlich zur Stadt Eisenach zusammengeschmolzen waren. «Mit der Herausbildung einer Bürgergemeinde entstand aber zunehmend ein Gegengewicht oder zumindest ein selbständiges Element, dessen sich die Wartburgherren nicht uneingeschränkt sicher sein konnten.»[217] Vermutlich spielte der Wunsch Hermanns I., von der sich emanzipierenden Eisenacher Bürgerbewegung mit seiner Hofhaltung mehr oder weniger unabhängig zu sein, eine, wenn auch nachgeordnete Rolle in den Gründungsmotivationen des Zisterzienserinnenklosters St. Katharinen vor Eisenach. Für dessen Nutzung als Wirtschaftshof der Wartburg sprechen einerseits die geografische Lage des Klosters in der Nähe zur Wartburg und andererseits die reiche Gründungsausstattung des Klosters. Vom Standort des Zisterzienserinnenklosters außerhalb der Stadtmauern war es innerhalb kurzer Zeit möglich, die Wartburg über die an die Klosteranlage angrenzende Siedlung Ehrensteig und den Zeisiggrund zu erreichen. Durch die Gründungsausstattung verfügte das Kloster über einen ausgedehnten Wirtschaftsbezirk zwischen Wald und Hörsel, zudem in späteren Jahren über einen Vorwerkshof am Ehrensteig und einen Schafhof mit angestelltem Schäfer. Die notwendigen Mittel, um einen Hof von der Größe Hermanns I. zumindest mit bestimmten Lebensmitteln oder anderen agrarischen Produkten versorgen zu können, scheinen also gegeben gewesen zu sein.

Hinzu kommt die Tatsache, dass der Ludowinger Hermann I. als Klostergründer, wie auch seine Nachfolger in der Landgrafenwürde, die Schutzvogtei über die Zisterze inne hatte, welche «praktisch auf die Wahrnehmung der vollen Vogteirechte»[218] hinauslief. Damit konnten die Landgrafen die Geschicke des Klosters nicht zuletzt auch zu eigenen Gunsten, wie der Versorgung des Hofes auf der Wartburg, beeinflussen.[219] Tatsächlich finden sich in den Quellen zwei Einzelfälle, die Abgaben an den Landesherren bezeugen. 1363 wurde dem Kloster eine Bede von 14 Mark durch den Landgrafen aufgelastet.[220]

216 Wie Anm. 215.

217 Schwarz, Gründung (wie Anm. 3) S. 30.

218 Patze, Entstehung 1962 (wie Anm. 95) S. 382.

219 Vgl. Warnatsch-Gleich, Herrschaft 2005 (wie Anm. 6) S. 52.

Im Jahr 1443 lassen sich schließlich Naturallieferungen des Katharinenklosters an die Wartburg belegen. In einer Aufzeichnung des landgräflichen Oberschreibers Thomas von Buttelstedt, die im Auftrag der Söhne des Kurfürsten Friedrichs des Streitbaren (1370–1428), Friedrich (1412–1464) und Wilhelm (1425–1482), nach dem Anfall der Landgrafschaft Thüringen entstand, wurde auch St. Katharinen aufgeführt.[221] Neben allerlei Auflistungen schrieb Buttelstedt, dass «zcu Wartperg ader Isenache keyn getreide, fleisch, hunre, gensse ader keynerley zcugehorunge ader vorrath anderes ist dann wij vorgeschreben steht ... und die zcwey clostere zu sente Katherin und sente Niclaus mussen gein Wartperg und in den hoff dynen»[222] (zur Wartburg oder Eisenach kein Getreide, Fleisch, Hühner, Gänse oder keinerlei Zubehör oder Vorrat anderes ist, als vorgeschrieben steht und die zwei Klöster zur heiligen Katharina und zum heiligen Nikolaus müssen gegenüber der Wartburg und an den Hof dienen). Da der Oberschreiber zehn Jahre im Dienst des 1440 verschiedenen Landgrafen Friedrich IV. (vor 1384–1440) gestanden hatte und er alle Bestandteile der Landgrafschaft erfassen sollte, ist davon auszugehen, dass die Verpflichtungen des Katharinenklosters nicht nur im Jahr 1443 Bestand hatten. Sicher war das Zisterzienserinnenkloster seit Jahrzehnten, wenn nicht sogar länger, zu Abgaben an die Wartburg herangezogen worden.

Das Ende des Katharinenklosters

Der Niedergang des Katharinenklosters vor Eisenach ist, wie der zahlreicher anderer Klöster in Thüringen, unmittelbar mit der Reformation verbunden. «Fast alle Klöster in Thüringen wurden nach 1525/26 bzw. 1540 säkularisiert, ihr Grundbesitz und die ihnen zustehenden Leistungen gingen in weltliche Hände über.»[223] Nach anderen thüringischen Städten war auch im Jahr 1523 in Eisenach erstmals evangelisch gepredigt worden.[224] Im selben Jahr hatte nämlich der evangelische Theologe Jacob Strauß (um 1430–vor 1530) das Amt des Predigers an der Georgenkirche erhalten. In seinen Predigten, die in verschrift-

220 Abschrift im SächsHStA Dresden, 10004 Kopiale, Nr. 26, Bl. 43v.

221 Vgl. Karl Menzel: Die Aufzeichnungen des Thomas von Buttelstedt über die Landgrafschaft Thüringen zu Zeit des Anfalles an die Herzoge Friedrich und Wilhelm von Sachsen 1440–1443. In: Neue Mitteilungen aus dem Gebiet historisch-antiquarischer Forschungen. 12 (1869), S. 427–488, hier S. 427.

222 Original im ThHStAW, EGA, Reg. A 19, Bl. 37.

223 Manfred Straube: Reformation, Bauernkrieg und «Klosterstürme». In: Günter Vogler (Hrsg.): Bauernkrieg zwischen Harz und Thüringer Wald (Historische Mitteilungen. Beihefte 69). Stuttgart 2008, S. 381–395, hier S. 381f.

224 Vgl. Reinhard Jonscher: Die Reformation in Thüringen bis zum Vorabend des Bauernkrieges. In: Vogler, Bauernkrieg 2008 (wie Anm. 223) S. 31–42, hier S. 38.

lichter Form als Flugschriften weite Verbreitung fanden, richtete sich Strauß vornehmlich gegen die Zinsnahme und die «zeitübliche Wucherpraxis»[225], die seiner Auffassung nach gegen das Evangelium waren. Anscheinend fanden die Thesen des neuen Predigers bei den Eisenachern Anklang, sodass einige die Zinszahlungen an die meist geistlichen Darlehensgeber einstellten. Eine Beschwerde der an der Eisenacher Marienkirche beheimateten Augustiner-Chorherren, die aufgrund von Zinsverweigerungen an Herzog Johann den Beständigen[226] gerichtet worden war, deutet auf die praktische Umsetzung der Kritik an Zins und Wucher im Eisenacher Raum.

Inwieweit das Katharinenkloster von diesem sogenannten Zinswucherstreit betroffen war, lässt sich nicht feststellen, da für das Jahr 1523 auf keine Quellen zurückgegriffen werden kann. Zwei Jahre später berichtete allerdings der Klostervorsteher Balthasar Lusch in Bezug auf St. Katharinen von Zinsverweigerungen, auf die oben bereits hingewiesen wurde[227], und von denen auch andere Klöster innerhalb der Eisenacher Stadtmauern betroffen waren. Wie anderorts wurden auch in Eisenach die Zinsen gesenkt. Doch erst mit dem wohl um 1525 erfolgten Weggang von Strauß, der seine Thesen auf Anraten Luthers abmildern musste, ebbten die Zinsstreitigkeiten in Eisenach ab.[228]

Wesentlich später als in anderen Städten des mitteldeutschen Raumes kam es in Eisenach zu einer Erhebung der städtischen Unterschicht gegen die örtliche Geistlichkeit, die gemeinhin als Pfaffensturm bezeichnet wird. Bereits 1521 waren in Erfurt «die Häuser der Stiftsgeistlichkeit gestürmt und geplündert»[229] worden.

Die Aggressionen richteten sich allerorts hauptsächlich gegen die Klöster und die darin lebenden Mönche und Nonnen, was natürlich auf die der reformatorischen Bewegung zugrunde liegenden Ansichten zurückzuführen ist. Anknüpfungspunkte für die Plünderung der Einrichtungen und die Vertreibung der Geistlichkeit bildeten die offenkundigen Missstände in den Klöstern wie der Sittenverfall, die Nichteinhaltung des Armutsgebotes, die Vernachlässigung der Seelsorge und die schon angeklungene Bereicherung mittels hoher Zinsen.[230]

Die Ereignisse des Eisenacher Pfaffensturms liegen nur wenige Wochen vor dem Eintreffen eines Haufens des Bauernaufstandes vor den Eisenacher Stadt-

---

225 Jonscher, Reformation 2008 (wie Anm. 224) S. 40.

226 Vgl. Gerd Bergmann: Ältere Geschichte Eisenachs. Von den Anfängen bis zum Beginn des 19. Jahrhunderts. Eisenach 1994, S. 213.

227 Vgl. Original im ThHStAW, EGA, Reg. Ii 136.

228 Vgl. Jonscher, Reformation 2008 (wie Anm. 224) S. 38.

229 Jonscher, Reformation 2008 (wie Anm. 224) S. 37.

230 Vgl. Jonscher, Reformation 2008 (wie Anm. 224) S. 37.

toren. Am 24. April 1525 wurden die Eisenacher Bürger unter dem Eindruck der überall entflammenden Aufstände versammelt, um sie an ihre Pflichten zu erinnern und allzu große Sympathien für die Aufständischen zu ersticken.[231] Bereits zu Beginn dieses Tages hatten Amtmann und Schultheiß die altkirchliche Geistlichkeit aus der Stadt gewiesen und damit versucht, Konfliktpotenzial innerhalb der Stadtmauern zu beseitigen. Die Wertsachen der geistlichen Einrichtungen waren zur Sicherheit auf die Wartburg transportiert und dort untergebracht worden.[232] Trotz der Versuche, die Eisenacher zu beschwichtigen, die auch durch den Prediger Jakob Strauß mitgetragen wurden, brach ein Sturm auf die Kirchen und Klöster los. Von den Plünderungen, an denen nicht nur die städtische Unterschicht, sondern auch «feudale Herren der Umgebung»[233] beteiligt waren, wurden am härtesten die Marienkirche, die Georgenkirche, eine außerhalb der Stadt gelegene Zelle im Johannistal und das Kathäuserkloster getroffen. Bis auf die Georgenkirche wurden die geplünderten und mutwillig zerstörten Bauwerke nicht wieder hergestellt. Das Katharinenkloster scheint schadlos aus dem Pfaffensturm hervorgegangen zu sein[234], zumindest gibt es keine Nachrichten über Übergriffe auf die Klosteranlage.

Erst zwei Wochen nach dem Pfaffensturm, am 6. Mai 1525, erreichte ein von Meiningen kommender Bauernhaufen, der sogenannte Werrahaufen, die Stadt Eisenach. Die Aufständischen hatten von den Eisenacher Kirchen- und Klösterstürmen erfahren und erwarteten daher die Unterstützung der Eisenacher. Diese hielten aber die Stadttore bis zum Abzug des Haufens wider Erwarten verschlossen, sodass der 2000 Mann starke Werrahaufen in der Georgenvorstadt, genauer im und am Katharinenkloster lagerte.[235] Anzunehmen ist, dass in dieser nur wenige Tage andauernden Belagerung das Zisterzienserinnenkloster hinsichtlich Wertsachen, sofern diese nicht auch auf die Wartburg verbracht worden waren, und Lebensmittel geplündert wurde.

Eine vollständige Zerstörung der Klosteranlage, wie sie Pfister[236] konstatiert hat, muss aber aufgrund zweier Tatsachen ausgeschlossen werden. Zum einen verzeichnen die Klosterrechnungen, die von Pfingsten bis Michaelis desselben Jahres angefertigt wurden, nur kleinere Bauarbeiten an den Klostergebäuden, was so ruinöse Zustände wie im Falle der Marienkirche ausschließt. Nur 46 Groschen und 2 Pfennige wurden für den Kauf von Ziegeln ausgegeben, um die «bosen Häuser und den Kreuzgang, so eingerissen war vom Schwarzen

231 Vgl. Bergmann, Geschichte Eisenachs 1994 (wie Anm. 226) S. 225.
232 Vgl. Bergmann, Geschichte Eisenachs 1994 (wie Anm. 226) S. 231.
233 Bergmann, Geschichte Eisenachs 1994 (wie Anm. 226) S. 232.
234 Vgl. wie Anm. 233.
235 Vgl. Bergmann, Geschichte Eisenachs 1994 (wie Anm. 226) S. 235 und 237.
236 Vgl. Pfister, Klosterführer 1998 (wie Anm. 6) S. 491.

Haufen»[237], wieder instand setzen zu können. Des Weiteren waren die Gebäude auch nach der Säkularisation des Zisterzienserinnenklosters noch immer in Benutzung. Mehrere Vorgänge in den 20er Jahren des 16. Jahrhunderts verdeutlichen den Niedergang des klösterlichen Lebens in St. Katharinen und die anschließende Säkularisation. Die Klosteranlage und die Einkünfte der Zisterze oblagen dem Landesherrn. 1526 verpachtete der Kurfürst Johann der Beständige das Katharinenkloster «auf sechs Jahre lang» («upf sechs Jarlank») an «heinrich marthbach bürger zu eysenach»[238], wobei gegenseitige Verpflichtungen festgelegt wurden. Ab 1525 ordnete der schon erwähnte Balthasar Lusch als kurfürstlich verordneter Klostervorsteher die Verhältnisse von gleich vier Eisenacher Klöstern.[239] Bei dieser Tätigkeit stieß der Verwalter immer wieder auf Hemmnisse, wie Zinsverweigerungen, die die Krise der geistlichen Einrichtungen andeuten.

Im Jahr 1530 soll schließlich die letzte Nonne, Anna von Farnroda, das Kloster verlassen und den Wittenberger Professor Balthasar Fach geheiratet haben.[240] Wie die Nonnen von St. Katharinen überhaupt auf die Ereignisse der Reformation reagiert haben, ist nicht nachzuvollziehen. Möglicherweise wurde der Konvent schon wenige Jahre nach Bekanntwerden der Thesen Luthers erheblich durch die Klosterflucht etlicher Schwestern, mit der auch andere Zisterzienserinnenklöster zu kämpfen hatten[241], dezimiert. 1544 veräußerte der sächsische Kurfürst Johann Friedrich der Großmütige (1503–1554) unter anderem auch die Güter der Zisterze an den Rat der Stadt Eisenach, «damit künftiger Zeiht die abgottische orden darin nicht mögen wieder uffgerichtet werden»[242].

Die verlassenen Klostergebäude haben in der Folgezeit mannigfache Wandlungen erfahren.[243] Die Klosteranlage, aus der spätestens 1530 alle Nonnen ausgezogen waren, verblieb bei den Landesherren.[244] 1552 wurden die Gebeine der in der Klosterkirche von St. Katharinen bestatteten Ludowinger und des Wettiners Friedrich des Freidigen samt ihrer Grabplatten auf den Gothaer Grimmenstein umgebettet. Bei dessen Zerstörung im Jahr 1567 gelangten die Grabsteine nach Reinhardsbrunn. Seit 1952 befinden sich die noch verbliebenen Grabdenkmale in der Eisenacher Georgenkirche.[245] Bereits Ende des 16. Jahrhunderts wurde Baumaterial, das aus St. Katharinen stammte, zur

237 Original im ThHStAW, EGA, Reg. Bb 3535: «bosen heusern und creutzgang, so ingerissen whar vom swartzen haufen».

238 Original im ThHStAW, EGA, Reg. Kk 427.

239 Vgl. Original im ThHStAW, EGA, Reg. Ii 136, Bl. 2.

240 Vgl. Kremer, Beiträge 1905 (wie Anm. 4) S. 33.

241 Vgl. Straube, Reformation 2008 (wie Anm. 223) S. 384.

242 Original im ThHStAW, EGA, Urkunde Nr. 3396.

243 Kremer, Beiträge 1905 (wie Anm. 4) S. 34.

244 Vgl. Bergmann, Katharinenkloster 1998 (wie Anm. 6) S. 221.

Errichtung eines Briefgewölbes in der Georgenkirche auf dem Marktplatz herangezogen. Unter Herzog Johann Ernst von Sachsen-Eisenach (1566–1638) wurde die Kirche des Klosters als Zeughaus und unter späteren Herrschern als Kornspeicher und sogar als Komödienhaus genutzt. Aufgrund baulicher Veränderungen, die die Gebäudestatik außer Acht ließen, stürzte die Kirche 1720 ein und wurde ganz abgetragen. Noch brauchbare Bausubstanzen wurden zur Instandsetzung der Eisenacher Burg Klemme verwendet. Auf dem Klosterareal entstand 1802 schließlich das Gasthaus «Zum goldenen Stern».

Abkürzungen

ND – Neudruck oder Nachdruck
SächsHStA Dresden – Sächsisches Hauptstaatsarchiv Dresden
ThStA Gotha – Thüringisches Staatsarchiv Gotha
ThStA Rudolstadt – Thüringisches Staatsarchiv Rudolstadt
ThHStAW – Thüringisches Hauptstaatsarchiv Weimar
ThHStAW, EGA – Thüringisches Hauptstaatsarchiv Weimar, Ernestinisches Gesamtarchiv

245 Vgl. Udo Hopf: Die protestantische Schloßkirche auf dem Grimmenstein zu Gotha. Zum 450. Jahr ihrer Fertigstellung. In: Gothaisches Museums-Jahrbuch 2004. 7(2003), S. 42–66, hier S. 52–57.

REZENSIONEN UND BIBLIOGRAPHIE

Die Wartburg in neuerer Literatur mit Abschluss 2009

Hilmar Schwarz

Dieser Überblick soll Forschungsergebnisse, Sachverhalte oder Hypothesen zusammenführen und vorstellen, die in der neueren Literatur verstreut vorkommen und sich auf die Wartburg und ihre Geschichte beziehen.

Der Museumsdirektor auf Schloss Wilhelmsburg zu Schmalkalden, Kai Lehmann, möchte in einem 2009 erschienenen Beitrag[1] 1076 als Gründungsjahr der Wartburg glaubhaft machen und damit dem Jahr 2017, bezogen auf die sagenhafte Errichtung der Wartburg von 1067, die Berechtigung als Jubiläum entziehen. Ausgangspunkt ist eine bisher kaum beachtete Schmalkalder Chronik aus dem 18. Jahrhundert, deren anonymen Verfasser er als «Mister X» vorstellt und das Jahr 1076 als Zeitpunkt der Wartburggründung angibt. Damit fußt Lehmann zunächst auf dem akzeptablen Ansatz, zu mittelalterlichen Themen spätere Chroniken heranzuziehen, weil die Verfasser möglicherweise verlorene Quellen benutzt haben. Für jahrgenaue Datierungen wie die Wartburggründung muss diese Methode allerdings problematisch bleiben. Und er belässt es dabei auch nicht, sondern sucht in den schriftlichen Überlieferungen und im politischen Geschehen nach Aspekten, die jenen Zeitansatz bestätigen.

Den größten Raum im Beitrag nehmen Nachrichten über extreme Wetterereignisse ein, die in mittelalterlichen Chroniken und jener Schmalkalder Chronik übereinstimmend datiert werden. Sicher hat der Verfasser mit der Annahme recht, dass Wetterangaben «(weitestgehend) unparteiisch» (S. 138) und somit durch subjektive Sicht der Chronisten kaum entstellt wurden. Jedoch lässt sich eine Generalbestätigung für alle Angaben in seiner Vorlage damit sicher nicht festmachen, vor allem nicht für das in mittelalterlichen Werken gerade für Thüringen so unsicher überlieferte 11. Jahrhundert. Nehmen wir nur die unterschiedlichen Angaben für das Jahr der Wartburggründung, so hat Johannes Rothe in seiner Eisenacher Stadtchronik das Jahr

1 Kai Lehmann: Wann wurde die Wartburg gebaut? – oder: Diskussionsansatz, warum man 2017 nur 500 Jahre Thesenanschlag und nicht auch noch 950 Jahre Wartburg feiern sollte. In: Schmalkalder Geschichtsblätter. 15/16 (2008/2009), S. 131–175.

1065 angegeben, in seiner Thüringer Landeschronik 1062 und in seiner Weltchronik – wie auch die Eccardiana – 1067, die Reinhardsbrunner Chronik hingegen 1055.

Der Rückschluss von einem jährlichen oder zweijährlichen Unwetter auf ein Baugeschehen, bleibt ähnlich problematisch. Die Nachricht, dass eine Hungersnot die Anwerbung von Lohnarbeitern für den Bau der Wartburg durch Ludwig den Springer (S. 152f.) beförderte, erscheint erst im zweiten Jahrzehnt des 15. Jahrhunderts in der Eccardiana, der Eisenacher Franziskanerchronik, und dann bei Johannes Rothe sowohl in der Stadt-, in der Landes- als auch in der Weltchronik. Die mittelalterlichen Chronisten wussten nicht, dass der steinerne Ausbau der Wartburg mit dem prachtvollen Palas nicht unter Ludwig dem Springer geschah, sondern nach inzwischen vorgenommener dendrochronologischer Datierung erst zwischen 1156 und 1172.

Der für das Anliegen Lehmanns relevante Zeitansatz von Unwetter und Hungersnot konzentriert sich auf den «Jahrhundertwinter» von 1076/77 (S. 158), wofür die zahlreichen weiteren Wetterberichte im Beitrag eigentlich nicht so ausführlich hätten ausgeführt werden müssen. Vielmehr ist von Interesse, dass er für den verheerenden Wetterablauf 1076/77 eine Reihe zuverlässiger und übereinstimmender Chroniken und entsprechende Fachliteratur benennen kann (S. 158–160).

Neben dem «Jahrhundertwinter» sieht der Verfasser des Beitrags in der Handlungsunfähigkeit der königlichen Zentralmacht vor dem Canossagang Heinrichs IV. von 1077 einen weiteren Fingerzeig auf die vermutliche Wartburggründung in dem von ihm favorisierten Jahr, denn in «eben jenem Jahr 1076» entstand ein «herrschaftliches Vakuum» und herrschte «völlige politische Orientierungslosigkeit» (S. 159), die Ludwig der Springer in seinem Sinne ausnutzen konnte (S. 161–164).

Des Weiteren kommt der Verfasser zum Reichskloster Fulda, das eigentlich das Gebiet der Wartburg besaß. Die Richtigkeit dieser Aussage ließe sich noch mit dem fuldischen Wildbann des Lupnitzgaus, dessen Grenzbeschreibung zu 1014 und dem Gebot gegen den Burgenbau innerhalb dieser Grenzen aus dem Codex Eberhardi unterstreichen[2]. Zugunsten einer Wartburggründung von 1076 weist Lehmann auf die kurzzeitige Vakanz des Fuldaer Abtsstuhls 1075 und auf die Einsetzung eines unerfahrenen Amtsinhabers hin, wodurch der Eigentümer des Territoriums schwerlich auf die besitzergreifende Burgerrichtung reagieren konnte.

Schließlich argumentiert der Verfasser noch mit den Nachrichten über die nahe am Ort der Wartburg vorbeiführenden Heereszüge. Beim Marsch der Königlichen von Flarchheim 1080 wurde die Wartburg zum ersten Mal

2 Vgl. Wartburg-Jahrbuch 1996. 5(1997), S. 21f.

erwähnt. Beim Zug von 1075 kam das königliche Heer von Breitungen über Ellen zur Schlacht von Homburg an der Unstrut, und somit muss Heinrich IV. «also zu Füßen der Wartburg vorbeigekommen sein» (S. 166), ohne dass der Geschichtsschreiber Lampert von Hersfeld sie erwähnte. Dies sei zwar «kein Beweis», aber doch ein «Indiz» für ihre Nichtexistenz 1075, weshalb eine Burgentstehung zwischen 1075 und 1080 eine gewisse Wahrscheinlichkeit besitzt.

Die Erwähnung der Wartburggründung zu 1076 in der anonymen Schmalkalder Chronik aus dem 18. Jahrhundert, der «Jahrhundertwinter» von 1076/77, die Schwächen der königlichen Zentralmacht und des Fuldaer Abtsregimes sowie die Nachrichten über die königlichen Heereszüge von 1075 und 1080 sind jeweils für sich genommen natürlich schwache Argumente für die These einer Burggründung im Jahr 1076, was der Verfasser auch anerkennt. Die Frage wäre nun, ob diese gebündelt zu einem starken Argument, ja geradezu zu einer Beweisführung zusammengefügt werden können. Doch selbst in ihrer Bündelung erscheint sie wenig stringent, wenngleich die weitere Forschung sie zur Kenntnis nehmen sollte. Die bisherige Datierung in die 1070er Jahre, weil vor der Erstnennung 1080 und in der Zeit des Aufstandes der Sachsen und Thüringer gegen das Königtum Heinrichs IV., behält sicher ihre Gültigkeit.

Gegen eine Jubiläumsfeier zu 1067 als Jahr der Wartburggründung läuft die Polemik allerdings ins Leere. Zum einen ist die sagenhafte Zuordnung längst bekannt und wird die Errichtung der ersten Burganlage meist in den 1070er Jahren gesehen[3], wofür Lehmann M. Werner anführt (S. 132). Zum anderen ließ sich bisher auch kein anderes Jahr genau ermitteln, als dass an bestehenden Traditionen gerüttelt werden müsste.

*

In der Welfenstadt Braunschweig richtete Niedersachsen vom 8. August bis 8. November 2009 eine Landesausstellung über Kaiser Otto IV. (†1218 auf der Harzburg) aus, dem Sohn des ansonsten die Erinnerung dominierenden Heinrich des Löwen. Der Anlass für «Otto IV. – Traum vom welfischen Kaisertum» war der 800. Jahrestag der Kaiserkrönung vom 4. Oktober 1209. Der Ausstellungsband mit Aufsatz- und Katalogteil[4] berührt natürlich vielfach Thüringen, kommt aber nur in zwei Exponatbeschreibungen unmittelbar auf

3 Datierungen der Wartburggründung in der Literatur: Karl Wenck bei Max Baumgärtel (Hrsg.): Die Wartburg. Ein Denkmal deutscher Geschichte und Kunst. Berlin 1907, S. 31: 1073; Helmut Assing: Der Aufstieg der Ludowinger in Thüringen (Sonderteil der Heimatblätter '92 zur Geschichte, Kultur und Natur des Eisenacher Landes). Eisenach 1993, S. 7–52, hier S. 34: zwischen 1063 und 1065; Wartburg-Jahrbuch 1996. 5(1997), S. 26: um 1070; Wilfried Warsitzka: Die Thüringer Landgrafen. Jena 2004, S. 24: zwischen 1062 und 1080.

die Wartburg zu sprechen: bei einer von der Wartburg-Stiftung ausgeliehenen Handwaschschale und beim bekannten Drache-Ritter-Tympanon.

Die Handwaschschale[5] behandelt Harald Wolter- von dem Knesebeck (Bonn, S. 398 und 400, Nr. 91). Sie gehört zu einem Schalenpaar und wird deshalb als «Gémellion» (von lat. doppelt, Zwilling) bezeichnet. Das Schalenpaar wird in einem 1203 bezeugten Geschenk des englischen Königs Johann Ohneland an Otto IV. vermutet, da es aus dem Schatz des welfischen Hausklosters St. Michaelis in Lüneburg stammt. Hergestellt wurde es Anfang des 13. Jahrhunderts im vor allem durch die emaillierten Schatzkästchen bekannten Limoge.

Das Drache-Ritter Tympanon der Wartburg wird anhand des Kupferstichs in Ludwig Puttrichs Inventarband von 1847 nach Zeichnung und Lithographie von C. Patzschke vorgestellt[6] (S. 470 f., Nr. 164). Der Verfasser des Beitrags ist mit Bernd Ulrich Hucker (Vechta) der Autor einer Monographie über Otto IV., der im Ausstellungsband den einführenden und einen weiteren Aufsatz schrieb. Zum Tympanon hatte er sich bereits geäußert[7]. Anhand von Wappen, Helm und Drache möchte er einen «realen zeitpolitischen Hintergrund» ausmachen. Das Adlerwappen habe Ähnlichkeit mit dem auf dem Aachener Karlsschrein von 1215, auf dem Knauf des Mauritiusschwertes von 1198 oder auf dem Quedlinburger Wappenkästchen von 1209. Als Drache sei Otto IV. vom Papst Innocenz III. bezeichnet worden und habe ihn selbst als Sieges- und Triumphzeichen benutzt. Den Kronhelm trägt in ähnlicher Form der Latinerfürst Turnus im Berliner Codex der «Eneide» von Heinrich von Veldecke, während sein Gegner Aeneas das Wappen des Thüringer Landgrafen führt. Die «Botschaft» des Tympanons mit dem Drachen, der einen Ritter verschlingt, lautete folglich: «die antichristliche Herrschaft des Welfen vernichtet sich selbst».

*

4 Bernd Ulrich Hucker (Ltg.): Otto IV. Traum vom welfischen Kaisertum. [Landesausstellung Otto IV., Braunschweigisches Landesmuseum – Dom St. Blasii – Burg Dankwarderode vom 8. August bis 8. November 2009]. Petersberg 2009.

5 Handwaschschale – «Gémellion», 1. Viertel 13. Jahrhundert, Limoge, Kupfer, ziseliert, vergoldet, Grubenschmelz, Durchmesser 22,5 cm, Wartburg-Stiftung Eisenach, Inv.-Nr. KL 10.

6 Ludwig Puttrich (Hrsg.): Mittelalterliche Bauwerke im Großherzogtum Sachsen-Weimar-Eisenach. Leipzig 1847, Tafel 4b.

7 Vgl. Wartburg-Jahrbuch 1996. 5(1997), S. 209; Bernd Ulrich Hucker: Otto IV. Der wiederentdeckte Kaiser. Eine Biographie (Insel-Taschenbuch. Geschichte. 2557). Frankfurt a. M./Leipzig 2003, S. 347 und 669.

Eine Sammlung Erfurter Steinmetzzeichen des dortigen, 2005 verstorbenen Lokalhistorikers Horst Stecher, der Beiträge anderer hinzugefügt sind, erschien postum im Jahre 2009[8]. Bei einem ersten und sicher noch ausbaufähigen Vergleich mit den 1897 von Hugo Peter veröffentlichten Eisenacher Steinmetzzeichen[9], insbesondere der Wartburg, ergab sich eine Übereinstimmung zwischen dem Zeichen am Velsbachstein unterhalb unserer Burg (Peter 1897, S. 30 und Tafel I, Nr. 44) und einem Zeichen im südlichen Querhausarm des Erfurter Doms (Stecher 2009, S. 52, Nr. 475). Wenngleich beide Zeichen wegen ihrer einfachen Linienführung durchaus von verschiedenen Steinmetzen benutzt sein könnten, dürfte ein zeitlicher und kunstseitiger Anhaltspunkt gegeben sein.

Stecher kann allein von Ort und Form her das Zeichen nicht einem bestimmten Künstler-Handwerker zuordnen. Das Querhaus des Erfurter Doms schließt an das 1455/65 erbaute Langhaus (Stecher 2009, S. 39)[10] an und dürfte noch aus der 2. Hälfte des 15. Jahrhunderts stammen. Nun kollidiert dieser zeitliche Ansatz mit der Erwähnung des Velsbachsteins bei Johannes Rothe um 1420, doch soll hier lediglich ein Anstoß gegeben werden, ohne den Sachverhalt ausloten zu können.

Sehr ähnliche, aber nicht authentische Marken betreffen den Fensterteil des nördlichen Eingangs zur Vogtei der Wartburg. Ein dortiges Steinmetzzeichen (Peter 1897, S. 31 und Tafel I, Nr. 49) ähnelt zwei Zeichen in Erfurt: einmal einem an Gewölberippen im Innern des Langhauses des Doms (Stecher 2009, S. 51, Nr. 467) und dann einem an den Seitengewänden des Nordportals des Doms (Stecher 2009, S. 55, Nr. 526). Zwar ist eine personelle Gleichsetzung der Hersteller nicht wahrscheinlich, aber die Einordnung in die zweite Hälfte des 15. Jahrhunderts dürfte zutreffen.

Auf den annähernd gleichen Zeitraum deutet das andere Zeichen an der Wartburg-Vogtei (Peter 2009, S. 31 und Taf. I, Nr. 52), das bis auf einen Strich einer Marke am Strebepfeiler der Erfurter Martinskirche entspricht (Stecher 2009, S. 68, Nr. 676), deren Chor und Saal 1472 bis 1483 er- und umgebaut wurde. Natürlich kann das Fenstergewände ursprünglich einen anderen Standort als die Wartburg-Vogtei gehabt haben und irgendwann später eingefügt

8 Horst Stecher: Steinmetzzeichen in Erfurt. Mit Beiträgen von Volker Düsterdick und Christian Misch (Erfurter Studien zur Kunst- und Baugeschichte. 4; Schriften des Vereins für die Geschichte und Altertumskunde von Erfurt. 5). Berlin 2009.

9 Hugo Peter: Hausmarken und Steinmetzzeichen in und um Eisenach (Beiträge zur Geschichte Eisenachs. VI). Eisenach 1897.

10 Die Datierung orientiert sich wohl an Wilhelm Freiherr von Tettau (Bearb.): Beschreibende Darstellung der älteren Bau- und Kunstdenkmäler der Stadt Erfurt und des Erfurter Landkreises (Beschreibende Darstellung der älteren Bau- und Kunstdenkmäler der Provinz Sachsen und angrenzender Gebiete. 13). Halle (Saale) 1890, S. 55.

worden sein. Immerhin bleibt die zeitliche Nähe zur dendrochronologischen Bestimmung des Vogtei-Fachwerks auf 1480 zu beachten.

*

Nachzutragen ist die Erwähnung eines kleinen, aber nicht unwichtigen Artikels des Generaldirektors des Germanischen Nationalmuseums in Nürnberg G. Ulrich Großmann zum Nürnberger Erker[11], der an der Südfassade der Vogtei zu einem der beliebtesten Bildmotive der Wartburg geworden ist. Auslöser für den 2005 erschienenen Artikel war offenbar die Dauerleihgabe der inzwischen ausgebauten und restaurierungsbedürftigen Reste des Originalerkers von der Wartburg an das Nürnberger Museum 2002, womit diese in ihre Ursprungsstadt zurückgekehrt sind. Der Artikel wurde bisher ungenügend beachtet, was wohl nicht zuletzt an der etwas entlegenen Platzierung in einem stadtgeschichtlichen Heimatblatt liegt.

Großmann muss natürlich eine Reihe bekannter Fakten aufzählen, so die Herkunft des Erkers vom Harsdörferschen Haus in der Nürnberger Adlerstaße und dessen Abbruch 1872 (S. 69) sowie den Einbau der angekauften Spolie auf der Wartburg (S. 78-80). Darüber hinaus macht er Angaben zum erhaltenen Bestand (S. 70). Detaillierter als anderswo beschreibt er die neun ebenfalls aus der Nürnberger Hauskapelle stammenden Tafeln aus dem «frühen 16. Jahrhundert» (S. 84), die bis 1953/54 in der Oberen Vogteistube aufgestellt waren und sich heute im Gemäldemagazin der Wartburg-Stiftung befinden[12]. Die darauf dargestellten Heiligen gehören zu den «Vierzehn Nothelfern» (S. 81).

Neu ist die Mitteilung über vier Zeichnungen des Nürnberger Malers Georg Christoph Wilder (1797–1855), die aus dem «Nürnberger Privatarchiv der Hallerschen Familienstiftung» (S. 71) stammen und über den Zustand vor dem Abbruch von 1872 informieren. Großmann druckt sie ab und macht sie somit der Öffentlichkeit zugänglich (Abb. 2–5, S. 73–75, 77). Vom Erker bietet die erste Zeichnung etliche Details, während die übrigen von den Figuren der Täfelung handeln.

In einem Detail sind die Ausführungen Großmanns allerdings zu korrigieren. Er schreibt, dass im Zuge der Restaurierung/Entrestaurierung «um 1953» sowohl der Erker als auch die Täfelung aus der Oberen Vogteistube entfernt worden seien (S. 81, vgl. S. 69). Auf die Täfelung trifft dies zu[13], aber nicht auf

11 G. Ulrich Grossmann: Das Reisechörlein. Von Nürnberg zur Wartburg und zurück. Das Chörlein des Hauses Adlerstraße 9 in Nürnberg. In: Nürnberger Altstadtberichte. 29/30 (2004/2005), S. 69–86.

12 Wandvertäfelungen mit den Darstellungen von Nothelfern, fränkisch, Wohlgemut-Schule, um 1500, Öl auf Holz, Höhe 224 cm, Wartburg-Stiftung Eisenach, Inv.-Nr. M 9a–o.

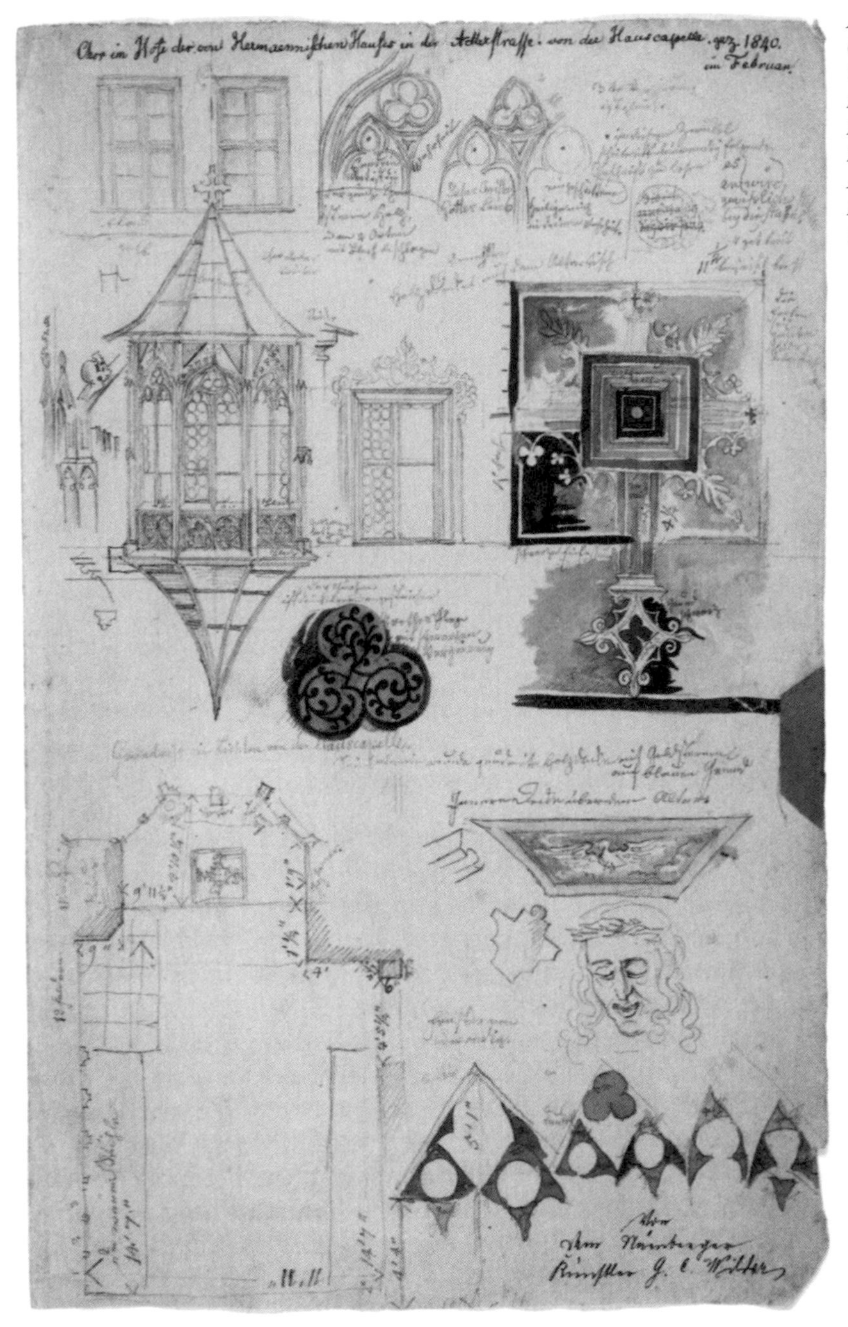

Abb. 1: Georg Christoph Wilder: «Chor im Hofe des von Hermaennischen Hauses in der Adlerstrasse von der Hauscapelle. gez. 1840 im Februar.»

den Erker. Darüber findet man bisher nichts in der Literatur, sondern muss die Akten bemühen. Die Nürnberger Originalteile waren bereits 1934 von dem Eisenacher Zimmermeister Otto Kaiser entfernt und durch eine getreue Nachbildung ersetzt worden[14]. Bei einer Renovierung hatte sich eine vollständige Erneuerung als notwendig erwiesen, die der Ausschuss der Wartburg-Stiftung Mitte März 1934 beschloss[15]. Nach den notwendigen Schnitzarbeiten sollte Ende Juli mit dem Einbau des neuen Erkers begonnen werden[16], der bis spätestens Mitte September erfolgt war[17].

Wahrscheinlich wegen der Einsprüche seitens der Denkmalpflege, die sich ebenfalls in den angegebenen Akten finden, machten die Beteiligten die Sache nicht dauerhaft publik: Weder beim von 1930 bis 1946 amtierenden Burghauptmann Hans von der Gabelentz[18], noch beim von 1925 bis 1952 tätigen Burgwart Hermann Nebe[19] und noch in den Wartburg-Jahrbüchern aus jener Zeit finden sich bei Ausführungen zum Erker an der Wartburg-Vogtei Hinweise auf den Austausch des Originals im Jahre 1934. Dadurch blieb die 1934er Maßnahme auch in den folgenden Jahrzehnten bis zur Gegenwart unerwähnt.

Abb. 2: Georg Christoph Wilder, Figurenstudie in der Nürnberger Hauskapelle, links die hl. Katharina

Abb. 3: Darstellung der hl. Katharina auf einer Holztafel aus der Nürnberger Hauskapelle, im Depot der Wartburg-Stiftung

Abb. 4: Obere Vogteistube in der Vogtei der Wartburg mit Vertäfelung aus der Nürnberger Hauskapelle, gouachierte Fotografie um 1896

*

13 SIGFRIED ASCHE: Die Wartburg. Geschichte und Gestalt. Berlin 1962, S. 170.

14 Vgl. den Kostenanschlag vom 13. 5. 1934 in: Wartburg-Stiftung Eisenach, Archiv [WSTA], Akte «Nürnberger Erker».

15 Wartburg-Stiftung Eisenach, Archiv [WSTA], Akten-Nr. 503, Protokolle des IV. Ausschusses 1934 bis 1938, 1. Sitzung am 9. 5. 1934, S. 3: Oberbürgermeister Janson berichtet, «dass zunächst die Ausbesserung des Erkers im Rahmen des Arbeitsbeschaffungsprogramms vorgesehen sei, dass sich dann eine völlige Erneuerung als notwendig erwiesen habe ... Eine genaue Nachbildung des Vorhandenen sei bereits in Auftrag gegeben.», 2. Sitzung am 14. 5. 1934, S. 20: «Es wird festgelegt, dass ein neuer Nürnberger Erker herzustellen ist. Die Arbeiten sollen sofort begonnen werden.»; WSTA, «Nürnberger Erker» (wie Anm. 14) Janson am 31. 5. 1934: «anstelle des abgängigen Erkers einen neuen anzubringen», ein gleiches Blatt in: Wartburg-Stiftung Eisenach, Archiv [WSTA], Akten-Nr. 39, Bauarbeiten a. d. Wartburg, Bd. 2, 1926/1938, Bl. 67.

16 WSTA, Akten-Nr. 39 (wie Anm. 15) Bl. 70: FISCHER-BARNICOL am 30. 7. 1934: «Die Schnitzarbeiten am Nürnberger Erker sind soweit fertiggestellt, dass nunmehr der Einbau vorgenommen werden kann.»

Der Politologe Herfried Münkler (Berlin) gab 2009 ein Buch über die Mythen der Deutschen heraus[20], das im März den Preis der Leipziger Buchmesse in der Kategorie Sachbuch erhielt. Darin weist der Autor insbesondere den politischen Mythen eine positive Wirkung zu, wobei er die fehlende Mythenbildung zum 9. November 1989 bedauert (S. 477– 480). Folglich formuliert er im abschließenden Kapitel: «Vermutlich ist das einer der wichtigsten Beiträge, den politische Mythen zur Stabilität von Staaten und Nationen leisten: dass sie Selbstvertrauen und Selbstsicherheit schaffen ...» (S. 483).

Das Buch enthält ein Kapitel zur Wartburg, worin gerade dieser positive Mythenanspruch zum Tragen kommt. Gleich eingangs nennt der Verfasser die ersten vier der fünf «Bedeutungsinvestitionen» und konstatiert, ohne die Mythen «wäre die Wartburg bloß eine Burg wie viele andere.» (S. 301) Die fünf mythischen Bedeutungsinvestitionen nach Friedrich Tenbruck (S. 311, Zusammenfassung der fünf S. 323) bilden nach einer Einleitung eine innere Gliederung des Wartburg-Kapitels: 1. der Sängerwettstreit auf der Wartburg (S. 305 ff.), 2. die Legende der heiligen Elisabeth von Thüringen (S. 311 ff.), 3. der knapp elfmonatige Wartburgaufenthalt Luthers (S. 312 ff.), 4. das Treffen der «studentischen Burschenschaften»[21] von 1817 (S. 318 ff.) und 5. die Restaurierung der Burg unter Großherzog Carl Alexander (S. 323 ff.).

Hinsichtlich der Wertigkeit zwischen den fünf Punkten hebt er Luthers Aufenthalt als «entscheidende ‹Bedeutungsinvestition›» hervor, welcher die Wartburg «endgültig zu einem mythischen Ort werden ließ» (S. 312). Den Superlativ bildete die «teilweise auf eine Neuschöpfung hinauslaufende Restaurierung der Burg unter Großherzog Carl Alexander von Sachsen-Weimar Eisenach», die «vielleicht die mythenpolitisch entscheidende [war], weil sie die Anschaulichkeit des Ortes der Mythen sicherte.» (S. 323) An dieser Stelle benennt der Verfasser den Vorzug der Wartburg, der sie über die Vielzahl von Ereignissen hinaus und im Vergleich mit allen anderen deutschen Burgen am nachhaltigsten in der eigenen Nationalgeschichte verankert: «Nicht zuletzt durch die Renovierung wurde die Wartburg zu einem Ort, der die historischen

17 WSTA, Akten-Nr. 503 (wie Anm. 15) 5. Sitzung am 13.9.1934, S. 10: «Nürnberger Erker. Der stellvertretende Vorsitzende bringt zur Kenntnis, dass der neue Nürnberger Erker fertig und an der bisherigen Stelle angebracht sei.»

18 Hans von der Gabelentz: Die Wartburg. Ein Wegweiser durch ihre Geschichte und Bauten. München [ca. ^{3}1940], S. 79, 99f., Abb. 110.

19 Hermann Nebe: Die Wartburg. Amtlicher Führer. Berlin ^{5}1934, S. 51; Hermann Nebe: Die Wartburg. Kleiner Führer durch die Geschichte, Sagen und Räume der Burg. Pößneck 1949, S. 24.

20 Herfried Münkler: Die Deutschen und ihre Mythen. Berlin 2009, darin «Ein gute Wehr und Waffen ...» Die Wartburg, S. 301–328, Anmerkungen S. 528–532.

21 Da seinerzeit das Wort «Bursche» ein Synonym zu Student war, ist die Formulierung «studentische Burschenschaften» tautologisch.

Ereignisse, die mythischen Erzählungen und die in ihnen enthaltenen Erfahrungen anschaulich, erlebbar, gleichsam ‹wiederholbar› machte.» (S. 323) Den damit verbundenen weiteren Vorteil, ziemlich viel von der «vorhandenen Bausubstanz» (S. 324) bewahrt zu haben, schreibt er vor allem Hugo von Ritgen zu. Abschließend konstatiert der Verfasser, worin folglich die Eigentümlichkeit der Wartburg liegt: «Vor allem an der engen Verbindung von mythischer Imagination und baulicher Erfahrbarkeit, der, wenn man so will, ‹Begehbarkeit› von Geschichte». (S. 327)

Auf knapp 30 Buchseiten sind natürlich nicht alle Aspekte der inzwischen fast neuneinhalb Jahrhunderte währenden Wartburggeschichte zu erfassen. So dringt der Autor zwar in einige Probleme wie die Bücherverbrennung von 1817 (S. 319–322) tiefer ein, vernachlässigt aber andere. Die Auswahl der fünf Themen für die Bedeutungsinvestitionen erfasst sicherlich sehr wesentliche Aspekte der Wartburggeschichte und ist nicht zu verwerfen, doch schließt sie andere Ansätze aber nicht aus. So hat die Gründungssage mit dem Zitat «Wart' Berg, Du sollst mir eine Burg werden» nicht wenig zur Popularisierung beigetragen, die allerdings nicht aufnehmbar ist, wenn die «Anfänge der Wartburg ... im frühen 12. Jahrhundert» (S. 304) liegen. Für die Ludowingerzeit erweisen sich die Ausführungen nicht immer als sattelfest, so wenn die zeitliche Verbindung von Sängerkrieg 1206/07 mit der Geburt der hl. Elisabeth Ludwig Bechstein (S. 305) zugeschrieben wird, die bereits auf den Elisabethbiographen Dietrich von Apolda Ende des 13. Jahrhunderts zurückgeht, oder wenn die Verlobung Elisabeths mit Hermann (†1216), dem Bruder ihres Gatten Ludwig IV. angenommen wird. Bei der Menge der für das Buch insgesamt durchzuarbeitenden Literatur sind derartige Ungenauigkeiten nahezu zwangsläufig. Die zahlreichen zutreffenden Bemerkungen und Ausführungen werden den Wartburgabschnitt zu einem beachtenswerten Text zur Symbolik der Burg zumindest als Diskussionsbeitrag bestehen lassen.

Die mehrfachen, durchweg unkritischen Übernahmen aus Artikeln unseres Wartburg-Jahrbuchs deuten darauf hin, dass der Verfasser bei der Erarbeitung seines Themas die Bände durchgesehen hat. Ob – wie der Verfasser meint – «der Wartburgmythos seine politische Brisanz verloren» hat und die Burg zu einem «Ort kultureller Events» (S. 326) geworden ist, wird wohl erst die Zukunft entscheiden. Das seit 1990 auf der Wartburg stattgefundene Geschehen, erinnert sei nur an die Verabschiedung und Unterzeichnung der Thüringer Verfassung von 1993, lässt wohl keine derartig eindeutige Aussage zu.

Wartburgliteratur – Neuerscheinungen und Nachträge

Kai Lehmann: Wann wurde die Wartburg gebaut? – oder: Diskussionsansatz, warum man 2017 nur 500 Jahre Thesenanschlag und nicht auch noch 950 Jahre Wartburg feiern sollte. In: *Schmalkalder Geschichtsblätter.* 15/16 (2008/ 2009), S. 131–175

G. Ulrich Grossmann: Von Nürnberg zur Wartburg und zurück. Das Chörlein des Hauses Adlerstraße 9 in Nürnberg. In: *Nürnberger Altstadtberichte.* 29/30(2004/2005), S. 69–86

Jutta Krauss (Hrsg.): *Dies Buch in aller Zunge, Hand und Herzen. 475 Jahre Lutherbibel.* Das Entrée zur Leselust und der Begleiter zur Sonderausstellung vom 4. Mai bis zum 31. Oktober 2009 auf der Wartburg. Regensburg 2009

Herfried Münkler: Die Deutschen und ihre Mythen. Berlin 2009, darin «Ein gute Wehr und Waffen ...» Die Wartburg, S. 301–328, Anmerkungen S. 528–532

Hilmar Schwarz: Einige Anmerkungen zur thüringischen Bonifatius-Legende. In: *Wartburgland. Mitteilungen des Heimatkreises Eisenach.* 40(2009), S. 44–57

Jörk Rothamel: Der experimentelle Tintenfasswurf auf der Wartburg. Halle (Saale) 2009, darin Günter Schuchardt: *Luthers Tintenflecke*, S. 27–39

JAHRESÜBERBLICK 2009

Die Baumaßnahmen an den Gebäuden und Anlagen der Wartburg-Stiftung Eisenach im Jahr 2009

Annette Felsberg

In Abstimmung mit dem Thüringischen Landesamt für Denkmalpflege und Archäologie, dem Thüringer Kultusministerium und dem Bund wurden auch im Jahr 2009 die umfangreichen konservatorischen sowie Bau- und Werterhaltungsmaßnahmen fortgeführt. Zur Investition der Bauvorhaben standen insgesamt rund 1 Mio. € zur Verfügung, die anteilig durch Fördermittel vom Bund (248.000 €), vom Land Thüringen (255.000 €) und vom Thüringischen Landesamt für Denkmalpflege und Archäologie (TLDA, 420.000 €) sowie durch Eigenmittel der Wartburg-Stiftung finanziert wurden.

Schwerpunkt der an Fremdfirmen vergebenen Bauarbeiten war im Jahre 2009 die Sanierung des Bergfrieds, dessen erster Bauabschnitt (Westfassade) aus dem Vorjahr weitergeführt und abgeschlossen wurde. Der neu begonnene zweite Bauabschnitt mit Aussichtsplattform, Turmhaube und Kreuz konnte zu Ende geführt, der dritte Bauabschnitt (Süd-, Ost-, Nordfassade) im Oktober aufgenommen werden. Einer dringlichen Baumaßnahme bedurfte außerdem die Instandsetzung der Stützmauer in der Vorburg zur Sicherung der Zufahrt zur zweiten Torhalle als auch des Zugangs zur Dirnitz.

Des Weiteren wurden umfangreiche Werterhaltungs- und Instandsetzungsarbeiten sowie Kleinreparaturen in allen Bereichen der Burg, an den Zuwegungen und in den Burghöfen durch die Mitarbeiter der Bauhütte der Wartburg ausgeführt. Besonders hervorzuheben sind hierbei die Sanierung der Wache im Torhaus, der Ausbau der ehemaligen Wohnung im Dachgeschoss der Dirnitz für eine Büronutzung und der Umbau des Gewölbekellers unter dem Neuen Treppenhaus/Neue Kemenate.

Im Rahmen des «Investitionsprogramms nationale UNESCO-Welterbestätten» 2009–2013 wurden im Anfangsjahr 2009 zur Sanierung der historischen Wasserleitung 920.000 € und zur Sanierung der Wehr- und Stützmauern in Kernburg und Außenbereich 300.000 € (insgesamt 1.220.000 €) investiert. Diese beiden Projekte werden in Vorbereitung des Reformationsjubiläums 2017 insgesamt mit 3,8 Mio. € gefördert, die anteilig mit 1,9 Mio. € vom Bundesministerium für Verkehr, Bau und Stadtentwicklung und mit 1,9 Mio. € vom Land Thüringen aufgebracht werden.

Darüber hinaus wurde für die Fresken Moritz von Schwinds im Palas durch das auf sieben Jahre angelegte Förderprogramm «Substanzerhaltung und Restaurierung von unbeweglichen Kulturdenkmälern nationaler Bedeutung» in den Jahren 2009–2015 vom Beauftragten der Bundesregierung für Kultur und Medien eine jährliche Unterstützung gewährt.

1. Arbeiten innerhalb der Burgmauern

1.1. Vorderer Burghof – Gebäude und Hoffläche

An den Gebäuden des vorderen Burghofes endeten insbesondere im Kellergeschoss des Ritterhauses die 2006 begonnenen Um- und Rückbaumaßnahmen in Anlehnung an den historischen Befund in den Monaten Januar bis März 2009. Dabei erfuhren die historischen Sitznischen eine Erneuerung, Tür- und Fenstergewände aus Sandstein wurden freigelegt, die Haustechnik (Heizung, Elektrik und Sicherheitsanlagen) auf den Stand der Technik gebracht, die Arbeitsplätze der Wachleute neu gestaltet sowie Wände und Decke malermäßig instand gesetzt und die Fußbodendielung aufgearbeitet. Wegen der extremen Bewitterung mussten an der Westseite von Ritterhaus und Vogtei (bis zum Margarethengang) in den Sommermonaten Ausbesserungsarbeiten an den Fachwerkfassaden ausgeführt werden, wofür die zu bearbeitenden Teilbereiche abschnittsweise eingerüstet wurden (Abb. 1).

Im November 2009 wurde die kleine Stützmauer südlich des Abgangs zur Verkaufsstelle vor der Dirnitz von Grund auf instand gesetzt. Damit verbunden war die Erneuerung der Zufahrt zur

Abb. 1: Fachwerkerneuerung an der Südwestfassade der Vogtei (Obere Vogteistube)

Abb. 2: die provisorische Holztreppe im vorderen Burghof zur Umgehung der Durchfahrt in den hinteren Burghof, November 2009

zweiten Torhalle einschließlich der dort verlegten Grundleitungen und des Zugangs zum Verkaufsraum im Untergeschoss der Dirnitz. Während der Bauarbeiten vom 2. bis 20. November musste der Fußgängerweg zum zweiten Burghof gesperrt werden, der zwischenzeitlich vom Brunnenbereich des vorderen Burghofs zur Verkaufsstelle über eine provisorische Holztreppe (Abb. 2) und durch den ehemaligen Rüstgang im Untergeschoss der Dirnitz ermöglicht wurde.

Nach der Nummerierung und Kartierung all ihrer Steine wurde die Stützmauer Stein für Stein abgebaut, auf dem anstehenden Felsen neu gegründet und analog des Vorzustandes wieder aufgebaut (Abb. 3–5). Das vorhandene Pflaster wurde im Bereich der Zufahrt bis zur Querrinne aufgenommen, um in der ausgehobenen Baugrube alle Grundleitungen einschließlich Revisionsschacht zu erneuern (Abb. 7). Die bei den Schachtarbeiten freigelegten archäologischen Befunde hielt Frau Dr. Karin Sczech vom Thüringischen Landesamt für Denkmalpflege und Archäologie (TLDA), Fachbereich Archäologie zeichnerisch und fotografisch fest und ließ sie anschließend fachgerecht in sito sichern. Der ausgehobene Bereich erhielt eine Abdeckung mit einer 5 cm starken Schicht aus Magerbeton bzw. Schotter und anschließend sein ehemaliges Pflaster aus Rotem Meißner Granit.

Dem Ingenieurbüro Dr. Frank Reichwein (Weimar) oblagen Planung der Baumaßnahmen, Statik und Bauleitung, während Restaurator Stephan Scheidemann (Friedrichroda) für die Planung der Werksteinarbeiten zuständig war. Rohbau-, Tiefbau- und Pflasterarbeiten führte die Firma Groß, Hoch- und Tiefbau (Mechterstädt) aus. Die steinrestauratorischen Arbeiten an

Abb. 3: Stützmauer nördlich der Dirnitz vor ihrer Erneuerung
Abb. 4: Stützmauer nördlich der Dirnitz nach ihrer Erneuerung
Abb. 5: Bausituation nach dem Abbau der Stützmauer nördlich der Dirnitz

Abb. 6: die freigelegte Fahrstraße nördlich der Dirnitz

Abb. 7: Verlegung der Grundleitungen vor der Nordseite der Dirnitz, November 2009

der Natursteinmauer und Abdeckplatten begann die Steinmetzfirma Mathias Albertoni (Eisenach), konnte sie aufgrund der Witterung aber erst im nächsten Frühjahr fertig stellen.

1.2. Mittelabschnitt der Burg

Im Dachgeschoss der Dirnitz bauten während der Wintermonate die Mitarbeiter der Bauhütte die Wohnräume des ehemaligen Burgvogts für eine Büronutzung aus. Nach Freilegung der Rohbaukonstruktion der Außenwände wurden durch die Zimmerer-Firma Leise (Heyerode) auf der Westseite die Brüstungsriegel der Dachgauben um ca. 20 cm tiefer gesetzt auf eine normale Brüstungshöhe von ca 1,0 m. Die Tischlerei Lux GmbH (Kälberfeld) ließ neue Verbundfenster in die vergrößerten Fensteröffnungen ein und lieferte außerdem noch im Dezember die neuen Verbundfenster für den Verkaufsraum im Untergeschoss, deren Einbau aufgrund des Frostes aber erst im Folgejahr erfolgen konnte.

Abb. 8: ursprünglich neogotisches Fenster im Dachgeschoss der Dirnitz

Im Erdgeschoss der Dirnitz entstand im Januar 2009 unter der Treppe im Sonderausstellungsraum S 6 ein kleiner Abstellraum. Des Weiteren wurden die Vorräume von S 6, nämlich der als Sanitätsraum eingerichtete Nordost- und der als Abstellraum gebrauchte Nordgang, wieder als separater Zugang zum Museum hergestellt. Das dort vorhandene Ausgussbecken wurde unter die Wendeltreppe versetzt und mit einer neuen Schiebe-Falttür verdeckt. In beiden Räumen konnte von der Malerfirma Meyfarth (Mihla) die historische Deckenansicht freigelegt werden. Abschließend baute die Tischlerei Schüffler (Kaltennordheim) einen Wandschrank ein. Diese Umgestaltung fand unmittelbar vor dem Abbau der Sonderausstellung zum 100-jährigen Bestehen der Wartburgmonografie von Max Baumgärtel (Die Wartburg. Ein Denkmal deutscher Geschichte und Kunst, erschienen 1907 im Historischen Verlag Baumgärtel. Berlin) statt, begann am 14. April 2009 und leitete zum Aufbau der neuen Sonderausstellung in S 6 über.

Die diesjährige Exposition unter dem Titel «Dies Buch in aller Zunge, Hand und Herzen» widmete sich dem Erscheinen der Lutherschen Vollbibel, die 1534 bei Hans Lufft in Wittenberg erschienen war, und fügte sich in die Lutherdekade bis 2017 ein. Nach dem entsprechenden Umbau und dem Antransport der Leihgaben wurde sie am 3./4. Mai 2009 zum historischen Ankunftsdatum Luthers eröffnet.

Im Kellergeschoss der Dirnitz wurde von Januar bis April der 2008 begonnene Nutzungswechsel von Werkstätten und Lagern weitergeführt. Die diesjährige Arbeit betraf die 3. (Klempner) und 4. Tonne (Maurer). Die Tonne 3 erhielt zum Gang eine Holztrennwand als Raumabgrenzung und einen demontierbaren Fußboden aus Holzbohlen.

Im Museumsraum S 3 (Dirnitzlaube) über der Torhalle musste im Dezember 2009 die schadhafte Außentür zum südlichen Söller durch eine neue, zweiflügelige eichene Außentür ersetzt werden. Zum selben Museumsraum wurden durch Christian Sietz (Weimar) die Planungen für neue Verbundfenster erstellt, die in das Projekthandbuch «Fenster der Wartburg» einflossen.

1.3. Der Bergfried – der diesjährige Schwerpunkt

Im Innern der Burg bildete im Jahr 2009 der Bergfried mit Fortsetzung der Steinkonservierung und Bauwerksicherung in drei Bauabschnitten den Schwerpunkt. Der erste Bauabschnitt, der die Westfassade, angrenzende Eckbereiche und den Zinnenkranz umfasste, konnte aufgrund der extremen Frosttemperaturen erst ab April fortgeführt werden. Die Arbeiten betrafen steinrestauratorische und konservatorische Maßnahmen, den Rückbau und Wiederaufbau des gesamten Zinnenkranzes sowie restauratorische, Rekonstruktions- und flankierende Maßnahmen. Hinzu kamen Steinretusche, Spenglerarbeiten (Kupferblechabdeckungen für Gesimse und Fenster) sowie Restaurierung der Stahlprofilfenster. Im September 2009 konnte der erste Bauabschnitt fertig gestellt werden, worauf umgehend die Gerüste der Westseite fielen.

Planung und Leitung der Baumaßnahmen oblagen dem Restaurator Scheidemann (Friedrichroda), der für die materialtechnischen Untersuchungen Herrn Dr. Zier von der Materialforschungs- und Prüfanstalt (MFPA, Weimar) hinzu zog. Der Restaurator Prof. Bernhard Mai (Erfurt) plante die Metallarbeiten, die von der Firma Rolf Blaurock (Hinternah) erbracht wurden. Steinkonservierung und Gerüstbau führte die Firma Bennert-Restaurierungen (Hopfgarten) und die abschließenden Retuschearbeiten der Restaurator Gert Weber (Gräfenhain) aus.

Der zweite Bauabschnitt begann Anfang des Jahres und umfasste die Erneuerung der Aussichtsplattform mit den Turmaufbauten. Von Januar bis April wurde die oberste Geschossdecke erneuert und dann bis September das Flachdach mit einem Sandsteinplattenbelag fertig gestellt. Die Erneuerung der obersten Geschossdecke hatte sich wegen extremer Korrosionsschäden an der Deckenbewehrung als notwendig erwiesen; Gründe waren einerseits die hohe Feuchtigkeitsbelastung durch den offenen Wasserbehälter sowie andererseits über undichte Flachdachanschlüsse von oben eindringende Niederschläge.

Nach der Montage eines Aufzugs bis 500 kg Lastaufnahme am 8. Januar 2009, der Einrüstung und Einhausung der Plattform im Februar und dem Anheben der Turmhaube um ca. 15 cm am 23. Februar konnte mit der Demontage der mehrlagigen Dachpappen und der schadhaften Betondecke begonnen werden. Der nur unter den Abdichtungen des östlichen Altans noch vorhandene originale Plattenbelag aus der Bauzeit unter Hugo von Ritgen wurde freigelegt, geborgen und im Depot eingelagert. Weil herabstürzende Stein- und Mörtelbrocken eine akute Gefährdung der darunterliegenden Gebäude darstellten, wurden als Notsicherung des östlichen Altans feinmaschige Stahlseilnetze montiert.

Die neue Ortbetondecke wurde auf Trapezprofilblech als verlorene Schalung ausgebildet. Durch Rückverankerung der Zinnen und konstruktive Anbindung der beiden Altane erhielten diese eine zusätzliche Stabilisierung. Auf die Betondecke wurden Gefälleestrich und Abdichtung so aufgebracht, dass die Dachentwässerung (Flachdacheinlauf) und der Verlauf des Fallrohrs wieder den historischen Ansichten entsprechen. Nach Planung und Statik durch Dr. Trabert (Geisa) führte die Firma Groß, Hoch- und Tiefbau (Mechterstädt), die Rohbauarbeiten aus.

Im September 2009 wurde in Anlehnung an den Originalbefund auf das Flachdach ein Plattenbelag aus Sandstein (Platten 68 x 68 cm bei 6 cm Dicke) in einem Splittbett verlegt, wobei nun offene Drainfugen die Entwässerung über die Steinoberfläche ermöglichen. Nachdem im Zuge der Abbrucharbeiten auch der verrostete Dachausstieg, bestehend aus Laufschiene und Stahldeckel, ausgebaut worden war, erhielt der Ausstieg mit einer begehbaren Drehscheibe aus Stahlblech über einer Laufschiene aus Edelstahl eine völlig neue Form. Als Umwehrung der Plattform wurden zunächst nur die originalen Rundstäbe zwischen den Zinnen wieder eingesetzt, die jedoch als Absturzsicherung für eine öffentliche Nutzung nicht ausreichen. Der vorhandene hydraulische Fahnenmast wurde analog dem Vorzustand ebenfalls wieder in die neue Decke eingebaut.

Während der Bauarbeiten an der Plattform begutachtete Prof. Bernhard Mai (Erfurt) auch den Erhaltungszustand des Turmkreuzes und erarbeitete eine Sanierungskonzeption. Aufgrund der extremen Bewitterung gab es viele offene Blechstöße und abgescherte Schraubverbindungen, wodurch immer wieder eindringende Niederschläge zu erheblichen Korrosionsschäden an der Unterkonstruktion des Kreuzes geführt hatten.

Nachdem das Kreuz eingerüstet und eingehaust worden war (Abb. 9), wurden am 15. Juni 2009 die originalen, vergoldeten Kupfertafeln abgenommen. Dabei wurde die Schatulle zugänglich, die 1965 eingelegt worden war[1] und Dokumente seit der Errichtung von 1859 und aus folgenden Restaurierungen beinhaltete. Die Tafeln erhielten danach eine neue Öl-Vergoldung und eine abschließende Schutzlackierung. Außerdem wurde die stark verrostete, nicht mehr tragfähige, aus einfachen 50er Eisenwinkeln bestehende Unterkonstruk-

---

1 Vgl. Rosemarie Domagala: Das Kreuz auf dem Bergfried. In: Wartburg-Jahrbuch 1994. 3(1995), S. 148–153, hierzu S. 152.

Abb. 9: der Bergfried mit dem eingerüsteten Kreuz am Tage der technischen Abnahme, dem 17. Juli 2009

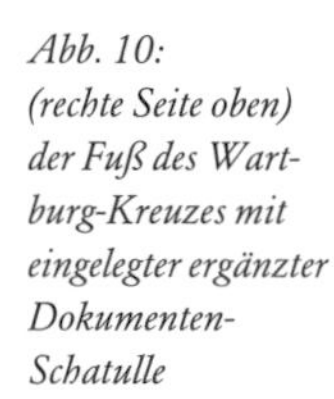

Abb. 10: (rechte Seite oben) der Fuß des Wartburg-Kreuzes mit eingelegter ergänzter Dokumenten-Schatulle

Abb. 11: (rechte Seite Mitte) die Unterkonstruktion des Wartburg-Kreuzes vor der Anbringung der vergoldeten Verkleidungstafeln

Abb. 12: (rechte Seite unten) das Wartburg-Kreuz nach der Restaurierung der vergoldeten Kupfertafeln

tion des Kreuzes[2] abgenommen und durch eine baugleiche Kopie aus Edelstahl (Abb. 11) ersetzt. Nach dem Einlegen der mit aktuellen Zeugnissen bereicherten Dokumentenkasette (Abb. 10) am 17. Juli 2009 durch den Burghauptmann konnten noch am selben Tag die Arbeiten am Turmkreuz fertig gestellt werden, wonach umgehend die Demontage der Einhausung erfolgte.

2 Diese Unterkonstruktion wurde 1946 durch den Eisenacher Kunstschmied Herrn Prof. Laufer der Wartburg geschenkt, nachdem ihr originaler, aus massivem U-Profil-Stahl bestehender Vorgänger während des Krieges 1944 abgebrochen worden war.

Die Turmhaube verlor die in den 1960er Jahren erneuerte Schieferdeckung; in Anlehnung an die Beschreibungen Hugo von Ritgens als auch in Fortführung der Blecheindeckung des Turmknopfes sowie der Dachdeckung am Palas wurde die Haube nun mit vorpatinierten Kupfertafeln neu gedeckt. Nachdem die Firma Bennert-Dachsanierung (Hopfgarten) die Arbeiten an Turmkreuz und -haube abgeschlossen hatte, erfolgte am 26. November 2009 die Bauabnahme für die ersten beiden Bauabschnitte.

Im Oktober begann der dritte Bauabschnitt der Steinkonservierung und Bauwerkssicherung am Bergfried, der die Süd-, Ost- und Nordfassade betrifft. Nach Einrüstung der drei Fassaden durch die Firma Gerüstbau Hohl GmbH (Gotha) nahme die Firma Bennert-Restaurierungen (Hopfgarten) umgehend die steinrestauratorischen Arbeiten auf, die sich wohl über die nächsten beiden Jahre erstrecken werden.

In den Innenräumen des Bergfriedes setzte die Bauhütte in den Wintermonaten auf der Ebene 7 (Wasserbehälterraum) und Ebene 6 (Souvenirmagazin) die im Vorjahr begonnene Entsalzung insbesondere an der Südwand fort und demontierte die alten, hölzernen Vorsatzfenster. Der Hochbehälter erhielt bis zum Frühjahr 2010 eine Chlorierungsanlage, die aber nur bei Beanstandung der Wasserqualität auf Anweisung der Überwachungsbehörde in Betrieb genommen wird.

1.4. Zweiter Burghof – Gebäude

Der «Töpfers Keller» genannte Gewölbekeller unter dem Neuen Treppenhaus und der Neuen Kemenate, der an die nördliche Giebelwand des Palas anschließt, diente bisher als Materiallager der Handwerker und Restauratoren, für historische Bauteile und Zubehör bei Veranstaltungen. Dieser Raum soll perspektivisch für museumspädagogische Angebote genutzt werden. In einer ersten Umbauphase vom Februar/März 2009 wurden die Raumeinbauten des 19. Jahrhunderts, ein Pfeiler und eine nichttragende Trennwand aus Ziegelmauerwerk, entfernt, um die mittelalterliche Raumgröße wieder herzustellen. Am Gewölbemauerwerk wurden mit dem Ausstemmen von Zementfugen, dem Auftragen von Entsalzungskompressen und steinrestauratorischen und -konservatorischen Maßnahmen begonnen. Fachlich begleiteten Steinrestaurator Scheidemann (Friedrichroda) und Dr. Zier (Mörteluntersuchung, Weimar) die Arbeit der Bauhütte.

Im obersten Geschoss der Palas wurde im Februar der Parkettfußboden von Festsaal und Festsaalgang aufgearbeitet. Mitarbeiter der Bauhütte verwahrten aufwändig alle Wandflächen und Einbauten staubdicht, worauf die Firma Parkett-Kessel (Zella-Mehlis) die Parkettflächen vollflächig abschliff und mit Hartwachsöl neu versiegelte.

Der systematischen Erhaltung der Freskomalereien Moritz von Schwinds im ersten Obergeschoss des Palas dient die Förderung und Fortsetzung des Projekts «Substanzerhaltung und Restaurierung von unbeweglichen Kulturdenkmälern nationaler Bedeutung 2009-2015», in dessen Rahmen bei siebenjähriger Laufzeit vom Bund bis zu 90.000 € jährlich bereitgestellt werden könnten, die zu je 50 Prozent durch die Wartburg-Stiftung und den Freistaat gegenzufinanzieren sind, sodass mit dem Gesamtbetrag von bis zu 1,26 Mio. € die dauerhafte Sicherung der Malereien gewährleistet werden könnte. Im ersten Laufzeitjahr wurden für rund 180.000 € vorbereitende Untersuchungen durchgeführt, mit der Erarbeitung einer Restaurierungskonzeption sowie mit Proberestaurierungen begonnen, wobei Letztere einen Teil des Freskos «Der Krämer und sein Esel» im Landgrafenzimmer betrafen. In Vorbereitung ist ein ganzheitliches Restaurierungsprojekt.

Im Gadem liefen im Januar 2009 allgemeine Instandsetzungsarbeiten im Flur und im kleinen Gastraum. Die Holzfußböden in Gastraum, Fluren und Treppenräumen wurden abgeschliffen und mit Hartwachsöl neu versiegelt. Der Maler Richter (Hallungen) legte Geländer, Türen und Fenster teilweise frei und versah diese mit neuem Farbanstrich.

Im Oktober 2009 erhielt die hölzerne Außentreppe am Südturm vom Antritt bis zum ersten Podest durch die Zimmerer-Firma Leise (Heyerode) eine neue Tragkonstruktion aus massiven Eichenkanthölzern. Die damit verbundene, vorübergehende Sperrung des Südturms für die Besucher wurde auch gleichzeitig zur Auffrischung des Holzschutz-Anstrichs mit Leinölfarbe genutzt.

2. Die Umfassungsmauern – Wehr- und Stützmauern

Am Elisabethengang setzte die Bauhütte im November 2009 die sporadisch seit 2007 andauernde Erneuerung des Dachziegelverstrichs fort, die das vom Wind verursachte Eindringen von Niederschlägen verhindern soll. Des Weiteren wurden auch raumseitig die Fachwerkbereiche ausgebessert und die Außentreppe zum ehemaligen Jägerstübchen (Büro der Bauhütte) durch eine neue Konstruktion aus Eichenholz ersetzt.

Abb. 13: horizontale Bohrung im südlichen Außenbereich der Burgmauer

In Vorbereitung einer grundhaften Instandsetzung der Wehr- und Stützmauern sowohl innerhalb der Kernburg als auch im Außenbereich der Burganlage, die bis 2013 abgeschlossen werden soll, erstellte Restaurator Stephan Scheidemann (Friedrichroda) bis März 2009 ein Sanierungsgutachten zur Bewertung des Bauzustandes. Es beinhaltete neben den steinrestauratorischen und -konservatorischen Bewertungen eine Baugrunderkundung, bautechnisch und statisch-konstruktive Untersuchungen sowie materialtechnische und Mörtel-Untersuchungen. Unter Leitung von Restaurator Stefan Scheidemann (steinrestauratorische Planung) sind an dem Projekt der Statiker Dr. Trabert (Geisa), Dr. Zier von der MFPA Weimar sowie Dr. Gotschol (Mühlhausen) als Geotechniker beteiligt.

Im Oktober begann die Firma Brunnenbau Conrad GmbH (Merxleben) mit dem Einbringen der Drainagebohrungen zur geordneten Wasserableitung im Bereich der freistehenden südlichen und westlichen Wehrmauern. Dabei wurden auf der Burghofseite im Abstand von ca. 1,0 – 1,5 m vertikale Bohrungen mit einem Durchmesser von rund 180 mm bis zum gewachsenen Felsgrund getrieben (Abb. 13) und mit Filterkies verfüllt. Anschließend wurden von der Maueraußenseite horizontale Bohrungen mit leichtem Gefälle bis zum Fußpunkt der Vertikalbohrungen eingebracht. Das Einsetzen von geschlitzten Rohren mit einem Durchmesser von rund 60 mm in die Bohrungen dient der Ableitung des anfallenden Oberflächen- und Schichtenwassers, das bisher durch Ausspülung, Eisbildung, Frost- und Tauwechsel vielerlei Schäden am Mauerwerk verursachte.

In Vorbereitung der Sanierungsarbeiten wurde im April/Mai 2009 eine 3-D-Vermessung der Außenseiten von Wehrmauern und Gebäude-Fassaden der gesamten Burganlage vorgenommen. Für diese Aufnahmen wurden am 20. März und am 21. April Hubschrauberflüge (Abb. 14) gestattet, die ansonsten im burgnahen Umkreis untersagt sind. Zum Einsatz kamen dabei luftgestütztes und terrestrisches Laserscanning sowie photogrammmetrische Aufnahmen. Die Digitalisierung der Bilddaten sowie die Erstellung von CAD-Dateien wurden vom Ingenieurbüro für 3D-Vermessung & Archäologie ArcTron GmbH (Altenthann) ausgeführt.

Abb. 14: Hubschrauberflug zum luftgestützten Laserscanning an Burganlage und Umfassungsmauern

3. Arbeiten ausserhalb der Burgmauern

3.1. Außenanlagen

Auf dem Burgenbauplatz zwischen Ritterhaus/Vogtei und Hotel, wo in den letzten Jahren ein umfangreicher Aus- und Aufbau geschehen war, waren im März lediglich kleine Ausbesserungen durch die Zimmerer-Firma Leise (Heyerode) an den nachgetrockneten Bohlenwänden sowie Nacharbeiten an der Bohlen-Dachdeckung erforderlich.

Ebenfalls im März 2009 erzwangen abdriftende Felsbereiche am oberen Steinweg zur Schanze sowie im Hotelinnenhof statische Sicherungsmaßnahmen mittels Verankerung, um eine Gefährdung der Verkehrssicherheit zu vermeiden. Entsprechend dem Baugrundgutachten vom Ingenieurbüro Gotschol

(Mühlhausen) brachte die Firma Jörg Deiß, Betonbohr- und Sägearbeiten (Neuenhof), ca. 1,20 m tiefe Kernbohrungen in die abgängigen Felsbereiche ein (Abb. 15), in die anschließend verzinkte Felsanker eingeklebt und vermörtelt wurden.

In den Sommermonaten mussten die Umwehrungen an der Fahrstraße im unteren Bereich des Steinwegs und die Geländer am Wolfsweg, dem Fußweg parallel zur Fahrstraße, erneuert werden. Am Steinweg waren die vorhandenen Granitpfosten zu richten, die verrosteten Eisenbolzen auszubohren, Gewindestangen aus Edelstahl einzukleben und neue Eichenkanthölzer zu montieren.

Abb. 15: Kernbohrung zur Verankerung abdriftender Felsbereiche am oberen Steinweg zur Schanze, März 2009

Am Wolfsweg hingegen waren ca. 75 Pfosten aus Lärchenholz und der gesamte Handlauf aus Kiefern-Rundholz zu erneuern. Außerdem wurde die Wassertränke an der Fahrstraße unterhalb des Droschkenplatzes entsprechend des historischen Erscheinungsbildes von 1914 einschließlich der gemauerten Wandbereiche wieder hergestellt (Abb. 16 und 17).

Ein Großobjekt vorheriger Jahre, der Elisabethplan, bedurfte im Juli 2009 lediglich einiger Pflegearbeiten. An den rostigen Stahltafeln wurden das jährliche Auftragen von Schutzwachs vorgenommen, die vier überarbeiteten Infotafeln montiert und die Holzauflagen auf den Bänken geringfügig verändert.

Die Werkstattgebäude an der Schleife erhielten im Januar/Februar infolge eines Nutzungswechsels einige Ein- und Umbauten, aus denen ein weiterer kleiner Raum und ein Lagerraum hervorgingen. Die Leuchten am Parkplatz erfuhren im April/Mai durch den Einbau von Leuchtmitteln eine energiespa-

Abb. 16: Wassertränke an der Fahrstraße unterhalb des Droschkenplatzes vor der Erneuerung

Abb. 17: Wassertränke an der Fahrstraße unterhalb des Droschkenplatzes nach der Erneuerung

rende, der Nachtbestrahlung der Burg in Orange angepasste Umrüstung. Im Mai wurde an der Parkschleife die Absturzsicherung der ehemals bewirtschafteten Terrasse demontiert und die dorthin führendeTreppenanlage gesperrt.

Die Firma Groß (Mechterstädt) verlegte im November 2009 zum Anheben des Straßenniveaus das Pflaster gegenüber den Garagen neu und versetzte am Containerstandplatz die verkippten Bordsteine.

Die historische Trinkwasserleitung zur Burg wurde seit dem Spätherbst 2009 nach Vorgaben des Fachplaners Ingenieurbüro für Kommunal- und Wasserwirtschaft (IKW) Ohrdruf an den Teilabschnitten Engestieg mit einer Länge von ca. 880 Metern und Hohe Sonne bis Wartburg-Bergfried mit über vier Kilometern erneuert, wobei der Abschluss erst im Oktober 2010 erfolge.

3.2. Wartburg-Hotel

Nachdem immer wieder loses Fugenmaterial oder auch abschalende Werksteinteile eine Gefahr für die angrenzenden Hofbereiche darstellten, musste im März/April 2009 der Hauptschornstein eingerüstet werden (Abb. 18), um das stark verwitterte Mauerwerk aus Wartburg-Konglomerat instand zusetzen. Der verwendete Fugenmörtel, dessen Rezeptur vom Bergfried übernommen ist, fügt sich in Struktur und Farbigkeit gut in das Erscheinungsbild des Hotels ein.

Abb. 18: Instandsetzung des Hauptschornsteins am Wartburg-Hotel

Im Jägerzimmer setzte Glasermeister Ulrich (Großenlupnitz) nach der im Vorjahr ausgeführten malermäßigen Aufarbeitung der noch erhaltenen bauzeitlichen Fenster neue Scheiben ein (außen Antikglas, innen MD-Glas). Anschließend nahm der Restaurator Gerd Weber (Gräfenhain) an den immer wieder durch die intensive Sonneneinstrahlung geschädigten Bildbereichen Kittungen, Festigungen und Retuschen vor.

Nach einer Leckage an der Löschwasserleitung im Hotelhof war im Juni 2009 der defekte Hydrant vor dem ehemaligen Kiosk auszuwechseln, der vermutlich zusätzliche Wasserschäden im Traforaum verursacht hatte. Aufgrund der von allen Seiten eindringenden Feuchtigkeit und des zunehmenden Fahrverkehrs in den Hotelhof war es seit Jahren zu erheblichen konstruktiven Schäden an den Decken und Natursteinmauern gekommen. Über zahllose Risse eindringendes Schichtenwasser, großflächige Salzausblühungen und Korrosionsschäden an den z. T. noch aus den 60er Jahren stammenden Trafos und Elektroanlagen gefährdeten zunehmend die sichere Stromversorgung von Burg und Hotel.

Für die Sanierung der Stützmauer einschließlich Zufahrt Hotelhof/Decke der Trafo- und Elektro-Hauptanschlussräume wurde im Herbst 2009 eine Planung vom Ingenieurbüro Dr. Reichwein (Weimar) erstellt. In Vorbereitung der komplexen Baumaßnahme lieferten Peter Tilsch (technisches büro für elektrotechnik, Eisenach) detaillierte Zuarbeiten zur Elektroplanung und Dr. Gotschol (Mühlhausen) zur Baugrunderkundung mittels horizontalen und vertikalen Sondierungsbohrungen.

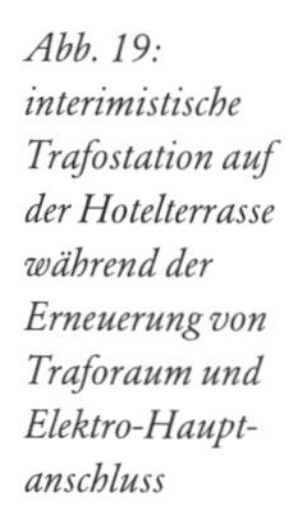

Abb. 19: interimistische Trafostation auf der Hotelterrasse während der Erneuerung von Traforaum und Elektro-Hauptanschluss

Vor Beginn jeglicher Bauarbeiten mussten zunächst die Elektroräume stromlos gemacht werden. Deshalb stellte die EVB (Eisenacher Versorgungsbetriebe GmbH) im Oktober auf der Hotelterrasse eine Interims-Trafostation (Abb. 19) zur Stromversorgung während der Erneuerungsarbeiten auf und verlegte entsprechend alle Hauptzuleitungen und Verteilungen für Burg und Hotel. Im November 2009 erfolgte die Baufreimachung, d. h. das Demontieren der gesamten technischen Installationen in den gleich zu Jahresbeginn 2010 abzubrechenden Räumen durch die Firma Elektro-Bechmann GmbH (Eisenach).

Nach Fertigstellung des kompletten Bestandsaufmaßes (Grundrisse, Schnitte, Ansichten) erarbeitete das Architekturbüro Metzner & Klingenstein (Marksuhl) einen Maßnahmen- und Bauablaufplan für die 2011 geplante Sanierung des Hotels. Neben der Instandsetzung von Dach & Fach sollen auch installationstechnische Defizite (Haus- und Sicherheitstechnik, Brandschutzeinrichtungen, etc.) abgebaut werden. Für optionale Bauwünsche des Betreibers, wie beispielsweise Errichtung eines Aufzuges, Anbau bzw. Einbau eines Pools, Erweiterung des Dachgeschossausbaus sowie Umnutzung von öffentlichen Bereichen, erstellte der Architekt Hans Metzner eine Machbarkeitsstudie, über deren Genehmigungsfähigkeit und Finanzierung noch zu entscheiden ist.

Die Sonderausstellung «Dies Buch in aller Zunge, Hand und Herzen» 475 Jahre Lutherbibel

Jutta Krauß

«Auf der Wartburg hat Martin Luther die Bibel übersetzt.» Auch wer sonst nichts über die Burg zu sagen weiß – dies ist ihm ganz gewiss bekannt. Die vom 4. Mai bis zum 31. Oktober 2009 gezeigte Sonderausstellung «Dies Buch in aller Zunge, Hand und Herzen» (verlängert bis 22. März) nahm sich des viel zitierten Gemeinplatzes an, der nicht falsch, aber auch nicht ganz korrekt ist: Die komplette Bibel nach Luthers Sinn und Worten erschien 1534 in Wittenberg, das in der Lutherstube auf der Wartburg entstandene Neue Testament bildete «nur» ihren Anfang. Obwohl demnach nicht ortsbezogen, bildete die Würdigung des Jubiläums auf der Wartburg einen weithin wahrgenommenen Auftakt zur Lutherdekade, die in den kommenden Jahren die Themen unserer Sonderausstellungen dominieren wird.

Konzeptionell gliederte sich die Exposition von 2009 in sieben Teilbereiche:
1. deutsche Bibeldrucke vor Luther
2. Entstehung des Neuen Testaments auf der Wartburg
3. Weiterführung des Übersetzungswerkes in Wittenberg bis zur ersten Vollbibel 1534
4. Luthers Deutsch
5. Illustrationen der Lutherbibel
6. Buchdruck zur Zeit Luthers
7. verschiedene Bibelausgaben

1. Deutsche Bibeldrucke vor Luther

Die verbreitete Annahme, dass es deutsche Bibeln erst seit Luther gegeben habe, erfuhr zunächst eine Korrektur: Nach Johann Gutenbergs Erfindung des Buchdrucks mit beweglichen Lettern und seiner um 1454 herausgegebenen Vulgata kamen von 1466 bis 1522 insgesamt 18 deutsche, darunter vier niederdeutsche Vollbibeln auf den Markt. Die chronologische Übersicht wurde durch Fotos und originale Einzelblätter ergänzt und veranschaulichte so die z.T. prächtige Buchgestaltung. Anzahl und Auflagenhöhe der aufgeführten Ausgaben dokumentierten den bemerkenswerten Bedarf an deutschsprachiger Bibellektüre, die allerdings nicht zuletzt aus Kostengründen Angehörigen höherer Stände vorbehalten blieb. Der unstrittigen Nachfrage stand die ablehnende Haltung der Kirche entgegen, deren Repräsentanten im Druck der Heiligen Schrift und ihrem Zugang für Laien die bestehende Ordnung gefährdet sahen. Dass auch für Studenten das Bibelstudium nicht selbstverständlich war, beweist die Überlieferung, wonach Luther, zu diesem Zeitpunkt bereits Magister, 1505 in der Erfurter Universitätsbibliothek erstmals eine Vulgata in den Händen hielt.

Abb. 1: Einbandtitel des Begleithefts zur Sonderausstellung 2009

2. Entstehung des Neuen Testaments auf der Wartburg

Luthers folgender Werdegang fand nur skizzenhafte Erwähnung, etwa in seinem auf der bekannten Cranach-Darstellung beruhenden Porträt mit Doktorhut (Abb. 2.). Ein Kupferstich zum Scheinüberfall des vom Wormser Reichstag zurückkehrenden Theologen (um 1590) verwies einleitend auf den Wartburgaufenthalt. Mehrfach gedrängt durch seine Wittenberger Freunde begann Luther im Dezember 1521 mit der Übersetzung des Neuen Testaments. Von den ihm mit Sicherheit zur Verfügung stehenden Hilfsmitteln – das griechisch-lateinische Neue Testament von Erasmus von Rotterdam, Baseler Zweitdruck Johannes Frobens 1519, eine 1509 erschienene Vulgata, sowie ein hebräischer Handpsalter mit angebundener Grammatik von 1516, beides ebenfalls in Basel gedruckt – konnte nur die Erasmus-Ausgabe (Leihgabe der

Abb. 2: Martin Luther mit Doktorhut, anonym, nach dem Original von Lucas Cranach d. Ä., um 1600, Öl auf Holz, Ernst von Siemens-Stiftung, Dauerleihgabe an die Wartburg-Stiftung Eisenach, Inv.-Nr. M – DLG 3

Forschungsbibliothek Gotha) gezeigt werden. Die daneben ausgelegte lateinische Bibel (1495) und ein griechisch-lateinisches Wörterbuch von Andreas Cratander (1532) in der Art, wie es Luther benutzt haben könnte, entstammten der Wartburgsammlung. Ein originales Exemplar des Septembertestaments (Leihgabe der Sammlung Otto Schäfer, Schweinfurt), das auf der Leipziger Herbstmesse 1522 debütierte, kennzeichnete mit seinem puristischen Titelblatt («Das newe Testament Deutzsch» ohne Angaben zu Erscheinungsjahr, -ort oder Autor) wohl Luthers Gedanken, das Gotteswort schließe eitle Zusätze aus. Schon nach wenigen Wochen vergriffen, legte Melchior Lotter d. J. noch vor Weihnachten 1522 die zweite, von Luther bereits überarbeitete Auflage, das sog. Dezembertestament mit dem Vermerk «Vvittemberg» (Exemplar der Thüringer Universitäts- und Landesbibliothek Jena) vor.

3. Weiterführung des Übersetzungswerkes in Wittenberg bis zur ersten Vollbibel 1534

Zehn Wochen hatte Luther für die Übersetzung des Neuen Testaments gebraucht; etwa zwölf Jahre dauerte es bis zum Abschluss seiner deutschen Vollbibel. Ein solch langer Zeitraum war weder geplant, noch zeichnete er sich anfänglich ab, denn schon 1524 waren zwei Drittel des Alten Testaments in der lutherischen Version vollendet. Eine rasche Abfolge der Teilausgaben erwartend stellte man dem 1523 erschienenen Pentateuch schon das Titelblatt des Gesamtwerks voran: «Das Allte Testament deutsch. M. Luther. Vvittenberg». Der zweite und dritte Teil kamen 1524 auf den Markt. Danach hemmten viele andere Pflichten, auch Krankheiten Luthers, den Fortgang, der sich nun in kleineren Editionen vollzog. Anders jedoch als auf der Wartburg stand ihm in Wittenberg mit Melanchthon, Cruciger, Jonas, Bugenhagen und Spalatin (Reproduktion des Wittenberger Reformatorenkreises; Ausschnitt aus dem Epitaph des Bürgermeisters Meienburg in der Pfarrkirche St. Blasii, Nordhausen – Abb. 3) ein exzellenter Gelehrtenkreis aus Gräzisten, Hebraisten und Latinisten zur Verfügung, dessen methodische Arbeitsweise Luthers Schüler und Tischgenosse Mathesius lebhaft geschildert hat. Wesentlichste Grundlagen der Übersetzung bildeten danach erstmals neben dem lateinischen Text auch die griechische Septuaginta sowie die Rabbinerbibel des Jakob ben Chajim – und natürlich Luthers sprachbildnerische Kunst. Verschiedene Übersetzungsmanuskripte (Leihgaben des Landeshauptarchivs Sachsen-Anhalt, Dessau, und der Forschungsbibliothek Gotha) sowie der Sendbrief vom Dolmetschen und ein silberner Reiselöffel, Luthers Geschenk an Caspar Aquila, der von 1524 bis 1527 am Übersetzungswerk mitarbeitete, vervollständigten die Ausstellungsabteilung. Als zur Leipziger Herbstmesse 1534 die komplette Lutherbibel (Leihgabe der Universitäts- und Landesbibliothek Jena)

Abb. 3: Luther im Kreis Wittenberger Reformatoren mit Melanchthon, Cruciger, Jonas, Bugenhagen und Spalatin, Ausschnitt aus dem Epitaph des Bürgermeisters Michael Meienburg in der Nordhausener Pfarrkirche St. Blasii, Reproduktion

präsentiert werden konnte, war der Stolz des Übersetzers berechtigt. Vom wirtschaftlichen Geschäft blieb er unberührt. Er habe keinen Heller dafür genommen, noch gesucht oder gewonnen. Dass er die Ehre so nicht gemeint habe, wisse Gott der Herr. Vielmehr sei es ihm darum gegangen, den lieben Christen zu dienen und den zu ehren, der droben sitzt.

4. Luthers Deutsch

Luthers Übersetzungen (Vollbibel, NT, AT und einzelne Bücher) waren stets das, was man heute Bestseller nennt; zwischen 1522 und 1546 erschienen an 18 verschiedenen Orten insgesamt 366 Druckausgaben (Karte). Ihr Siegeszug

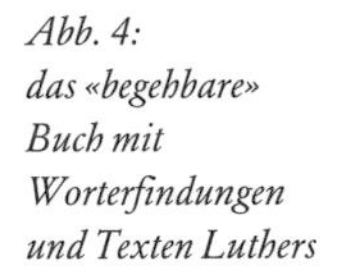

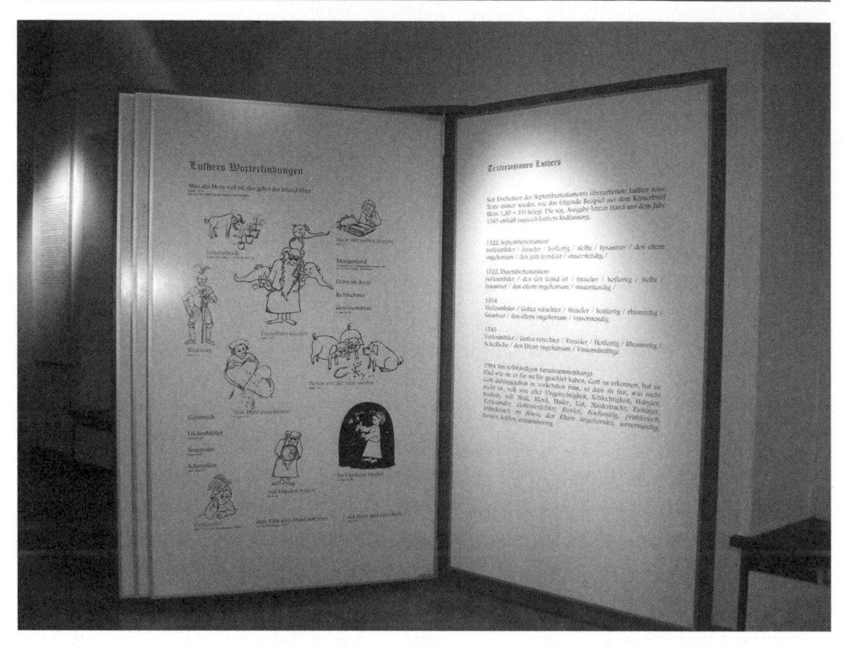

Abb. 4: das «begehbare» Buch mit Worterfindungen und Texten Luthers

basierte in nicht geringem Umfang auf der Sprache des Autors, weshalb diesem Aspekt – zumal auf der Wartburg als Wiege der deutschen Nationalliteratur – ein ausführlicherer Teil gewidmet war. In der passenden Form eines überdimensionierten, stehenden Buches[1] (Abb. 4) wurden zunächst Wegstationen des «Vaterunsers» anhand einer Synopse vorgestellt (Tafel 8.1), begonnen bei einer um 350 n. Chr. datierten Übersetzung über eine alemannische Version aus dem 8. Jahrhundert und weitere aus dem 9., 10. und 13. Jahrhundert bis hin zum Wortlaut der Mentelin-Bibel und der Luther-Ausgabe letzter Hand von 1545.

Die folgende «Seite» skizzierte in knapper Form die Entstehungsgeschichte der deutschen Sprache (Tafel 8.2): Aus indogermanischen Wurzeln (die auch dem Keltischen, den romanischen und den balto-slawischen Sprachen zugrunde liegen) muss sich schon Tausende Jahre vor Chr. in Norddeutschland und Südskandinavien ein relativ einheitliches «Urgermanisch» herausgebildet haben. Mit der Völkerwanderung breitete sich diese Sprache nach Süden, Osten und Westen aus und ging regional verschiedene Entwicklungswege. Wesentlich für unser Deutsch waren die Ausprägungen im Rhein-Weser-Gebiet (woraus sich das Thüringische, Hessische und Fränkische ableitete) und

1 Die darin enthaltenen Texte werden hier im Wesentlichen wiedergegeben.

an der mittleren Elbe (wo bis zur späten Antike noch die Bayern, Alemannen und Langobarden beheimatet waren, bevor sie nach Süden zogen). Das sich langsam ausformende Althochdeutsch – ca. 750 – 1050 n. Chr. – zeigt keine über den Dialekten existierende Standardsprache an, sondern weist wie auch das Mittelhochdeutsche auf das geografisch höher gelegene, südliche Sprachgebiet, das sich vom Niederdeutschen deutlich unterschied. Mit der «lingua theudisca», einem Kunstwort der Urkundenschreiber Karls des Großen für die (sprach-)«einigen Stämme», wurde der Begriff für die deutsche (Volks-)Sprache vorformuliert. Etwa ab der Mitte des 11. Jahrhunderts wichen die alten Formen dem moderneren Mittelhochdeutsch, das seinen Geltungsbereich vor allem durch die Ostexpansionen deutlich ausweitete. Nachdem z. B. aus dem althochdeutschen «gilaubiu» das mittelhochdeutsche «ich geloube» entstanden war, dauerte es weitere vier Jahrhunderte, ehe sich im ausgehenden 15. Jahrhundert ein allmählicher Wandel zum frühen Neuhochdeutsch – «ich glaube» – bemerkbar machte.

In diese Zeit hinein geboren wurde sein genialer Gestalter Martin Luther, dessen sprachlicher Herkunft und Entwicklung der nächste Text (Tafel 8.3) gewidmet war: Vom Elternhaus her – der Vater entstammte dem thüringischen Ort Möhra bei Eisenach, die im fränkischen Neustadt geborene Mutter wuchs in Eisenach auf – war Luther die thüringisch-mainfränkische Mundart geläufig,

Abb. 5: der Sonderausstellungsraum 6 mit der Bibelausstellung von 2009

die dem ostmitteldeutschen Sprachraum zugerechnet wird. Sein Selbstzeugnis, dass er kein Thüringer oder Meißner sei, sondern zu den Sachsen gehöre, meint hingegen Niederdeutschland. Die Grenzlinie zwischen dem sog. «sassischen» Deutsch (niedersächsisch) und der ostmitteldeutschen Sprache verlief durch Wittenberg. Hier hörte man also beides. Nur zum niederdeutschen Gebiet zählten Mansfeld und Magdeburg, wo Luther zur Schule ging. Die kursächsische Kanzleisprache, auf die er sich später berief, existierte lediglich im Schriftverkehr des Wittenberger Regierungssitzes mit anderen Behörden, vor allem mit denen des Kaisers in süddeutschen Städten. Tatsächlich gab es dort Tendenzen sprachlicher Vereinheitlichung; von einer Hochsprache, die alle Deutschen verstanden hätten, konnte jedoch noch kaum die Rede sein. Hier überschätzte Luther das Wittenberger Amtsdeutsch. So wichtig dieses wie auch die ostmitteldeutsche Prägung und die Nähe zum Niederdeutschen für ihn gewesen sein mögen – der junge Gelehrte las, schrieb, sprach und dachte zunächst vor allem in Latein, bevor er sich volkssprachlichen Texten zuwandte. Bei der Herausgabe der «Theologia Deutsch» eines Frankfurter Mystikers (1516/18) war er zwar glücklich, dass er seinen Gott «yn deutscher zungen alßo höre und finde», doch noch lange nach der Übersetzung des Neuen Testaments beklagte er auch, seine «angeporne» Sprache nicht zu beherrschen und «keyn buch noch brieff» gefunden zu haben, worin die «rechte art deutscher sprach» zu studieren gewesen wäre. Dieses Werk fiel Luther selbst zu – seine wache Beobachtungsgabe, sein dichterisches Talent, vor allem aber sein theologisches Sendungsbewusstsein ließen es gelingen.

Im Folgenden wurde Luthers «Dolmetschen» (Tafel 8.4) beschrieben, denn von übersetzen redete Luther nie. Den heute gebräuchlichen Begriff verwandte er vielmehr stets im Sinne von übervorteilen. Abgesehen davon, dass sich die Bedeutung vieler Worte gewandelt hat, sah Luther die hohe Kunst des Dolmetschens im wohl erwogenen Wechsel von wörtlicher und sinngemäßer Übersetzung, im Ringen um Gleichberechtigung von Original- und Zielsprache. Was aber, wenn es dieser am allgemeingültigen Wortschatz fehlte? Wenn sich das Deutsche dem bildreichen Hebräisch, dem eleganten Latein oder Griechisch zu verweigern drohte? Den Psalmvers «Las meine seele vol werden wie mit schmaltz und fettem» fand Luther z. B. völlig unverständlich. Seine Version «Das were meines hertzens freude und wonne, wenn ich dich mit fröhlichem munde loben sollte» erklärte er damit, dass die hebräische Redewendung einfach Freude meint – «wie ein fettes Tier fröhlich und ein fröhliches fett, derweil ein mageres traurig und ein trauriges mager wird». Neben der dichterischen Freiheit, die zum Verständnis oft unumgänglich war, blieb Luther andererseits aber auch an den «Buchstaben haften», wo es der Urtext verlangte. Um die feinsinnige Fügung «Du bist in die Höhe gefaren und hast das Gefengnis gefangen» eindeutig umschreiben zu können, hielt er die deutsche Sprache für zu schwach und übersetzte wörtlich. Auch den sakralen Duktus behielt er bei; in dem sich häufenden Bindewort «und», dem immer wiederkehrenden «Es begab sich aber» oder auch dem grammatisch oft befremdlichen «Siehe» erkannte Luther die Absicht, Übernatürliches, Heilsgeschichtliches und die direkte Ansprache durch Gott anzuzeigen. Wann analog, wann wörtlich zu dolmetschen war, entschied der Theologe und erfahrene Prediger in Luther. Die Übertragung der Bibel ins Deutsche sei mitunter so, als wolle man eine Nachtigall zum Kuckucksruf zwingen, sagte er einmal, zog jedoch alle Register, um sich nicht abstrakt oder intellektuell, sondern konkret, farbig, gefühlsbetont und kräftig auszudrücken. Luther schrieb mit dem Herzen, und er wünschte auch von seinem Werk, «dass es dringe und klinge ins Herz, durch alle Sinne».

Selbst wer sich die Mühe macht, den originalen Text der Lutherbibel zu lesen und alles zu verstehen glaubt, irrt zuweilen, weil die Bedeutung vieler Wörter (Tafel 8.5) nicht mehr dieselbe ist wie zur Lutherzeit. Wer heute «Herz» liest, denkt an Gefühl, vielleicht auch an Biologie oder Medizin, erfasst damit aber nicht annähernd, was dieser Begriff für Luther gewesen ist. Noch bestimmte keine wissenschaftliche, sondern die biblische Anthropologie die Ansichten, und nach ihr verschmolzen im Herzen Gefühl und Verstand, war das Herz Erkenntnisorgan, ja geistiges Zentrum des Menschen. Luthers «ich fühl's im Herzen» zeigt demnach einen zugleich rationalen und emotionalen Prozess des Verstehens an. Die «Welt» ist schlecht, sagt man gelegentlich so dahin. Wenn Luther das Wort Welt gebrauchte, hieß das immer Schlechtes. Nach seinem Verständnis war sie des Teufels Tummelplatz und längst reif, vom Gottesreich abgelöst zu werden. Als «schlecht» oder «gemein» hätte er die Welt jedoch nicht bezeichnet, hieß jenes Wörtchen damals doch soviel wie «schlicht» oder «einfach» und stand dagegen «gemein» für das heutige «allgemein». Verstehen wir unter dem «Leichtsinnigen» einen Bruder Luftikus, so meinte Luther damit jemanden, der unbeschwert, also leichten Sinnes daherkommt. Der «Furchtsame» war kein Angsthase, sondern lediglich ehrfürchtig, der «Inbrünstige» dafür das, was heute als «geil» bezeichnet werden würde.

Die von kleinen Grafiken begleiteten Wortfindungen und Sprichwörter, die auf Luther zurückgehen, etwa «Sündenbock», «dienstbare Geister», «im Dunkeln tappen», «jemandem sein Herz ausschütten» oder «Perlen vor die Säue werfen», sprachen besonders jüngere Gäste an (Tafel 8.6). Unter der Überschrift «Was ist ein Lotterbube, was ein Schalk?» wurde über die Bibelrevisionen (Tafel 8.7) informiert: Die genannten Wörter sind nur zwei Beispiele aus der Lutherbibel, die 1964 gestrichen und durch «Schwätzer» und «böser» Knecht ersetzt wurden. Keines der neuen Begriffe ist ein Äquivalent für das, was Luther sagen wollte. 2009 beging seine Bibel ihren 475. Geburtstag. Ein gleichaltriges Haus wäre längst abgerissen oder zumindest so oft repariert und erneuert worden, dass vom Ursprünglichen kaum etwas übrig ist. Ähnliches galt auch für die Lutherbibel. Schon der Reformator selbst nahm die ersten Korrekturen und Verbesserungen vor. Danach fühlten sich Drucker und Bibelgesellschaften dazu berufen, so dass im 19. Jahrhundert von Luthers Heiliger Schrift die unterschiedlichsten Versionen kursierten. Um den Text wieder zu vereinheitlichen, wurde Anfang der 1860er Jahre die erste kirchenamtliche Revision durchgeführt. 1892 abgeschlossen folgte bereits 1912 die nächste revidierte Amtsausgabe. Für sie und alle kommenden Bibelüberarbeitungen war nicht nur die Anpassung an den modernen Sprachgebrauch das Ziel; mit den neuen Funden antiker und spätmittelalterlicher Schriften hatte sich auch die Textgrundlage geändert. Dass manch antiquierter Begriff keine sinngemäße Entsprechung fand, ist bedauerlich.

Dass ein ganzes Revisionsprojekt scheitern kann, bewies das 1975 präsentierte Neue Testament. Hier waren sehr bekannte Passagen modernisiert worden, Weihe und Rhythmik oft verloren gegangen. Da in der sprichwörtlichen Wendung «sein Licht nicht unter den Scheffel stellen» das Hohlmaß «Scheffel» als veraltet angesehen wurde und dem Begriff «Eimer» hatte weichen müssen, nannte man die Ausgabe salopp das «Eimertestament». Es wurde erneut bearbeitet, dieses Mal behutsamer; eine neue Fassung ist für das Jubiläumsjahr 2017 geplant. Sprache ist lebendig, also muss um ihrer Leserschaft willen auch die Bibel der jeweiligen Zeit angeglichen werden. Eine zeitgemäße Lesart betrifft aber ebenso Fragen der Ethik, der Frauenfeindlichkeit, des sozialen Unrechts oder des Antisemitismus. Das Buch der Bücher wird Theologen und Germanisten demnach weiterhin beschäftigen. Dass Luther selbst fortwährend seine Texte überarbeitet hat, veranschaulichten wiederum Textauszüge aus dem Neuen Testament in verschiedenen Versionen von 1522 bis 1545 (Tafel 8.8). Form und Inhalt der Präsentation stießen trotz aller Textlastigkeit auf außerordentlich großes Interesse.

5. Illustrationen der Lutherbibel

Dasselbe galt auch für den Abschnitt über die Illustration der Lutherbibeln, wofür ausgewählte Beispiele wie die vier apokalyptischen Reiter, die babylonische Hure, der Fall Babylons, die Vermessung des Tempels, die Sintflut oder die Verspottung Hiobs herangezogen wurden. Die Illustration von Luthers Bibelübersetzungen verbindet man im Allgemeinen mit Lucas Cranach d. Ä. und seiner Werkstatt, die auch das 1522 erschienene Neue Testament mit einer Bildfolge zur Apokalypse ausstatteten. Prominentes Vorbild war der 1492 entstandene Zyklus von Albrecht Dürer, der um einige Darstellungen erweitert wurde. Ohne Bezug darauf entwickelte Cranach etwa das Motiv der babylonischen Hure, in der eine deutlich gegen den Papst gerichtete Polemik sichtbar wird: Ihr Haupt ist mit der päpstlichen Tiara geschmückt; der Papst avanciert so zum Antichristen. Solche Bilder stehen im Dienst protestantischer Ideen, andere wie die der Einzelausgaben von alttestamentlichen Büchern illustrieren in größter Textnähe dessen Inhalt. Während Martin Luther den künstlerischen Bildwerken in Kirchen, soweit man sie anbetete und ihnen Heilswirkung zusprach, durchaus kritisch gegenüber stand (sie aber nicht zerstört wissen wollte), schätzte er die Buchillustrationen als anschauliche Verständnishilfen. Luthers Einflussnahme auf verschiedene Bildfindungen ist belegt. So notierte er im Manuskript zum Alten Testament Platzierung und Inhalt für die von ihm gewünschten Bilder. In Druckvorbereitung der 1534 erschienenen Vollbibel überlieferte ein Korrektor: «Luther hat die Figuren in der Wittenbergischen Biblia zum Teil selber angeben, wie man sie hat sollen reißen oder malen, und hat befohlen, dass man aufs einfältigst den Inhalt des Texts sollte abmalen und reißen, und wollt nicht leiden, dass man überlei [überflüssige] und unnütz Ding, das zum Text nicht dienet, sollt dazu schmieren.»

Der bis heute unbekannte Künstler mit den Initialen MS schuf mit 117 Holzschnitten eine sorgfältig geplante, stilistisch einheitliche Werkillustration, die den Text lebendig begleitet und im Bild oft erzählerisch konzentriert wiedergibt. Die Arbeiten dieses Meisters prägten lange Zeit die Ausgaben der Lutherischen Bibeln und erschienen später sogar in tschechischen und polnischen Ausgaben.

6. Buchdruck zur Zeit Luthers

Abb. 6: Nachbau einer funktionstüchtigen Gutenbergpresse

Kaum einer Erklärung bedurfte der Abschnitt zum Buchdruck. (Abb. 6) Der funktionstüchtige Nachbau einer Gutenbergpresse, Werkzeuge und Gerätschaften (Leihgaben des Museums für Druckkunst Leipzig und des Gutenberg-Museums Mainz) sowie ein Druckstock aus der 1. Hälfte des 16. Jahrhunderts zum Bild «Adam und Eva unter dem Baum der Erkenntnis» (Leihgabe des Schlossmuseums Gotha) ließen den aufwendigen Werdegang eines Buches erahnen, der durch Darstellungen der daran beteiligten Gewerke ergänzt wurde.

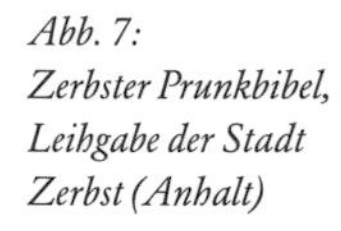

Abb. 7: Zerbster Prunkbibel, Leihgabe der Stadt Zerbst (Anhalt)

7. Verschiedene Bibelausgaben

Für die Schauvitrine historischer Bibelausgaben konnte mit der dreibändigen Zerbster Prunkbibel (Leihgabe der Stadt Zerbst/Anhalt – Abb. 7) eine seltene Kostbarkeit gezeigt werden, wohingegen das schlichte Arbeitsexemplar der Lufft-Bibel von 1541 (Wartburgsammlung) durch seine handschriftlichen Einträge von Luther, Melanchthon u. a. Reformatoren auf sich aufmerksam machte. Die Lutherstätte Wartburg und ihre entsprechende Sammlung rückten die im Stil romanischer Codizes gestaltete Bibel, die 1863 für die Kapelle gestiftet wurde, sowie weitere Stücke aus Eigenbeständen ins Licht.

*

Über Wehrgang und Vogteistube, in der das aktuelle Angebot an Bibeln ausgelegt und ein humorvoller Werbespot aus dem Jahr der Bibel 2003 zu sehen war, gelangte der Besucher in die Lutherstube, wo auch die künftigen Expositionen zur Lutherdekade jeweils enden werden. Zur Ausstellung erschien ein Begleitheft gleichen Titels, das bereits im Oktober vergriffen war und eine Nachauflage erfuhr.

Chronik 2009 der Wartburg-Stiftung

JANUAR

8. Januar
Mit der Montage eines Lastenaufzugs wird am Bergfried die Arbeit zum zweiten Bauabschnitt aufgenommen, der Plattform und oberste Geschossdecke sowie das Flachdach mit seinen Turmaufbauten Haube und Kreuz umfasst.

14. bis 18. Januar
Zur Ferienmesse in Wien beteiligt sich die Wartburg-Stiftung am großen Stand der Deutschen Zentrale für Tourismus (DZT) gemeinsam mit den Welterbestätten Bamberg, Regensburg und Oberes Mittelrheintal.

FEBRUAR

23. Februar
Nach Anheben der Turmhaube um ca. 15 cm kann die vorhandene Betondecke auf der oberen Plattform des Bergfrieds abgebrochen und durch eine neue ersetzt werden, die am 2. April 2009 fertig gestellt ist.

MÄRZ

11. bis 15. März
Zur ITB Berlin, der weltgrößten Touristikmesse für Publikum und Fachbesucher, präsentiert sich die Wartburg-Stiftung mit eigenem Beitrag am Thüringen-Stand.

19. bis 22. März
Das internationale Symposion «Die Burg» wird vom Germanischen Nationalmuseum Nürnberg, dem Deutschen Historischen Museum Berlin sowie der Wartburg-Gesellschaft zur Erforschung von Burgen und Schlössern bei mehr als 200 Teilnehmern im Festsaal des Wartburgpalas veranstaltet. Die Tagung dient der wissenschaftlichen Vorbereitung auf die 2010 geplante Doppelausstellung «Burg und Herrschaft» im Deutschen Historischen Museum Berlin (DHM) und «Mythos Burg» im Germanischen Nationalmuseum Nürnberg (GNM).

20. März und 21. April
Bei Hubschrauberflügen werden mittels Laserscanning durch das Ingenieurbüro ArcTron, Altenthann, Gelände- und Außenmauervermessungen vorgenommen, um die Sanierung der Wehr- und Stützmauern der Wartburg im Rahmen des Welterbeprogramms des Bundes bis 2014 vorzubereiten.

22. März
18. Arbeitssitzung des Wissenschaftlichen Beirats der Wartburg-Stiftung:
- Das vom Stiftungsrat an den Beirat zur Begutachtung verwiesene Angebot für ein externes Marketingkonzept, das der Vertreter des Bundes fordert, soll nicht befürwortet werden. Stattdessen empfiehlt der Beirat, ein befristetes Volontariat für Absolventen von Hochschulen mit Tourismus-Studiengängen auszuschreiben.
– Auch der wissenschaftliche Beirat spricht sich für die Einbeziehung der Wartburg in das zentrale Ausstellungsvorhaben anlässlich des 500. Reformationsjubiläums 2017 aus. Die Stiftungsleitung stellt sechs Sonderausstellungsprojekte vor, die in der Lutherdekade realisiert werden sollen.
– Das Wartburg-Jahrbuch 2007 erschien Anfang Februar. In Vorbereitung ist der nächste Jahrgang – ein Themenband zum 1907 abgeschlossenen Wartburg-Werk des Verlegers Max Baumgärtel.

März
Am oberen Steinweg zur Schanze werden Bohrungen für Felsanker eingebracht, um sich lösende Felsbereiche vor einem Absturz auf den Fahrweg zu bewahren.

APRIL

10. bis 13. April
Von Karfreitag bis Ostermontag findet zum 13. Mal der Ostereiermarkt auf der Wartburg statt, an dem sich fünf Aussteller beteiligen.

12. April
Am Ostersonntag erfolgt die Premiere von Wagners «Parsifal» in konzertanter Aufführung durch die Meininger Hofkapelle unter Leitung des Generalmusikdirektors des Südthüringischen Staatstheaters Hans Urbaneck. Weitere Aufführungen finden am 2. Mai und am 1. Juni 2009 statt.

14. April
Im Ausstellungsraum 6 beginnt der Abbau der Sonderausstellung zum 100-jährigen Bestehen der Wartburgmonografie von Max Baumgärtel.

18. April
Anlässlich der Thüringer Bachwochen trägt Prof. Rolf-Dieter Arens, Rektor der Musikhochschule Weimar, unter dem Motto «Bach trifft Liszt» am Klavier Werke beider Komponisten vor.

25. April
Zum Auftakt des Wartburg-Festivals «Zauber des Barock» 2009 bieten in gemeinsamer Aufführung der Trompeter und künstlerische Leiter des Festivals Otto Sauter und der Altist Jochen Kowalski von der Komischen Oper Berlin wiederentdeckte Barockwerke von J. J. Fux, A. Caldara und G. Reuter dar. Die Landeskapelle Eisenach führt in Kammerorchester-Besetzung unter dem Dirigenten István Dénes, der auch das Duo am Cembalo begleitet, Werke von W. A. Mozart auf.

MAI

3./4. Mai
Anlässlich des historischen Ankunftsdatums Luthers auf der Wartburg wird die Sonderausstellung «Dies Buch in aller Zunge, Hand und Herzen» eröffnet. Sie erinnert an das 475-jährige Bestehen der Lutherbibel, die hier ihren Anfang nahm und erstmals 1534 bei Hans Lufft in Wittenberg als komplette Ausgabe gedruckt wurde.

4. Mai
Der Sommerzyklus evangelisch-lutherischer Gottesdienste in der Wartburg-Kapelle beginnt traditionell am Tage von Luthers Wartburg-Ankunft. Am 21. Juni und 26. September werden weitere abgehalten

8. Mai
Das 2. Wartburgtreffen des Rings Christlich-Demokratischer Studenten Deutschlands (RCDS) diskutiert im Palas-Festsaal über das Thema «Die EU – Bürokratiemonster oder Integrationsmonster». Zu Gast ist Hans-Gert Pöttering, der Präsident des Europäischen Parlaments und Träger des Wartburg-Preises von 2008.

9. Mai
343. Wartburgkonzert von Deutschlandradio Kultur: Die Eröffnung der 52. Saison bestreitet das junge, seit 2006 bestehende finnisch-norwegische Klaviertrio «Arctia», Tiina Karaporpi (Klavier), Anders Kjellberg Nilsson (Violine) und Johannes Rostamo (Violoncello) mit Werken von E. Grieg, S. E. Englund und F. Mendelssohn Bartholdy.

16. Mai
Zum Wartburg-Festival und anlässlich des Händeljahres 2009 treten Tatjana Ruhland (Flöte) und Christian Schmidt (Cembalo) mit ihrem Programm «Händel trifft Bach» auf.

18. Mai
46. Sitzung des Stiftungsrates der Wartburg-Stiftung im Tagungsraum des Hotels auf der Wartburg unter dem Vorsitz von Minister Bernward Müller:
– Der Jahresabschluss 2008 der Wartburg-Stiftung ist durch Besucherrückgang und Mindereinnahmen im Eintrittskartenverkauf nicht ausgeglichen. Der Stiftungsrat beschließt die Erhöhung des Eintrittspreises ab 1. April 2009 um einen Euro.
– Der Vorschlag des wissenschaftlichen Beirats des Kuratoriums Luther 2017, die Wartburg im Jubiläumsjahr nicht als zentralen Ausstellungsort vorzusehen, stößt auf Ablehnung und wird als unakzeptabel angesehen.

21. Mai
Der Wingolfsbund hält im Rahmen seines 72. Treffens, dem zehnten in Eisenach seit 1990, vom 12. bis 24. Mai 2009 einen Festakt auf dem zweiten Burghof der Wartburg ab.

23. Mai
Zum Wartburg-Festival gibt es «Jazz-Legenden auf der Wartburg – Paul Kuhn in Concert», wobei der 81-jährige Interpret am Klavier zusammen mit Martin Gjakonovski am Bass und Willy Ketzer vor allem Stücke US-amerikanischer Komponisten aus den 1940er bis 1960er Jahren interpretiert.

30. Mai
344. Wartburgkonzert von Deutschlandradio Kultur: Das Klavierduo «Ferhan & Ferhan Önder» (Zwillinge aus der Türkei) spielen unter dem Motto «Vier Hände und ein Klavier» Werke von J. Brahms, G. Nottebohm und I. Strawinsky.

31. Mai
Den musikalischen Wartburg-Gottesdienst in der Burgkapelle begleitet der Michael-Praetorius-Chor Creuzburg.

JUNI

4. Juni
Zum diesjährigen 19. Burschentag der Mitgliedsverbände der Deutschen Burschenschaft (DB) vom 4. bis 7. Juni in Eisenach findet der traditionelle Festakt auf der Wartburg statt.

13. Juni
Als Beitrag zum Wartburg-Festival 2009 bieten der Gitarist von «Sting» Dominc Miller und der Pianist Yaron Herman unter dem Motto «Message in a Bottle» Stücke von Bach bis Sting dar.

20. Juni
Das Quintett «Czech Brass Collegium» beendet den Zyklus von fünf Konzerten des Wartburg-Festivals 2009. Die fünf jungen tschechischen Blechbläser um den Trompeter Marek Zvolanek spielen in einer musikalischen Weltreise unter «That's Brass» Kompositionen von J.-J. Mouret, J. S. Bach, G. Farnaby, S. Scheidt, G. F. Händel, G. Debussy, S. Joplin bis zu den Beatles.

27. Juni
345. Wartburgkonzert von Deutschlandradio Kultur: Unter Leitung von Karl-Friedrich Beringer vollzieht der Windsbacher Knabenchor mit 60 jungen Sängern die Entwicklung der Motette vom Barock bis ins 20. Jahrhundert und bringt Werke von H. Schütz, J. Kuhnau, J. Gallus, J. Brahms, F. Mendelssohn Bartholdy, M. Reger und C. Bresgen zu Gehör.

JULI

4. Juli
Zum vierten Mal streiten Hip-Hopper unter dem Motto «Hiphop meets Minnesang» in einem modernen Sängerkrieg, den das Jugendamt der Stadt Eisenach in Kooperation mit der Wartburg-Stiftung, dem Stadtjugendring und dem Bürgersender «Wartburg-Radio 96,5» veranstaltet. Bei mehr als 500 Gästen im Burghof vor dem Palas gewinnt die Eisenacher Formation «Delve & Funky».

10. Juli
Zum Auftakt von insgesamt fünf Konzerten auf der Wartburg innerhalb des 18. MDR Musiksommers musiziert das «Szymanowski Quartet». Das polnisch-ukrainische Streicher-Ensemble, 1995 gegründet und nach dem polnischen Komponisten Karol Szymanowski (1882–1937) benannt, spielt Werke von J. S. Bach, J. Haydn, F. Mendelssohn Bartholdy, K. Szymanowski und M. Skoryk.

16. Juli
Zum Konzert in der Kapelle spielen der Organist Eberhard Kienast (Wismar) und die Violinistin Gabriele Kienast (Berlin) Werke von J. S. Bach, F. Händel und J. Haydn.

17. Juli
Nach Abschluss der Neuvergoldung des Kreuzes auf dem Bergfried, das seit dem 6. Mai eingehüllt ist, erfolgt die bautechnische Abnahme.

18. Juli
Im Rahmen der Konzerte auf der Wartburg während des 18. MDR Musiksommers gastieren der Slowake Roman Patkoló mit dem Kontrabass und die Ukrainerin Oleksandra Fedosova am Klavier mit dem Programm «Kontrabasso virtuoso» und bieten Werke von J. M. Sperger, F. Schubert, T. Albinoni, G. Bottesini, P. de Sarasate und F. Mendelssohn Bartholdy dar.

25. Juli
346. Wartburgkonzert von Deutschlandradio Kultur: Das englische Vokalensemble «voces8», zwei junge Frauen und sechs junge Männer, unterhält mit dem Programm «Agnus Dei trifft auf Jailhause Rock», das englische Musik vom 16. Jahrhundert bis zur Gegenwart beinhaltet, darunter Werke von W. Byrd, J. Tavener und G. Lack.

26. Juli
musikalischer Wartburg-Gottesdienst in der Burgkapelle mit einer Telemann-Kantate

31. Juli
47. (außerordentliche) Sitzung des Stiftungsrates der Wartburg-Stiftung im Thüringer Kultusministerium in Erfurt unter dem Vorsitz von Minister Bernward Müller:
- Der Vorsitzende heißt Frau Karola Hunstock, Vertreterin des Kreistages des Wartburgkreises, als neues Mitglied des Stiftungsrates herzlich willkommen.
- Wesentlicher Tagesordnungspunkt ist die Vergabe künftiger Wartburgpreise. Aus den Reihen des Stiftungsrates und der Stiftungsleitung wird ein Preisgremium gebildet.
- Die Nachfolge des Landesbischofs im Stiftungsrat bedarf nach der Fusion einer dringenden Klärung. Mehrheitlich wird die persönliche Teilnahme der Landesbischöfin der Evangelischen Kirche in Mitteldeutschland (EKM) befürwortet; der Vorsitzende wird den Kontakt zur Bischöfin aufnehmen.

31. Juli
Zu den Konzerten auf der Wartburg im Rahmen des 18. MDR Musiksommers spielt das «Tecchler-Trio», das sich nach dem italienischen Geigenbauer David Tecchler (1666–1748) benennt und aus Esther Hoppe (Violine), Maximilian Hornung (Violoncello) und Benjamin Engli (Klavier) besteht. Es bietet Werke von J. Haydn, F. Mendelssohn Bartholdy und J. Brahms dar.

AUGUST

1. August
Zur 12. Museumsnacht auf der Wartburg erleben 500 Gäste mittelalterliche Musik, Gaukelei, Mode und Handwerkskunst. Sabine Reinhard trägt Geschichten und Musik zur Landgräfin Elisabeth in der Kapelle vor, dann Gesang und Harfenklänge im Festsaal. Dort präsentiert auch der «Freie Ritterbund Thüringen» Mode vom 9. bis zum 15. Jahrhundert. Das Gauklerduo «Die Radugas» und das Musikensemble «La Compania los Dilettantos» bieten wenig Ernsthaftes. In das Burgverlies können sich Wagemutige abseilen lassen; der Bergfried ist diesmal wegen Bauarbeiten nicht zugänglich. Um Mitternacht beschließt eine Feuershow den Abend.

4. bis 6. August
Zum RDA Workshop in Köln, der Fachmesse des Internationalen Bustouristik Verbandes, tritt die Wartburg-Stiftung in gemeinsamer Präsentation mit der Wartburgregion Touristik GmbH (EWT), dem Bachhaus und dem Lutherhaus auf.

7. August
Im Rahmen der Konzerte auf der Wartburg während des 18. MDR Musiksommers tritt ein sechsköpfiges Ensemble des Moritzburg Festivals auf, dem Baiba Skribe und Mira Wang (beide Violine), Carrie Dennis und Robert Diaz (beide Viola), Jan Vogel (Cello) und der argentinische Bandoneon-Spieler Victor Hugo Villena angehören; es erklingen Werke von F. Mendelssohn Bartholdy, G. Beytelmann und A. Piazzolla.

13. August
In der Kapelle der Wartburg findet die letzte diesjährige Aufführung in der Reihe «Das kleine Orgelkonzert» statt. Elena Bodemann mit der Flöte, Hartmut Haupt an der Orgel (beide Jena) und die Sopranistin Algund Schorcht (Frankfurt/M.) bieten Werke von J. S. Bach, F. Händel, J. Haydn und W. A. Mozart dar.

15. August
Im Rahmen der «Sommernächte auf der Wartburg» musiziert die «Barrelhouse Jazzband» aus Frankfurt am Main zur 8. Eisenacher Bluesnacht im Burghof unter dem Motto «The Best of Classic Jazz & Swing». Zu den sieben Musikern gesellt sich die in Chicago geborene Sängerin Angela Brown. Als Vorband tritt das um Christoph Gottwald verstärkte Eisenacher Duo «Good News» auf.

22. August
347. Wartburgkonzert von Deutschlandradio Kultur: Das Kammerorchester Basel («Kammerorchesterbasel») intoniert im Programm «Mendelssohn und die Schweiz» Werke von O. Schoeck, F. Mendelssohn Bartholdy, M. Jaggi und E. Elgar. Als Gäste beteiligen sich der Italiener Giuliano Carmignola (Geige) und der Brite Paul McCreesh (Dirigent).

28. August
Zum Abschluss der diesjährigen Konzerte auf der Wartburg während des MDR Musiksommers musiziert das «Fauré Quartett», das sich aus Erika Geldsetzer (Violine), Sascha Frömbling (Viola), Konstantin Heidrich (Violoncello) und Dirk Mommertz (Klavier) zusammensetzt und sich nach dem französischen Komponisten Gabriel Fauré (1845–1924) nennt. Neben Werken von G. Faubré kommen Kompositionen von F. Mendelssohn Bartholdy und J. Brahms zur Aufführung.

29. August
musikalischer Wartburg-Gottesdienst in der Burgkapelle mit einer Telemann-Kantate

29. August
Zur 3. Wartburg-Vesper tritt die Schlager- und Chansonsängerin Katja Ebstein im Palas-Festsaal auf und intoniert lyrische Vorlagen von H. Heine und B. Brecht. Am Flügel begleitet sie der Eisenacher Pianist Stefan Kling. Der Veranstalter, die Lippmann+Rau-Stiftung, nimmt keinen Eintritt, sondern orientiert auf einen Spenden-Betrag. Unter den prominenten Gästen befinden sich der Fernseh-Journalist Hansjürgen Rosenbauer, der die Tischrede im Wartburg-Hotel hält, der Regisseur Wim Wenders und der Maler Johannes Heisig.

SEPTEMBER

4. bis 6. September
Auf Einladung der katholischen Burschenschaft «Sigfridia» Bonn und des Rings Katholischer Deutscher Burschenschaften (RKDB) findet zum 20. Mal das Wartburggespräch statt, das unter dem Thema «Chancen und Risiken bei der Lösung der globalen finanz- und wirtschaftspolitischen Schwierigkeiten» das Verhältnis von Moral und Marktwirtschaft behandelt. Das seit 1990 hier ununterbrochene abgehaltene Treffen findet letztmals in Eisenach statt.

5. September
Aus «Onkel Alwin und das Sams» des Kinderbuchautors Paul Maar liest Manuela Kleinwächter von der Gemeindebücherei Wildeck eine versiegelte, bisher unveröffentlichte Seite vor. Zur Verleihung des Deutschen Vorlesepreises 2009 ist es die 80. Station von 100 Seiten, wobei an 100 Tagen hintereinander der sechste Teil der Sams-Saga vortragen wird, was die bisher längste Fortsetzungsstaffel der Welt darstellt.

5. September
Christina Rommel & Band treten auf ihrer «Besondere Orte Tour» auf der Wartburg unter dem Titel «Willkommen im Anderswo» auf.

6. September
Das Abschlusskonzert des 7. Alphorntreffens von Schwarzhausen im Emsetal (Landkreis Gotha) vom 4. bis 6. September 2009 findet am frühen Abend im Burghof der Wartburg statt.

12. September
Der Eisenacher Franz-Schubert-Chor präsentiert zu seinem 41. Wartburgkonzert Kompositionen aus Ost und West, von Komponisten aus Thüringen und dem Namensgeber. Der Chor wird von Musikdirektor Manfred Jäckel geleitet und von der Mezzosopranistin Monika Dehler und der Pianistin Dagmar Linz begleitet.

17. September
19. Arbeitssitzung des Wissenschaftlichen Beirats der Wartburg-Stiftung:
– In Vorbereitung des Reformationsjubiläums 2017 wurden drei Projektanträge beim Bundesministerium für Verkehr, Bau und Stadtentwicklung im Rahmen des Konjunkturprogramms «Investitionen in nationale UNESCO-Weltkulturstätten» für den Förderzeitraum 2009–2013 eingereicht: erstens die Sanierung der historischen Wasserleitung im Abschnitt Hohe Sonne – Bergfried (Zeitraum 2009–2010), zweitens die Sanierung der Wehr- und Stützmauern an Nord-, West- und Südseite mit Zugbrücken-Bauwerk, Gadem-Westseite und Südturm (2009–2013) und drittens die Sanierung im Gebäudekomplex Torhaus-Ritterhaus-Vogtei einschließlich Lutherstube und Besucherservice (2009–2013).
– Innerhalb des Programms «Substanzerhaltung und Restaurierung von unbeweglichen Kulturdenkmälern nationaler Bedeutung» könnten für die Freskomalereien Moritz von Schwinds im Palas bei siebenjähriger Laufzeit (2009 bis 2015) vom Bund jährlich genügend Mittel bereitgestellt werden, um nach Auffassung der Konsultanten und Restauratoren die dauerhafte Sicherung der Malereien zu gewährleisten und die entsprechenden Räume in präsentablen Zustand versetzen. Voraussetzung ist die Übernahme eines Eigenanteils in Höhe von 25 Prozent.
– Für die Erarbeitung des museumspädagogischen Konzepts lässt der im Juni 2009 aufgenommene Kontakt zum Thüringer Institut für Lehrerfortbildung, Lehrplanentwicklung und Medien (Thillm) auf konstruktive Zusammenarbeit hoffen. Die erste Zusammenkunft von Fachberatern und verantwortlichen Mitarbeitern der Wartburg-Stiftung wurde auf Anfang Oktober anberaumt.
– Die derzeitige Ausstellung zur Lutherbibel wurde durch die Besucher durchweg positiv

aufgenommen und lässt anhand der Verweildauer auf reges Interesse schließen. Die Auflage des Begleitheftes ist zu zwei Dritteln verkauft. Die für 2010 vorgesehene Ausstellung soll Polemik und Karikatur der Reformationszeit beinhalten. Skeptisch stehen die Beirats-Mitglieder einer Liszt-Ausstellung 2011 gegenüber, da die Wartburg-Stiftung hierzu weder über nennenswerte Exponate noch über ein tragfähiges Konzept verfügt.

19. September
348. Wartburgkonzert von Deutschlandradio Kultur: Der Kammerchor «Vokalensemble Rastatt» unter Leitung von Holger Speck, am Klavier begleitet von Anne Le Bozec (Karlsruhe), trägt zum Abschluss der diesjährigen Konzertreihe Werke von J. Brahms vor.

22. September
Der Botschafter des Königreichs Dänemark Carsten Sondergaard besucht Eisenach, trägt sich ins Goldene Buch der Wartburgstadt und besichtigt die Wartburg.

25. September
In einem Sonderkonzert zum Jahr der Gotik 2009 bringen die «Capella Antiqua Bambergensis» mit dem Solisten Ian Harrison (Zink, Dudelsack, Schalmei) aus dem nordenglischen Newcastle Musik aus der «Zeit der Gotik» zu Gehör. Die Bamberger lassen die Melodien auf mehr als 60 mittelalterlichen Instrumenten erklingen.

OKTOBER

1. bis 3. Oktober
Das Gerüst an der Westseite des Bergfrieds einschließlich des Hängegerüstes um die obere Plattform kann abgebaut werden, nachdem im September der erste Bauabschnitt an diesem höchsten Bauwerk der Burg beendet worden ist, der die Westfassade einschließlich der beiden Eckbereiche sowie den Zinnenkranz mit seinen angrenzenden Innenräumen umfasste.

2. Oktober
Die Berufsakademie Eisenach begrüßt im Festsaal feierlich 224 Studenten und Studentinnen des Studienjahrgangs 2009, die ein dreijähriges Studium zum Bachelor beginnen und aus dem gesamten Bundesgebiet kommen. Die Festrede hält der Abteilungsleiter für Aus- und Weiterbildung der Industrie- und Handelskammer Erfurt, Thomas Fahlbusch. Oberbürgermeister Matthias Doht verweist auf das kurz vor der Übergabe stehende, für 4,5 Mio. EUR errichtete Anbaugebäude.

5. Oktober
Mit der Einrüstung beginnt der dritte Bauabschnitt der Steinkonservierung und Bauwerksicherung am Bergfried, der die Süd-, Ost- und Nordfassade betrifft.

9. Oktober
Im Festsaal des Palas unterzeichnen die beiden Schulleiter der Deutschen Schule der Borromäerinnen in Alexandria (Ägypten) und des Ernst-Abbe-Gymnasiums Eisenach einen Partnerschaftsvertrag. Die Unterzeichnung wird vom Kammerchor der Alexandriner Schule umrahmt, der von jungen Instrumentalisten des Weimarer Musikgymnasiums Schloss Belvedere begleitet wird. Neben arabischen und deutschen Volksliedern kommen Werke von R. Schumann, G. F. Telemann, J. Brahms und L. van Beethoven zur Aufführung. Der Chor tritt unter Schirmherrschaft der CDU-Politikerin Dagmar Schipanski im Rahmen des Festivals «West-Östlicher Diwan Weimar» auf.

10. Oktober
Eine Pilgerreise entlang des Jakobsweges mit Musik des 11.–14. Jahrhunderts unter dem Titel «Leuchte Stern, zeige uns den Weg» unternimmt Sabine Reinhardt, indem sie mit Laute, Glockenspiel, Psalterium und Gesang Pilgerlieder aus verschiedenen Kulturkreisen vorträgt.

16. Oktober
In einem Benefizkonzert für den Bau eines ökumenischen Hospizes der Caritas in Eisenach bieten die beiden Hauptinterpreten des Erfolgsmusicals «Elisabeth – Legende einer Heiligen», Armin Kahl und Chris Murray, eine Reihe von Stücken aus anderen Musicals unter dem Motto «Musical meets Jazz» dar. Begleitet werden sie von der Sopranistin Constanze Eschrig aus Dresden als Gast und von der 18-köpfigen Wolf-Friedrich-Bigband aus Jena. Die Schirmherrschaft über das Vorhaben trägt die Thüringer Sozialministerin Christine Lieberknecht.

31. Oktober
Der Wartburg-Gottesdienst zum Reformationstag findet im Festsaal des Palas statt.

NOVEMBER

2. bis 20. November
Der zweite Burghof ist wegen einer Erneuerung des Fahrwegs nördlich der Dirnitz nicht über die Durchfahrt zugänglich, sondern über eine provisorische Holztreppe vor der Verkaufsstelle und durch den ehemaligen Rüstsaalgang im Dirnitz-Untergeschoss hindurch erreichbar. Die Stützmauer vor der Dirnitz wird nach Abbau neu gesetzt.

10. November
Zum 524. Geburtstag Martin Luthers stellen der Wuppertaler Ästhetik-Professor Bazon Brock und der Hallenser Maler Moritz Götze in der Lutherstube den legendären Wurf mit dem Tintenfass nach. Dabei schleudern beide 150 mit Tinte gefüllte Glaskugeln auf an der Wand angebrachte Blätter aus Büttenpapier. Der Galerist Jörk Rothamel aus Erfurt gibt darüber eine Publikation heraus.

19. November
Zum 17. Mal erfolgt die Verleihung der «Thüringer Rose» für ehrenamtliche Sozialarbeit traditionell am Tag der hl. Elisabeth. Die Sozialministerin Heike Taubert (SPD) übergibt die Auszeichnung im Palas-Festsaal an elf Thüringer Bürger.

19. November
katholischer Wartburg-Gottesdienst in der Burgkapelle am Tag der heiligen Elisabeth

26. November
Bauabnahme des 1. und 2. Bauabschnitts am Bergfried

27., 28. und 29. November
Mit drei Adventskonzerten wird das diesjährige Wartburg-Festival beendet. Otto Sauter und seine «TEN OF THE BEST»-Kollegen, zehn Trompeter aus sechs Ländern, bringen «Swinging Christmas Melodies» zu Gehör. Außerdem begleiten sie Klavier, Schlagzeug und Gitarre zu Werken von J. S. Bach, T. Abinoni, A. Dvorák und W. A. Mozart.

28. und 29. November, 5. und 6., 11. und 12. sowie 19. und 20. Dezember
Der 9. «Historische Weihnachtsmarkt auf der Wartburg» findet an allen vier Adventswochenenden jeweils Sonnabend und Sonntag von 10 bis 19 Uhr statt. Daran beteiligen sich 50 Händler vor dem Wartburg-Hotel, auf den Burghöfen und auf der Schanze. Des Weiteren treten Gaukler und Spielleute auf, darunter Puppenspieler im Festsaal und die Gruppe «Cedrus Inflamnia» (Feuerschlucker) im Hof. Mitunter werden fast vergessene Handwerkskünste gezeigt. Die Kommunale Personenverkehrsgesellschaft (KVG) Eisenach richtet wieder ihre Sonderbuslinie vom Bahnhof zur Wartburg ein. Für einen Wegezoll von 2 EUR sind auch Palas-Festsaal, die Museumsräume und die Lutherstube zur Besichtigung zugänglich.

DEZEMBER

4., 5. und 6. Dezember
Mit ihren drei Adventskonzerten präsentieren die ehemaligen Thomaner vom «ensemble amarcord» bereits im neunten Jahr Weihnachtslieder aus aller Welt auf der Wartburg.

12. und 13. Dezember
Das «Amadé Serenadenensemble» unter Leitung von Prof. Michael Höltzel bietet Adventskonzerte zum Thema «Salzburger Adventsmusik» dar.

19. und 20. Dezember
Zum letzten Wochenende am vierten Advent kommen nochmals 7.000–8.000 Besucher zum 9. Historischen Weihnachtsmarkt. Die Gesamtbilanz von etwa 45.000 Marktbesuchern an allen vier Advents-Wochenenden ist beachtlich.

19. und 20. Dezember
Das Südthüringer Kammerorchester beschließt unter dem Motto «Weihnachtliche Klassik» mit Werken von J. S. Bach, F. Händel, A. Vivaldi u. a. die Reihe der diesjährigen Adventskonzerte.

Besucher der Wartburg im Jahr 2009

Monat	Besucher
Januar	8.491
Februar	10.498
März	16.138
April	30.545
Mai	43.065
Juni	40.240
Juli	44.163
August	45.208
September	39.359
Oktober	42.013
November	21.389
Dezember	48.488
insgesamt 2009:	389.597

Autorenverzeichnis

ANNETTE FELSBERG, Architekt, Leiterin der Bauhütte der Wartburg

DIETER KLAUA, Dr. rer. nat., Jena

JUTTA KRAUSS, Diplom-Philosoph, Leiter der Abteilung Wissenschaft, Wartburg-Stiftung Eisenach

FRANZISKA LUTHER, M.A., Geschichte und Wirtschaftskommunikation, Wutha-Farnroda

GÜNTHER SCHUCHARDT, Diplom-Kulturwissenschaftler, Burghauptmann der Wartburg

HILMAR SCHWARZ, Dipl.-Historiker, Wartburg-Stiftung Eisenach

Bildnachweis

D. Klaua (Jena): S. 41, 42, 51, 61
Wartburg-Stiftung Eisenach, Archiv und Fotothek: Schutzumschlag, S.114 (rechts), 115, 120 (2x), 121 (3x), 122 (2x), 123, 126, 127 (3x), 129, 130, 131, 132 (2x), 133, 134, 137 (2x), 139, 140, 141, 145, 146

Entnommen aus:
G. ULRICH GROSSMANN: Das Reisechörlein. Von Nürnberg zur Wartburg und zurück. Das Chörlein des Hauses Adlerstraße 9 in Nürnberg. In: Nürnberger Altstadtberichte. 29/30 (2004/2005), S. 69–86, S. 113, 114 (links).

Impressum:

Wartburg-Jahrbuch 2009, 18. Jahrgang 2011
Herausgegeben von der Wartburg-Stiftung
Redaktion: J. Krauß, P. Schall, G. Schuchardt
Redaktionsschluss: November 2010
Gesamtgestaltung: Gerd Haubner, Erfurt
Herstellung: Druck Repro und Verlag OHG, Erfurt